财政部规划教材
全国财经类应用型本科院校通用教材

保险学案例分析

主　编　刘永刚
副主编　秦玲玲

中国财经出版传媒集团
中国财政经济出版社

图书在版编目（CIP）数据

保险学案例分析/刘永刚主编. —北京：中国财政经济出版社，2016.8
财政部规划教材　全国财经类应用型本科院校通用教材
ISBN 978 - 7 - 5095 - 6887 - 3

Ⅰ.①保… Ⅱ.①刘… Ⅲ.①保险学-案例-高等学校-教材 Ⅳ.①F840

中国版本图书馆 CIP 数据核字（2016）第 177783 号

责任编辑：蔡　宾　田明晖　　　责任校对：李　丽
封面设计：孙俪铭　　　　　　　版式设计：董生平

中国财政经济出版社 出版

URL：http://www.cfeph.cn
E - mail：cfeph@cfeph.cn

（版权所有　翻印必究）

社址：北京市海淀区阜成路甲 28 号　邮政编码：100142
营销中心电话：88190406　北京财经书店电话：64033436　84041336
北京财经印刷厂印刷　各地新华书店经销
787×1092 毫米　16 开　13 印张　300 000 字
2016 年 10 月第 1 版　2016 年 10 月北京第 1 次印刷
定价：25.00 元
ISBN 978 - 7 - 5095 - 6887 - 3/F·5529
（图书出现印装问题，本社负责调换）
本社质量投诉电话：010 - 88190744
打击盗版举报热线：010 - 88190492，QQ：634579818

前　言

知识经济时代的今天，信息更新日新月异。大学教学过程中仅仅传授基本理论知识已远远不能适应时代发展的需求，而发端于美国哈佛大学的案例教学方法，已被更多的高校教师在教学中运用，效果明显。采用案例教学方法，首要的条件是对大量的、丰富的、典型的案例素材进行收集和整理。

21世纪是中国保险业飞速发展的大时代，作为我国现代金融服务业中增长最快和发展潜力最大的产业之一，保险业具有广阔的发展前景。保险业已开始从单纯以物质财富保障为中心向以人为本的全面风险管理转变，其产品技术、组织制度、经营理念和文化意识也与人们的生活越来越密不可分。保险业的飞速发展需要大量的专业人才，只有保险理论知识是不能适应未来市场需求的。为了使学生在学习期间既掌握丰富的理论知识，又具备能够解决实际问题的能力，采用案例教学无疑是一个重要的途径。正是基于以上原因，我们编写了这本教材。

本教材重点选择了保险合同、保险基本原则、财产保险、人身保险和保险公司业务经营等保险学的核心内容，根据教学目标有针对性地收集、整理、编写典型案例。案例的主题多种多样、情节有长有短，所涉及的范围也有大有小，在案例中把事件发生的背景、案情反映的问题、矛盾和冲突呈现出来。具有理论联系实际，问题分析与基础知识学习密切结合，教学可运用性强等特点。

全书共分五章。编写分工如下：第一章保险合同篇、第三章财产保险篇由秦玲玲负责编写，第二章保险基本原则篇、第四章人身保险篇、第五章保险公司业务经营篇由刘永刚负责编写。全书由刘永刚担任主编，秦玲玲担任副主编，并由刘永刚总纂。

本书在编写过程中，参考了大量的书籍、报刊和网站的相关资料，在此，对原文作者和相关媒体表示深深的谢意！

中国财政经济出版社的编辑为本书提出了许多宝贵的意见和建议，在此深表感谢！另外，由于时间仓促和作者水平有限，书中不足之处在所难免，恳请专家和读者朋友批评指正。

编　者

2016年5月

目　　录

第一章　保险合同篇 …………………………………………………………（1）
基本理论 …………………………………………………………………（1）
相关案例 …………………………………………………………………（2）
案例1-1　从信诚人寿败诉案谈保险合同的成立和生效 ………………（2）
案例1-2　保险合同何时生效 ……………………………………………（5）
案例1-3　保险合同的无效 ………………………………………………（7）
案例1-4　保险合同签定时　被保险人已死亡如何处理 ………………（10）
案例1-5　投保单签名之谜 ………………………………………………（11）
案例1-6　投保时尽量避免受益人"法定" ………………………………（12）
案例1-7　业务员替投保人签字　保险公司应担责 ……………………（13）
案例1-8　保险避税不是传说 ……………………………………………（15）
案例1-9　报案不及时　保险公司能否拒赔 ……………………………（16）
案例1-10　诉保险公司拒赔因何被驳回 …………………………………（17）
案例1-11　财产保险理赔与投保人的义务 ………………………………（19）
案例1-12　保险标的转让遭拒赔 …………………………………………（20）
案例1-13　人身保险受益人变更 …………………………………………（21）
案例1-14　保险公司可否以诉讼方式追讨保险费 ………………………（22）
案例1-15　未经投保人同意　保险合同不得解除 ………………………（23）
案例1-16　投保人解除保险合同的认定 …………………………………（24）
案例1-17　期限届满保险合同效力是否终止 ……………………………（25）
案例1-18　从器官移植谈确认保险合同条款争议的适用原则 …………（27）
案例1-19　保险条款内容理解不一引发争议 ……………………………（30）

第二章　保险基本原则篇 ……………………………………………………（32）
基本理论 …………………………………………………………………（32）
相关案例 …………………………………………………………………（33）
案例2-1　未履行如实告知义务　保险人是否赔偿 ……………………（33）
案例2-2　投保过程存在欺诈　保险公司是否理赔 ……………………（35）
案例2-3　投保人未履行如实告知义务的后果 …………………………（38）
案例2-4　危险程度增加未告知是否承担赔偿责任 ……………………（39）
案例2-5　未明确说明免责条款是否赔偿 ………………………………（41）
案例2-6　格式条款的解释原则 …………………………………………（43）
案例2-7　如实告知义务对保险理赔的影响有多大 ……………………（44）

案例 2-8	保险公司未"明确说明"要吃亏	(46)
案例 2-9	投保人未如实告知也要吃亏	(48)
案例 2-10	未明确告知免责条款保险公司败诉案	(50)
案例 2-11	"弃权与禁止反言"如何应用	(51)
案例 2-12	人身保险保险利益的认定	(52)
案例 2-13	保险标的转移对保险利益的影响	(54)
案例 2-14	财产保险的保险利益如何认定	(56)
案例 2-15	恋爱关系是否具有保险利益	(57)
案例 2-16	离婚对保险利益的影响	(58)
案例 2-17	猝死是否属于意外伤害事故	(59)
案例 2-18	投保人职业与意外伤害事故	(61)
案例 2-19	海湾油轮碰撞案	(62)
案例 2-20	遭遇同一灾难索赔案	(64)
案例 2-21	小狗被车撞后咬伤主人的近因认定	(65)
案例 2-22	摔倒诱发原疾 保险公司是否赔偿	(66)
案例 2-23	突发疾病死亡是否属于意外	(67)
案例 2-24	多种原因致损的近因认定	(68)
案例 2-25	意外伤害医疗保险是否适用损失补偿原则	(69)
案例 2-26	学生平安保险索赔案	(71)
案例 2-27	保险代位求偿权下是否仅限于侵权赔偿请求权	(73)
案例 2-28	侵权方不赔款 保险公司是否承担赔偿责任	(74)
案例 2-29	保险公司代位求偿案	(75)
案例 2-30	保险代位求偿中对赔偿限额的认定	(77)
案例 2-31	肇事者已赔偿 保险公司还赔吗	(80)
案例 2-32	保险公司拥有代位追偿权的条件	(81)
案例 2-33	重复保险如何认定	(83)
案例 2-34	重复保险的赔偿金如何计算	(86)

第三章 财产保险篇 (88)

基本理论 (88)

相关案例 (89)

案例 3-1	高压锅爆炸赔付案	(89)
案例 3-2	财产保险泥石流的责任范围	(90)
案例 3-3	家庭财产保险纠纷案	(91)
案例 3-4	家庭财产保险的责任范围	(92)
案例 3-5	家庭财产保险的赔款计算	(93)
案例 3-6	汶川地震保险赔付总额不到 20 亿元 拉法基独得 1/3	(94)
案例 3-7	企业财产理赔金额的计算与考虑因素	(95)
案例 3-8	利润损失保险赔款计算	(97)

案例 3-9　财产保险理赔与投保人的义务 …………………………………………（98）
  案例 3-10　驾校学员肇事　交强险赔不赔 ………………………………………（99）
  案例 3-11　如何理解车辆保险合同中基本险与附加险之间的关系 ……………（101）
  案例 3-12　机动车辆保险赔偿计算 ………………………………………………（103）
  案例 3-13　船舶碰撞如何赔 ………………………………………………………（105）
  案例 3-14　船舶沉没　保险公司拒赔怎么办 ……………………………………（106）
  案例 3-15　鸟撞飞机 ………………………………………………………………（107）
  案例 3-16　飞机航拍坠毁　3 公司被判赔 3 000 万元 ……………………………（108）
  案例 3-17　重大过失还是一般过失 ………………………………………………（110）
  案例 3-18　安装工程险拒赔案 ……………………………………………………（111）
  案例 3-19　海上货物运输一切险案例 ……………………………………………（112）
  案例 3-20　海洋货物运输保险金额和保险费计算 ………………………………（113）
  案例 3-21　单独海损与共同海损 …………………………………………………（114）
  案例 3-22　责任保险赔偿构成的 5 个要件 ………………………………………（115）
  案例 3-23　索赔金额不能超过有效保险金额 ……………………………………（116）
  案例 3-24　路灯不亮导致 80 岁老太太摔成骨折，保险公司是否理赔 …………（117）
  案例 3-25　雇员忠诚保证保险拒赔案 ……………………………………………（118）
  案例 3-26　中化辽宁公司获赔 1 850 万元 …………………………………………（119）
  案例 3-27　不足额投保赔偿纠纷案 ………………………………………………（120）

第四章　人身保险篇 …………………………………………………………………（122）
  基本理论 ………………………………………………………………………………（122）
  相关案例 ………………………………………………………………………………（123）
  案例 4-1　被保险人未签字的合同是否有效 ……………………………………（123）
  案例 4-2　受益人身份无法确定情形下的保险金给付 …………………………（125）
  案例 4-3　死亡顺序对保险金受益权的影响 ……………………………………（126）
  案例 4-4　受益人与被保险人同时死亡如何给付保险金 ………………………（128）
  案例 4-5　如何认识不丧失现金价值条款 ………………………………………（129）
  案例 4-6　超过宽限期未缴费，保险公司是否承担保险责任 …………………（130）
  案例 4-7　被保险人畏罪自杀保险人是否承担责任 ……………………………（131）
  案例 4-8　投保 3 年后退保如何计算保单现金价值 ……………………………（134）
  案例 4-9　人身保险如何认定不可抗辩期 ………………………………………（135）
  案例 4-10　未激活的保险卡是否有效 ……………………………………………（137）
  案例 4-11　被保险人自杀欺诈案的启示 …………………………………………（138）
  案例 4-12　单位对团体人身意外险保险金是否享有请求权 ……………………（139）
  案例 4-13　保险金应如何分配 ……………………………………………………（141）
  案例 4-14　死亡赔偿金该如何赔付 ………………………………………………（142）
  案例 4-15　受益份额应如何处理 …………………………………………………（145）
  案例 4-16　观察期内出险保险公司是否承担给付责任 …………………………（146）

案例 4-17　患有先天性疾病投保　保险公司是否理赔 …………………………………（148）
案例 4-18　被保险人和受益人同时死亡保险该赔给谁 ……………………………（150）
案例 4-19　未告知病情保险合同是否有效 …………………………………………（151）
案例 4-20　谁有权申请这笔保险金 …………………………………………………（153）
案例 4-21　宽限期内发生事故可否获得保险金 ……………………………………（155）
案例 4-22　急性阑尾炎是否属于意外伤害事故 ……………………………………（155）
案例 4-23　手术中意外死亡的认定 …………………………………………………（156）
案例 4-24　年龄误告被解除保险合同 ………………………………………………（157）
案例 4-25　合同解释不同引发的纠纷 ………………………………………………（158）
案例 4-26　指定与法定受益人的区别 ………………………………………………（159）
案例 4-27　保险金可否作为遗产偿还债务 …………………………………………（161）
案例 4-28　健康状况误告是否适用"不可抗辩条款" ………………………………（161）
案例 4-29　学生平安保险中免体检的影响与启示 …………………………………（163）
案例 4-30　婚姻关系变化对保单的影响 ……………………………………………（164）
案例 4-31　保险金能否用来偿还债务 ………………………………………………（167）
案例 4-32　是保险金还是遗产 ………………………………………………………（168）

第五章　保险公司业务经营篇 ……………………………………………………（171）

基本理论 …………………………………………………………………………………（171）
相关案例 …………………………………………………………………………………（171）
案例 5-1　一起骗保案引发的思考 …………………………………………………（171）
案例 5-2　买车险当天发生事故　保险公司是否赔偿 ……………………………（173）
案例 5-3　保险代理人的个人行为和保险代理行为 ………………………………（175）
案例 5-4　业务员冒领保险金　保险公司如何应对 ………………………………（177）
案例 5-5　保险公司违反内部规定对保单效力的影响 ……………………………（179）
案例 5-6　保险公司理赔程序的合理性及其后果 …………………………………（180）
案例 5-7　超 48 小时时限报案的后果 ………………………………………………（183）
案例 5-8　保险公司是否可以用诉讼方式追缴保险费 ……………………………（185）
案例 5-9　保险公司是否负有通知缴费的义务 ……………………………………（186）
案例 5-10　保险合同期限届满对保单效力的影响 …………………………………（187）
案例 5-11　未尽说明义务保险公司被判赔偿 ………………………………………（190）
案例 5-12　国内首例保险知情权案　消费者起诉光大永明 ………………………（191）
案例 5-13　告知义务未履行　保险格式条款有无效力 ……………………………（193）
案例 5-14　车过户引发保险纠纷　车主起诉获赔 6 万元 …………………………（193）
案例 5-15　如何确定保险合同的保险期限起算时点 ………………………………（194）
案例 5-16　保险公司未按规定赔偿　法院审结理赔两次 …………………………（197）
案例 5-17　保险宣传单是否具有法律效力 …………………………………………（198）

参考文献 ………………………………………………………………………………（199）

第一章

保险合同篇

基本理论

保险合同是投保人与保险人约定保险权利义务关系的协议。保险合同不同于一般的合同，其具有有偿合同、双务合同、最大诚信合同、射幸合同、附合合同等特征。按照不同的标准，保险合同可以有多种分类。

我们应掌握保险法律关系，熟知保险主体、客体和内容，以便正确投保，维护自己的合法权益。保险合同的主体包括保险合同的当事人、关系人和辅助人。保险合同的当事人包括保险人和投保人。保险合同的关系人包括被保险人和受益人。保险合同的辅助人包括保险代理人、保险经纪人和保险公估人。保险合同的客体是投保人于保险标的上的保险利益。掌握投保人应具备的资格、条件，义务和权利。熟悉被保险人的条件，受益人的资格和权利。保险合同的内容由基本条款和特约条款构成。其书面形式的保险合同包括：投保单、保险单、保险凭证、暂保单以及除此之外的其他书面协议。

除此之外，我们还应该了解保险合同执行过程中应该注意的一些具体事项，包括保险合同的订立、履行、变更和终止。保险合同的成立是指投保人与保险人就保险合同条款达成协议。保险合同的生效是指保险合同对当事人双方发生约束力，即合同条款产生法律效力。保险合同的成立并不代表保险合同的生效。保险合同的有效是指保险合同是由当事人双方依法订立，并受国家法律保护。无效保险合同是指当事人虽然订立，但不发生法律效力、国家不予保护的保险合同。

保险合同的变更是指在保险合同有效期间，当事人依法对合同条款所做的修改或补充，包括主体、客体和权利义务的变更。保险合同的履行是指投保人（被保险人）和保险人完成合同中规定的各项义务的过程，具体列明了投保人（被保险人）以及保险人应该具体履行的义务有哪些。保险合同的解释是指对保险合同条款的说明，保险合同的解释应遵循的原则有文义解释、意图解释、专业解释、有利于被保险人和受益人的解释。了解这些具体事项，不仅有助于我们对保险合同执行程序应该注意的事项有全面的了解，而且也避免不必要的法律纠纷案件的产生。

相关案例

案例 1-1　从信诚人寿败诉案谈保险合同的成立和生效

一、案情简介

2001年10月5日，谢某向信诚人寿保险有限公司（以下简称信诚人寿）申请投保人寿险100万元，附加长期意外伤害保险200万元，填写了投保书。10月6日信诚人寿向谢某提交了盖有其总经理李源祥印章的《信诚运筹建议书》，谢某按信诚的要求及该建议书的规定，缴纳了首期保险费共计11 944元。信诚人寿审核谢某的投保资料时发现，谢某投保高达300万元的保险金额，却没有提供相应的财务状况证明。为防范道德风险，保险公司一般对高保额保单要求投保人（被保险人）提供财务状况证明。因此，10月10日信诚人寿向谢某发出照会通知书，要求谢某10天内补充提供有关财务状况的证明，并按程序要求进行身体检查，否则视为取消投保申请，将向其退回预交保费。10月17日，谢某到信诚人寿公司进行了身体检查，但仍未提交财务状况证明。10月18日凌晨谢某在其女友家中被其女友前男友刺杀致死。10月18日上午8时，信诚人寿接到医院的体检结果，因谢某身体问题，需增加保险费，才能承保。信诚人寿再次发出书面照会，通知谢某如需增加保费，需提交财务证明，才能承保，请谢某决定是否接受以新的保费条件投保。谢某家人称谢某已经出国，无法联络。2001年11月13日谢母向信诚人寿方面告知保险事故并提出索赔申请。2002年1月14日信诚人寿保险公司经调查后在理赔答复中称，根据主合同，同意赔付主合同保险金100万元；同时信诚人寿认为事故发生时其尚未同意承保（未开出保单），故拒绝赔付附加合同的保金200万元。2002年1月15日谢母拿到信诚人寿声称按"通融赔付"支付的100万元。

2002年7月16日谢母将信诚人寿诉至广州市天河区法院，请求判决信诚人寿支付"信诚附加长期意外伤害保险"保金200万元，以及延迟理赔上述金额所致的利息。

二、法院审理与判决

本案庭审时，原告诉称：基于信诚已经收取谢某缴纳的首期保险费及谢某已经完成体检两个事实，原告方坚持谢某与信诚的主险合同、附加险合同都已成立。退一步讲，如果合同关系没有确立，信诚就不会做出赔付100万元的理赔意见。主险合同既然约定未签发保险单的情形下，被保险人发生保险事故的，保险公司负保险责任，那么这个规定也适用于附加险合同。为此，原告方援引了包括中国保监会副主席、著名寿险专家魏迎宁等在内的众多学者的学说论证他们的主张。

信诚人寿在诉讼中辩称：对谢某购买的这类保险金额 300 万元的高额人寿保险，信诚和各大保险公司一样，需要谢某通过体检、提供财务证明资料，并据此决定是不是承保。所以，他们认为，谢某死亡时，他们尚未见到他的全部体检报告，不能判定他是不是符合公司的承保要求，信诚与谢某的保险合同还没成立，附加合同的 200 万元保险金，他们当然不必赔。对主险已赔付的 100 万元，信诚人寿在开庭时表示，这是根据其经营理念做出的自愿商业行为，本来是可以不赔的。信诚人寿的代理律师说，"如果不是我们找理由去赔，连 100 万元都不赔给你。"所以他们参考了主合同条款，考虑到谢某的实际情况，做的是一种"通融赔付"。

信诚人寿管理系统总监张先生也坚持公司方面没有同意承保。他说，主合同和附加合同承保范围不同，相应所承担的保险责任也不同，保险公司之所以赔付 100 万元是因为主合同条款中有规定的"特殊情形"，并不意味着合同成立，这是保险理赔的一种国际惯例。这 100 万元是"信诚在国内第一次援引国际惯例，对保险合同关系尚未成立并未出具保单的特殊情形下做出的理赔尝试"。

2003 年 5 月 20 日，广州市天河区法院对国内这一宗最大的寿险理赔案做出一审判决：交付了首期保费的投保人谢某，在核保程序未完成的情况下被害，法院判决保险人信诚人寿应该在按主合同赔付 100 万元之后再追加赔付附加合同的 200 万元。

一审法院认为：由于谢某与信诚人寿的保险代理人共同签署了投保书，投保人谢某和信诚人寿的权利义务在上面列得清清楚楚，双方对此也达成了一致意见；加上谢某翌日又缴付了首期保费，也就是说，作为投保人在保险合同成立后应负的主要义务，谢某已履行。因此，法院认为这份保险合同及其附加合同均已成立、有效，谢某、信诚人寿均应按约履行。

关于涉及赔付金额达 200 万元之巨的"信诚附加长期意外伤害保险条款"，法院认为，因为这是信诚人寿在所有投保人投保前就预先制定好的、将重复使用于不特定投保人的格式合同条款，条款中"保险责任自投保人缴纳首期保险费且本公司同意承保后开始"的约定，没有约定信诚将在何时同意承保、用什么方式承保，表述不清，实属不明确，依法应做出有利于投保人谢某的解释。

三、点评与思考

根据有关法学理论，合同的成立要经过要约和承诺两个阶段，要约是希望和他人订立合同的意思表示，要约的内容必须明确而具体；承诺是受要约人同意要约的意思表示，承诺生效时合同成立，承诺的内容应当与要约的内容一致。如果受要约人对要约的内容做出实质性变更的，就不能视为承诺，而应视为新要约。合同在订立过程中往往会经过多次要约与反要约才会成立。

就保险合同成立而言，投保人填写了投保单，要求与保险公司订立保险合同，只是完成了合同订立过程中的要约部分，如果保险公司经过核保认为被保险人的情况符合承保条件，同意承保，完成了合同订立过程中的承诺部分，保险合同即告成立；但如果保险公司经过核保发现被保险人的保额很高，就会要求投保人提供有关财务状况的证明并进行体检，根据投保人补充的财务状况和体检结果再决定是否同意承保,保险公司这种行为在合同订立的过程中应视为一个新要约,不能算是承诺,既然保险公司未承诺,保险合同当然不能成立,更谈不到合同效力的问题。

合同的成立和生效是两个不同的概念,合同成立的制度主要表现了当事人的意志,体现了合同自由原则,而合同生效制度则体现了国家对合同关系的肯定或否定的评价,反映了国家对合同的干预,合同成立是合同生效的前提条件。《中华人民共和国合同法》(以下简称《合同法》)第四十四条规定:"依法成立的合同,自成立时生效。很多种类的合同适用该项规定";《合同法》第四十六条规定:"当事人对合同的效力可以约定附期限。附生效期限的合同,自期限届至时生效。附终止期限的合同,自期限届满时失效。"保险合同属于"附生效期限的合同",即保险合同的效力始于合同中约定的时间,在约定的时间之前发生的事故,尽管合同已成立但因未生效,保险公司可以不承担保险责任。

缴付保险费与保险合同成立这二者之间的关系:《中华人民共和国保险法》(以下简称《保险法》)第十三条规定:"投保人提出保险要求,经保险人同意承保,并就合同的条款达成协议,保险合同成立。保险人应当及时向投保人签发保险单或者其他保险凭证,并在保险单或者其他保险凭证中载明当事人双方约定的合同内容。"《保险法》第十四条规定:"保险合同成立后,投保人按照约定交付保险费;保险人按照约定的时间开始承担保险责任。"由这两个条文可以看出,保险合同属于诺成性合同,即只要缔约双方就合同的主要内容达成合意,合同即告成立,不以投保人缴付保险费为生效的必要条件,也就是说,投保人缴费与否是不影响保险合同成立的。保险公司只要同意承保,即使投保人没有及时缴付保险费,保险合同依然成立;投保人缴付了保险费,但保险公司未同意承保,保险合同仍然不成立。保险费的缴付与保险合同的成立与否是没有必然联系的。

目前各家保险公司在条款中都约定了:"本保险的保险期限自保险人同意承保、收取保险费并签发保险单的次日零时起至约定的终止日24时止。"这种约定与《保险法》第十三条、第十四条的规定并无冲突之处,只不过是约定的更加明确、更加具体而已。

以上是从法学理论上对保险合同成立过程的论述,结合本案,一审法院认为谢某与信诚人寿的保险代理人共同签署了投保书,投保人谢某和保险人信诚的权利义务在上面列得清清楚楚,双方对此也达成了一致意见;加上谢某翌日又缴付了首期保费,也就是说,作为投保人在保险合同成立后应负的主要义务,谢某已履行。因此,法院认为这份保险合同及其附加合同均已成立、有效,谢某、信诚均应按约履行。在此,先不对法官的业务素质进行评价,但能将"投保单"理解为"正式保单"且将要约内容强加于另一方缔约人的行为却是广州天河区法院法官所"独创"的。说的简明点,本案一审法官对《合同法》有关合同订立的规定及《保险法》第十三条的理解是:只要投保人填写了投保书,预交了保费,合同就已经成立并生效,保险公司就要承担保险责任。本案赔付数额如此之高,若信诚人寿不上诉,必会形成全国范围的影响,真如此将是整个保险业的悲哀!

当前,各家保险公司在本案发生之前几乎都曾出现过类似的理赔事件,不过由于理赔金额不大,并没有使保险公司产生足够的警惕。本案将矛盾集中放大,为中国保险业敲响了预防投保流程风险的警钟。

1. 从投保人缴纳保费到保险公司出具保单这段时间,对投保人可能发生的意外风险责任归属,我国法律没有明文规定人们通常都认为：只要缴了费，保险公司就该赔；各保险公司在处理这类案件时也常常是"通融赔付"。使得这种观念在人们的思想里越来越"根深蒂固"。要求投保人填写投保单的同时交付首期保费可以说是"国际惯例"，这对保险公司的展业是有利的——投保人交付一定保费之后，犹豫不决、最终悔约的概率便大为降低，很大程度上保证了业务的成功开展。但这种做法客观上也造成了潜在的风险。

国外寿险业目前一般通过以下两种变通的方法来控制防范投保流程的风险，对国内寿险业而言也不失为切实可行的规避风险之道。其一是在核保过程进行期间，为投保人出具一份暂保单，作为一种临时约定。暂保单可以对该期间的种种可能情况做出事先约定，以及明确保险公司是否将承担赔付责任。其二是针对达到一定数额的大额保单，要求保险代理人不能在投保人填写投保单时便收取首期保费。

2. 关于《保险费暂收收据》对合同效力的影响

长期以来各寿险公司的业务人员在开展业务时，都大量使用《保险费暂收收据》，该收据是业务人员收取保费后为投保人出具的。收据上注明：本凭证为保险费临时收款证明，不作报销之用；若本公司核保同意将开具正式《保险费发票》，保单生效日期将溯自收款日的次日零时起，如不同意承保，预收保费将无息退还。一般各寿险公司都规定业务人员定期交回收据。

暂收收据会对保险合同的效力产生两个问题：一是根据暂收收据的规定，如保险公司同意承保，生效日期应为收取保险费的次日零时；但保险条款上所约定的生效日期为：本合同的保险期限自保险人同意承保、收取保险费并签发保险单的次日零时生效。二者关于保险合同生效的日期存在一定差别，如签发保险单日期与收费日期一致，是没问题的，但实际业务中，收费日期与保单约定的生效日期往往会存在几天的时间，导致对被保险人的保障处于不确定的状态。暂收收据产生的另一个问题是易产生骗赔行为，收据掌握在业务员的手中，收据签发后，如不存在拒保的客观理由，从晚上12时起保险公司就应承担保险责任，如事故发生后业务员将收据日期提前一天，保险公司就将承担责任。

无论本案的最终结果怎样，通过这起诉讼，各保险公司都应该反思一下在业务承保过程中的漏洞和不足。为客户提供全面而周全的服务固然很重要，但也不能忽视公司承保中的风险。目前保险公司均在逐步完善自己的投保流程，上述纠纷事件也越来越少。

（资料来源：《证券时报》，2009年8月14日）

案例1-2　保险合同何时生效

一、案情简介

2011年8月15日，王某在某银行办理存款业务的同时花了100元购买了一张银行代某保险公司销售的"幸福安康卡"，医疗费保额为1万元。王某购买了该卡后并没有按照投保说明在网上将该卡予以激活。2011年9月1日，王某在自家卫生间洗澡时不慎摔了一跤，造成腰部扭伤，后到医院治疗，共花去医疗费3 500元。事发当天，王某将此卡激活，并获得了电子保单。保单上载明保险期限为 2011 年 9 月 2 日零时起至 2012 年 9 月 1 日 24 时止。王某腰部经治愈后，找到保险公司要求赔偿已花去的各项医疗费 3 500 元，但保险公司却以保险合同尚未生效为由予以拒赔。后王某将保险公司诉至法院要求赔偿。

二、法院审理与判决

法院经审理认为，原告王某购买的"幸福安康卡"是自助保险卡，该卡只是投保的一种工具，并不是保险有效凭证，持卡人必须在自助保险卡的有效期内按保险公司的投保说明在网上进行激活，获得相应的电子保单号后，该卡所对应的保险合同才能生效。如果不进行激活，仅凭持有该卡并不代表该卡对应的保险合同已生效。原告王某作为投保人，收到该卡后未能在保险事故发生前将其激活，从而导致保险合同未生效，根据保险条款"对本卡生效前所发生的保险事故不承担保险责任"的约定，被告保险公司不应承担保险责任。据此判决驳回原告王某的诉讼请求。

三、点评与思考

本案主要涉及的是保险合同何时生效的法律问题。

所谓"合同行为"是订约当事人真实意思表示达成一致后而成立的法律行为，是典型的双方或多方法律行为。根据《合同法》第四十四条规定："依法成立的合同，自成立时生效"，第五十二条规定："有下列情形之一的，合同无效：（一）一方以欺诈、胁迫的手段订立合同，损害国家利益；（二）恶意串通，损害国家、集体或者第三人利益；（三）以合法形式掩盖非法目的；（四）损害社会公共利益；（五）违反法律、行政法规的强制性规定"，以及《保险法》第十三条规定："投保人提出保险要求，经保险人同意承保，保险合同成立。保险人应当及时向投保人签发保险单或者其他保险凭证。保险单或者其他保险凭证应当载明当事人双方约定的合同内容。当事人也可以约定采用其他书面形式载明合同内容。依法成立的保险合同，自成立时生效。投保人和保险人可以对合同的效力约定附条件或者附期限"。由此可知，依法成立的保险合同原则上应自成立时起即生效，但双方当事人可以对合同的生效时间和条件做出其他约定。保险合同的成立并不等于保险合同的生效。合同成立是指具有相应的民事行为能力的订约，当事人就合同的主要条款达成真实合意后即可认定订约当事人之间成立了合同法律关系，而合同的生效则除要满足合同成立条件之外，还要符合法律或者社会公共利益以及其他法定形式，即除体现当事人的意志外还要体现国家意志。在上述前提下，法律才允许当事人对生效要件进行相应约定，如附条件、附期限等。

订立合同的过程是：要约——承诺，保险合同也不例外，只有一方发出要约，另一方做出承诺，保险合同才能成立。由于保险合同存在一定的特殊性，即在订立合同过程中，通常情况下是先由投保人发出投保要约，再由保险人承诺给予保险保障。但在特殊情况下，如果保险人发出的保单内容是具体明确的，则构成要约，投保人同意签收则为承诺，此时保险合同才能成立。

本案中某银行保险代理人向王某出售"幸福安康卡"的行为为要约，王某支付 100 元钱购买此卡的行为应当认定为承诺。从保险合同成立这个角度来说，因双方对保险合同的主要条款包括对保险合同如何生效的条件确实达成了一致。所以，王某与保险公司的保险合同是成立的。但基于保险合同的成立与生效确实是两个不同的法律概念，"幸福安康卡"又对保险合同的生效条件做出了明确约定，即投保人必须将该卡激活才能使合同生效。王某购买该卡时，某银行保险代理人也已经向其告知该卡激活才能生效并告知激活方法。王某购买该卡后没有将其激活导致合同生效条件不成立，其应承担相应的不利法律后果。

（资料来源：刘永刚，《保险学》，人民邮电出版社，2013：62－77）

案例1－3　保险合同的无效

一、案情简介

该案例是某百货公司因与被告A保险股份有限公司北京分公司保险合同产生纠纷，将后者起诉至北京市西城区人民法院。

法院查明：2009年11月2日某百货公司与A保险公司签订团体增值养老保险合同，为所属员工胡某等32人办理了金额不等的养老保险。保险总金额为3 153 084.06元；保费合计2 020 000元。同时，又为上述32人中的胡某等3人办理了金额不等的养老保险，总保险金额为701 658.93元，保费合计480 000元，当日某百货公司即以支票转账方式交足保费。同月3日A保险公司向某百货公司开具"新契约保费"收据，同月4日A保险公司向某百货公司出具保单及被保险人个人分单，保单特别约定：凭身份证明及个人分单办理领取。同日，A保险公司亦接受了一份某百货公司提交的证明，上面载明："我公司同意被投保个人办理变更、退保或委托手续并按特别约定事项办理"，意对上款特别约定的补充。2010年2月18日某百货公司原人事培训部经理樊某持胡某等被保险人提交的退保申请、委托书及身份证等相关证件到A保险公司要求退保，A保险公司表示可以退保，在分别扣留218 203.72元和33 938.34元手续费后，将余款1 801 796.28元和446 061.66元以转账支票形式入账其各自在银行开立的户头，银行于同年3月2日接受A保险公司的委托依其提供的名单及分配金额将上述款项分别存入29名和3名被保险人的活期存折。另有二人未申请退保。2010年8月22日29名和3名被保险人将同年3月2日退回的保费同时原数返还给A保险公司。以上事实，有某百货公司提供的保单、保险条款、收据；A保险公司出示的证明、退保申请书、委托书、支票存根、收据；法院调取银行证明等证据材料及当事人陈述在案佐证。

原告某百货公司诉称：2009年11月2日，我方原总经理胡某向被告以支票转账方式分别支付保费2 020 000元和480 000元，分别投保"平安团体新世纪增值养老保险"，同日，A保险公司分出32份保单和3份保单，同时承诺被保险人凭个人身份证明和保单可以退保；次日，A保险公司分别开具"新契约保费"收据。2010年2月，A保险公司分别向29位和3位被保险人退还保费，方式是由A保险公司将保费分别存入被保险个人储蓄存折，每个被保险人获退保费10 000元、260 000元等不等数额，该两份保险合同是我方原总经理胡某违反公司法和公司章程的规定，未经股东会决定，超越职权范围擅自为自己及公司少数员工申请投保的商业性养老保险。A保险公司违反国家有关法律法规，置《保险条款》于不顾，承诺被保险人个人可以退保。现要求法院判决我方与A保险公司之间的保险合同为无效合同，A保险公司分别向我方返还保险费2 020 000元和480 000元；本案诉讼费由A保险公司负担。

被告 A 保险公司辩称：双方签订的保险合同是双方真实意思表示，且内容合法，应为有效经济合同，若对方接受调解，我方愿全额退还保费，否则请求法院驳回某百货公司的诉讼请求。

二、法院审理与判决

北京市西城区人民法院认为：养老保险合同的根本目的是待被保险人达到法定年龄后，由保险公司向其支付相应的保险金以解决养老之需。某百货公司与 A 保险公司在签订保险合同之初已为如何退保做出约定，并在领取保单后 3 个多月时，29 名和 3 名被保险人同时退保获取保费。这种以签订保险合同为形式，实际占有保费为目的的迂回做法，不但避开法律的规定，也改变了该项资金的使用目的及保险合同的性质，损害了公司和国家的利益。该保险合同系虚假合同，亦为无效合同。尽管本案在审理过程中被保险人全部如数将收取的保费返还给 A 保险公司，仍然不能改变合同的性质。对合同的无效，双方均有过错，应承担相应的责任。A 保险公司因该合同而扣留的手续费属不当利益应连同保费一并返还予某百货公司。综上所述，依据《中华人民共和国合同法》第五十二条第三项、第五十八条之规定，判决如下：一是原告某百货公司与被告 A 保险公司签订的保险合同为无效经济合同；二是被告 A 保险公司于判决生效后 10 日内返还原告某百货公司款 2 020 000 元和 480 000 元。案件受理费共 29 280 元，由被告 A 保险公司负担且于本判决生效后 7 日内交纳。

三、点评与思考

该案例的焦点问题是：在什么情形下保险合同可能被认定无效？保险合同无效，保险公司是否承担责任？谁有权提出解除保险合同（谁有权退保）？

1. 保险合同无效的判定

保险合同认定保险合同有效无效的法律根据主要应当是《保险法》和《合同法》。《保险法》规定的合同无效的情形主要有两种：（1）投保人对保险标的不具有保险利益的，保险合同无效；（2）以死亡为给付保险金条件的合同，未经被保险人书面同意可保险金额的，合同无效。《合同法》规定的合同无效的情形有 5 种：（1）欺诈胁迫；（2）恶意串通；（3）合法形式掩盖非法目的；（4）损害社会公众利益；（5）违反法律的强制性规定。

由此可见，法律对已经签订的合同作无效认定的空间是很狭窄的，就《合同法》与过去的《经济合同法》比较，可以看出，立法者已经尽力将合同无效的空间缩小到一个非常小的范围。在《合同法》"合同效力"一章中，一方面将原来合同立法中作为无效合同处理的几种情形，另列一类为"效力待定合同"，挽救了部分合同的"死亡"命运；另一方面，对合同无效的情形作了调整，将欺诈胁迫的情形，加上"损害国家利益"的要件，将恶意串通的情形，加上了"损害国家、集体或者第三人利益"的要件，其目的是为了尽力维护市场经济条件下善意当事人的合同权益。与此相对应，司法实践中，各级各地法院对合同无效要件的掌握和认定也是极其严格、慎重，因此，保险公司以后在主张合同无效时，也应当持审慎的态度。

本案法院以订立合同的目的与动机为解释原则，认为"养老保险合同的根本目的是待被保险人达到法定年龄后，由保险公司向其支付相应的保险金以解决养老之需。某百货公司与 A 保险公司在签订保险合同之初已为如何退保做出约定，并在领取保单后 3 个多月时，29 名和 3 名被保险人同时退保获取保费。这种以签订保险合同为形式，实际占有保费为目的的迂回做法，不但避开法律的规定，也改变了该项资金的使用目的及保险合同的性质，损害了公司和国家的利益。该保险合同系虚假合同，亦为无效合同。"本案法院结合本案案情，援引了《合同法》第五十二条第三项"以合法形式掩盖非法目的"，认定保险合同无效，是正确的。

需要注意的是，在保险业务或保险案件诉讼中，保险人经常对保险合同的无效与解除（可撤销）不加分别，动辄主张（或抗辩）保险合同无效，这是极其错误的。须知保险人所主张的许多情形和理由均属于可撤销或解除的理由，对于属于可依法解除保险合同的情形，与主张保险合同无效的法律处理程序、业务操作方法和处理思路是完全不同的，保险公司也因此丧失了很多宝贵的时机，并因此遭受了不应有的损失。

2. 保险合同无效，保险公司是否承担责任

很多保险业务人员认为，保险合同无效，保险公司就不需要承担任何责任了，这种认识也是非常错误的。认定保险合同有效无效是第一个层面的问题，这个问题解决了，第二个层面就要解决合同无效的后果问题。根据《合同法》第五十八条的规定，合同无效将导致两个方面的后果，一是因该无效的合同而取得的财产应当予以返还，不能返还或者没有必要返还的应当折价补偿；二是分清谁对合同无效有过错，有过错的一方应当对合同无效负责任，应当赔偿对方因此受到的损失，如果双方都有过错，则根据双方各自过错的大小，负担相应的责任。这种责任也是合同法理论上的缔约过失责任的一种表现。如果过错完全在一方，司法实践中，有时可以根据实际情况偿付对方可期待利益，这时保险公司承担的赔偿责任可能与合同有效时相当，甚至可能比合同有效时更大。

本案法院判定双方均有过错，但没有进一步区分过错大小，如果认定责任相当，则由各自对己方的损失负责，本案的处理结果就是这样的情形。但是，从客观上说，本案的大部分过错在某百货公司方面，A 保险公司应当可以主张因本合同而产生的销售成本和管理成本等方面的损失。

3. 谁有权提出解除保险合同

根据《保险法》第二条、第十条的规定，保险合同是投保人与保险人约定权利义务关系的协议。换句话说，保险合同的当事人是投保人与保险人，在绝大多数情况下，订立、变更、解除、终止保险合同是投保人与保险人的事，被保险人只是在《保险法》有特别规定的情况下，有有限的提出变更保险合同个别条款的权利。同时，根据《保险法》规定，投保方解除保险合同的权利在投保人，而不是被保险人。被保险人依法根本没有提出解除保险合同的权利。

本案诉讼中双方当事人并没有提到这个问题，但就本案保险合同来说，A 保险公司的保险合同在退保问题的约定和实际操作上是与保险法的规定相违背的。本案的投保人是某百货公司，根据保险法的有关规定，只有某百货公司才有权退保，除此之外，其他人并不享有退保的权利。A 保险公司同意非投保人退保，并将保险费退给非投保人是完全错误的，即使本案保险合同有效，A 保险公司也应当为此承担相应的责任。换个角度说，本案某百货公司完全可以有多种处理方法，或者要求保险公司退保，要求根据保险合同约定返还已经交纳的保

险费,或者维持保险合同变更被保险人。在此情形下,某保险公司的首要责任就是依法追回错误退保的保险费,否则,就面临给付双份保险费的尴尬局面。

(资料来源:110网,资料改编)

案例1-4 保险合同签定时 被保险人已死亡如何处理

一、案情简介

2007年9月16日,某保险公司接到业务员的报案,称某被保险人于9月9日晚被杀,现该案正在侦破过程中,要求赔付保险金30万元。该保险公司的理赔人员查明:(1)被保险人杨某被人在汽车内用尖刀刺死,抛尸野外。经法医鉴定,死亡时间为9月9日晚9时许。(2)2007年8月30日,杨某填写了该保险公司的投保单,投保主险平安长寿15万元附加意外伤害15万元,次日,杨某交纳了体检费,业务员开具了"人身保险费暂收收据",因保险金额较大,业务员按公司有关规定告知杨某必须体检,体检合格并经核保同意承保后,体检费会转为首期保费的一部分。9月8日,杨某依约到公司体检,业务员告诉她,若身体有问题,公司可能拒保,也可能有条件承保,杨某即告诉业务员,如果要加费承保,在1 000元内可由业务员自行处理。按公司规定,被保险人按标准体承保所需交纳的保费为15 460元,杨某便与业务员约定,9月10日晚5时30分在杨某家收取保费(400元体检费承保后转为保费)。9月10日业务员到杨某家,杨不在,业务员便从杨母手中取得保费15 060元,并给杨母开具了"保险费暂收收据",标明保费总额为15 460元。9月11日、12日属法定假日。9月13日,业务员将杨某的保费交至公司,核保人员在审核保单内容后,在"投保书"上的"核保意见与结论"中得出结论"右肾积水,需作为次标准体承保,加费400元"。业务员为杨某垫交了这笔加费。9月15日,保险公司签发了杨某的正式保单,保单上载明保额为平安长寿险15万元,附加人身意外险15万元、扩展医疗险5万元,受益人为张某,保险责任自2007年9月13日12时起。9月16日,业务员将正式保单送到杨某家,得知被保险人杨某已经由有关部门证实死亡。

二、点评与思考

本案的焦点是:被保险人死亡时,投保人与保险人之间是否存在保险合同关系。投保人于2007年8月30日签署《人身保险投保书》后,向保险人实施投保要约行为,保险人在审核了被保险人的体检结果和投保书后,于2007年9月13日对投保人的要约提出反要约,即要求被保险人以次标准体加费承保。2007年9月13日,业务员代表被保险人杨某接受了保险人的反要约,做出了承诺,并代被保险人交纳了加费的费用。从表面上看,保险合同应该从此时成立,但作为保险标的的被保险人杨某此时已经死亡,所以保险合同并没有成立,投保人与保险人之间不存在保险合同关系。

根据以上分析,在保险合同签订时,作为保险标的被保险人已经死亡,保险标的已灭失,保险合同不成立,所签发的保险合同无效,保险人不负保险金赔偿义务。但是,保险人因无效合同而取得的财产即保险费，应该退还给投保人。

合同的订立程序应该是：投保人投保（要约）——保险人核保——保险人承诺。《保险法》规定："投保人提出保险要求，经保险人同意承保，并就合同的条款达成协议，保险合同成立。"保险合同的成立以合同的签订为起始日，生效则以投保人缴纳保险费为起始日，也可以由双方约定以合同的成立日为生效日。

保险合同应具有其主体和客体，保险合同的主体包括当事人和关系人，其中关系人包括被保险人、受益人、保险代理人和经纪人，保险合同的客体指投保人或被保险人对保险标的所具有的可保利益。保险合同的订立需要有明确的保险标的。此案中，作为保险标的的被保险人在合同签订时已经死亡，也就是这个合同的客体不存在，保险合同无效。

综上，本案中的保险合同不成立，保险公司无需承担赔偿责任；但是，保险人因无效合同而取得的财产即保险费应该退还给投保人。在保险合同签订时，保险标的的存在是必不可少的条件。

（资料来源：根据金融界网页资料整理改编）

案例1-5　投保单签名之谜

一、案情简介

2006年4月25日，家住江苏省江阴市的青年黄某，经熟人介绍逐渐认识到保险的重要性，决定为自己的老母亲何某购买人寿保险。经过精心选择，黄某于2006年11月18日在某保险公司为母亲购买了两份人寿保险，险种分别为吉祥相伴定期保险、生命关爱重大疾病附加世纪泰康费用型保险，保险金额分别为5万元、1万元，每年保费分别为320元、953元，被保险人为黄某的老母亲何某。保单签订后，黄某按时交纳了两年保费2 546元。但是在签名时，黄某替母亲何某签署姓名。

2008年7月6日，黄某的母亲何某不幸因病去世。黄某向保险公司提出理赔申请时，却被保险公司拒赔了。黄某多次与保险公司交涉，保险公司丝毫没有让步的余地。于是，他于2009年3月6日起诉到无锡市崇安区人民法院，要求保险公司支付保险金6万元。

二、法院审理与判决

崇安区法院对该案进行了开庭审理。在法庭上，保险公司指出，黄某与保险公司签订的两份个人寿险保单，没有经过被保险人何某签字同意。个人寿险保单未经被保险人书面同意并认可保险金额的，合同无效，故要求驳回黄某的诉讼请求。

经法庭查明，黄某的母亲何某确实不会写字，黄某对此也予以认可。但是黄某说，保单上何某的签名是他握着何某的手签的，相当于是他母亲的亲笔签名。

保险公司提出对保险单上被保险人栏内的"何某"签名笔迹进行鉴定，法庭予以准许。

崇安区人民法院委托无锡市人民检察院进行鉴定，无锡市检察院对黄某笔迹样本和保险单上被保险人栏内的"何某"签名笔迹进行技术比照后，得出鉴定结论：保险单上被保人签名栏内的"何某"字样的签名字迹是黄某代签的。

黄某不服这个鉴定结论，要求重新鉴定。

崇安区人民法院又委托南京师范大学司法鉴定中心根据黄某笔迹样本进行鉴定，鉴定结论为：个人寿险保单上被保险人签名处"何某"签名与所提供笔迹样本不是同一人书写，也不是他人握执笔手书写。崇安区人民法院于2009年9月12日做出一审判决：驳回黄某要求保险公司支付保险金6万元的诉讼请求。

黄某不服崇安区人民法院的判决，于2009年10月19日向无锡市中级人民法院提起上诉。无锡市中级人民法院于2009年12月4日开庭审理了此案。二审查明的事实与一审相同。

三、点评与思考

我国保险法相关条文规定，保险合同是投保人与保险人之间约定保险权利义务关系的协议。投保单是保险合同的重要组成部分，黄某作为保险合同主体之一，应根据合同约定在承担相应义务的同时享受相应权利。

但合同法相关条文还规定，当事人采用合同书形式订立合同的，自双方当事人签字或盖章时合同才能成立。同时《保险法》规定，以死亡为给付保险金条件的保险合同，未经被保险人书面同意并认可保险金额的，合同无效。如果投保单中没有投保人的亲笔签名，或未经投保人授权而由他人代签的，造成的后果只能是保险合同无效。无效的合同自然没有法律效力，合同所取得的财产应该返还。

（资料来源：北京合同律师网资料整理改编）

案例1-6　投保时尽量避免受益人"法定"

一、案情简介

2010年8月31日《解放日报报道》，伊春空难事件造成重大人员伤亡。保险公司一面积极开展客户信息排查工作，一面快速调集资金准备支付保险金。截至8月26日16时，保险业实际支付保险金431.95万元，仅占预计理赔总金额的17%。

既然保险公司用于支付事故赔款的资金已经调配到位，那又为什么不能及时给付到受益人手中呢？一位参与空难理赔工作的保险公司负责人透露，除了正常理赔流程需要时间之外，"法定"受益人也成为保险公司赔款难以第一时间支付的关键。

事实上，伊春空难中，有相当一部分遇难者都是投保的航空意外险或者交通工具意外险，其中还有好几位遇难者是在登机之前购买的保险。

人保财险上海市分公司有关部门负责人表示，意外险保单有一个比较显著的特点，就是90%以上的客户在购买意外险时，保单受益人一栏都没有填写，或者直接选择"法定"。尤其是在机场购买航意险时，只是出于以防万一的投保心态，客户常常忽略填写受益人。在没有指定受益人的情况下，按照《继承法》有关规定，很可能出现保险公司需要向数位受益人支付保险金的情况。如果处理不当，很可能引发家庭矛盾纠纷。

二、点评与思考

根据《保险法》第四十二条规定，被保险人死亡后，没有指定受益人，或者受益人指定不明无法确定的，保险金作为被保险人的遗产，由保险公司依照《继承法》的规定履行给付保险金的义务。

《继承法》第十条规定，第一顺序遗产继承人为配偶、子女、父母；第二顺序遗产继承人为兄弟姐妹、祖父母、外祖父母。继承开始后，由第一顺序继承人继承，第二顺序继承人不继承。没有第一顺序继承人继承的，由第二顺序继承人继承。

从保险公司获悉，在向非指定受益人给付死亡保险金时，保险公司要求所有法定受益人必须到场，并提供保险金分配协议公证材料、与被保险人关系的证明材料、个人身份证明等等。

如上例中伊春空难事故中，有1家3口同时遇难的情况发生。在没有指定受益人的情况下，按照《继承法》有关规定，很可能出现保险公司需要向数位受益人支付保险金的情况。如果处理不当，很可能引发家庭矛盾纠纷。市民在投保时，最好对保险金受益人进行明确指定，以免在发生不幸事故之后，再增添家庭矛盾负担。根据《保险法》有关规定，被保险人或者投保人在受益人指定之后，可以通过书面形式向保险公司申请受益人变更。《保险法》第四十条规定，当受益人为数位时，在被保险人或者投保人未确定收益份额的情况下，全部受益人按照相等份额享有受益权。

（资料来源：刘永刚，《保险学》，人民邮电出版社，2013：69－70）

案例1-7　业务员替投保人签字　保险公司应担责

一、案情简介

张某和某保险公司员工王某是朋友，2004年11月的一天，王某以完不成保险任务为由，希望张某能帮忙买一份保险。张某考虑后，为其丈夫在王某所在的保险公司投保了一份分红型保险，并缴纳了35 000元保费，保期为3年。

几天后，王某将保险合同交给张某。张某发现，投保单上投保人一栏中的签名并非本人所签，而是王某在其不知情的情况下代签。碍于熟人面子，张某并未深究，王某也承诺3年后返还本息。

保险合同到期后，张某未拿到保险公司退还的保费和利息，后多次讨要无果。其间，王某再三表态请张某放心，保费和利息一定会退还给她，并建议张某再续签两年保险，遭到拒绝。就这样，本应在2007年退还的保费和利息一直拖到2009年仍未退还。气愤的张某无奈之下，以保险合同不是本人签字确认为由，将保险公司和王某告上法庭，要求返还35 000元保费和相应利息。

由于双方意见分歧较大，法院最终调解失败，昔日朋友只好对簿公堂。

二、法院审理与判决

庭审中，张某认为，王某利用两人之间的关系，以完不成任务需要帮忙为由，希望她能投保，并承诺3年后归还本息。但保险合同到期后，保险公司和王某均未返还保费和利息，而且合同本身未经她本人签字确认，其个人合法利益受到侵害，遂要求法院判决保险公司退还保费和相应利息。

某保险公司认为，张某所持合同并非原始合同，而且张某所投保险到期后，未续签合同导致原合同失效，且在合同失效两年后起诉，已超过法定诉讼时效，保险公司不应退还保费，更不应支付相应利息。即便保险公司退还保费，也只能按相关约定，在扣除40%手续费后，将剩余保费退还给投保人。

对保险单上签名系业务员代签这一情况，保险公司未在庭审中进行答辩。

法院审理后认为，保险公司对张某提出的"签名是由保险公司业务员代签"问题未进行反驳，也未提交能够证明签名不是业务员代签的相关证据，所以法院对张某的诉求予以支持。

因未向法院提交能够证明保险合同为非原始合同的相应证据，对保险公司提出的"张某未持有原始合同"的辩称，法院不予采信。

对保险公司提出的"张某起诉已超诉讼时效"问题，主审法官认为，本案涉及的主要内容为合同是否有效，所以张某的诉求不受诉讼时效限制，其要求保险公司退还保费和利息的诉求，法院予以支持。

依照《保险法》第十条、《合同法》第三十二条、第五十六条、第五十八条规定，法院最终判决保险公司返还张某35 000元保费，同时支付保费产生的5年利息。

三、点评与思考

该案例导致投保单中投保人没有亲笔签名的"过错"是保险代理人造成的，根据我国《民法通则》关于民事责任承担的"过错责任原则"，投保人不负责任。

按照保险代理人的性质与特征，保险代理人以保险人名义进行代理活动，在保险人授权范围内做独立的意思表示；保险代理人与投保人之间签订的保险合同产生的权利义务，视为保险人自己的民事法律行为，法律后果由保险人承担。所以，本案中，王某作为保险公司的代理人，代替投保人在投保单中签名的行为，视同为保险公司的行为，保险公司应当承担赔偿责任。

综上所述，保险公司应对该工厂进行赔偿。保险公司可以根据《民法通则》有关"代理人不履行职责而给被代理人造成损害的，应当承担民事责任"的规定，追究王某的经济责任。

在对2007年以来审理的数十起保险合同纠纷案分析后，我们发现保险公司的胜诉率很低。究其原因，除合同规定不明确或存在矛盾情况之外，保险合同条款较多且内容复杂，一些专有名词不易理解及保险代理人素质参差不齐等，是造成保险公司败诉率较高的主要原因。

由于我国保险代理人的从业门槛较低，缺乏有效监管机制，加上保险公司以保单业绩为标准的考核体系，使一些代理人为追求高额提成，在利益驱使下丧失职业道德，故意夸大险种优点，使投保人对险种产生错误认识，并在其诱导下签订合同，最终导致保险纠纷频发和保险公司全额埋单现象的发生。另外，投保人通过熟人关系介绍与保险代理人签订保单时，大多存在着业务员代替投保人填写合同、代为签名现象，也暴露出保险公司对代理人管理松散等问题。所以保险行业应加强对保险销售人员的管理，提高其业务水平。

（资料来源：根据北方网资料整理改编）

案例 1-8　保险避税不是传说

一、案情简介

"公司财务出了状况，或是你出现债务纠纷，即使房产、汽车、股票都被追偿，你的保单却不会被用来抵缴。"美国安然公司创始人肯尼斯·莱，在安然公司 2001 年年底申请破产的前一年，花费 400 万美元购买了多种类型的商业年金保险。按保险合同约定，从 2007 年开始，肯尼斯·莱夫妇每年将可以领取保险公司支付的年金约 90 万美元。在美国，大多数州都规定人寿保险金和年金的给付受法律保护，所以即便肯尼斯·莱夫妇宣布破产，债权人也无权要求用这笔巨额年金来抵缴债务。

就目前情况来看，许多高额寿险保单频频出现，更多的富人更愿意通过购买高额人寿保险，将受益人指定为其儿女，该笔财富既可合理避税又能避免遗产纠纷。

二、点评与思考

第一，对于保险是否能"避债避税"，保险业界资深人士普遍认为，一是客户购买人身保险后，资金从个人资产中剥离，划归到保险公司，出现债务问题，依照相关法规，任何机构包括法院都不能动客户的保险。二是如果保险人陷入经济纠纷或涉嫌犯罪，属民法范围，只要没有证据证明其保险合同无效，或者资金来源有问题，法院是无权强制处理保单的。但如果涉及刑事犯罪，法院照样可以冻结、扣押、查封涉案人的保险。

第二，以保险金形式留下的资产具有排他性。《保险法》规定，如果债务人死亡，其购买的保险又有明确指定的受益人，那么这笔保险金会直接赔给受益人，不作为遗产处理，也不会被用来偿还债务。但如果没有指定受益人、受益人死亡或者只是在保单的受益人项目里填写了"法定"，那该笔赔偿金则算作被保险人的遗产，需要偿还生前债务。因此，填写保单时，千万不能忽视受益人一栏。

第三，债权人无权要求保险公司退保抵债。《合同法》只规定了债权人无权直接向保险公司要求退保抵债，债务关系却依然存在，如果债务人的保险金经过一段时间后按照保险合同返还给了债务人，这笔钱很有可能依然需要偿还之前的债务，除非当时债务关系已经不存在或者诉讼时效已过。"但即使保险到期，客户不取出的话，一般会继续存在保险公司的账户里，别人无法动用"。

第四，保险金具有"免税"的效果。作为保险金的受益人，无需缴纳个人所得税与遗产税，可以达到合理避税的目的。

银行、证券、保险、信托是金融业的四大支柱。信托具有财产转移和传承的功能，许多高资产人士选择信托作为身后财产的规划方式，但是在国内，信托业发展滞后，业务种类少，从而使得我国国内遗嘱信托业务悄无声息，因此依照我国法律规定，保险就成为避税的重要工具。子女作为保险金受益人，无需缴纳个人所得税和遗产税，虽然现在遗产税尚无定论，但不得不未雨绸缪，富人为子女投保主要是看重保险的合理避税功能，万一开征遗产税，留给儿女的存款和房产会大大缩水。但按照法律规定，继承人所得的保险金，无需缴纳遗产税，也无需偿还被保险人所欠债务，可以有效达到合理避税的目的。

（资料来源：根据网络资料整理改编）

案例 1-9 报案不及时 保险公司能否拒赔

一、案情简介

苏 H130××号货车车主为江苏淮安某货物运输有限公司（以下简称"运输公司"），2012 年 3 月 11 日，该车在 A 保险公司投保，保险期限为 2012 年 3 月 12 日 0 时至 2013 年 3 月 11 日 24 时止，投保险种为机动车损失保险、第三者责任保险等，其中机动车损失险保险金额为 23.5 万元。2013 年 2 月 23 日，吴某驾驶同为运输公司所有的苏 H165××重型半挂牵引车在厂区倒车时，与苏 H130××号货车碰撞，致苏 H130××车辆损坏。同日，承保苏 H165××号车辆交强险的 B 保险公司理赔部门组织人力进行现场查勘，并对苏 H130××号货车核损，出具机动车保险车辆损失情况确认书，核损金额为 8 000 元。因两车皆为运输公司所有，不符合交强险理赔条件，B 保险公司拒赔。运输公司遂向 A 保险公司理赔，要求其承担车损险责任，A 保险公司以运输公司未及时通知为由拒绝理赔，双方产生纠纷。

原告运输公司诉称：苏 H130××号货车在被告 A 保险公司处投保了机动车损失险及不计免赔附加险，事故发生在保险期间内，请求判令被告赔偿其车辆损失险保险金 8 000 元。

被告 A 保险公司辩称：营业用汽车损失保险条款约定：发生保险事故时，被保险人应当及时采取合理的、必要的措施和保护措施，防止或者减少损失，并在保险事故发生后 48 小时内通知保险人。原告未能在事故发生后 48 小时内向保险公司报案，致使其无法查明事故的性质、损失情况以及有无违法行为，保险公司不应承担赔偿责任。

二、法院审理与判决

法院经审理认为，原、被告之间签订的保险合同合法、有效，应受法律保护。被告抗辩称因原告未能在事故发生后 48 小时内通知被告，致使其无法查明事故的性质、事故损失程度以及有无违法行为，因此不承担保险责任。本院认为，根据保险条款规定，在被保险人未及时向保险公司报损致使损失无法确定的情况下，保险公司有权拒赔；但在本案中事故发生时，另一保险公司理赔部门组织人力进行现场查勘并出具了损失情况确认书，该确认书对事故的性质、发生时间、修理项目、核损价格等皆予以确定，确定事故责任为无责，定损价值为8 000元，因此事故的性质、损失程度是能够确定的，故被告保险公司应承担车损险责任。法院判决被告保险公司赔偿原告运输公司保险金8 000元。

三、点评与思考

本案争议焦点：保险事故发生后投保人未及时通知保险公司，保险公司是否应承担车损险责任？我国《保险法》第二十一条规定了保险事故发生后的及时通知义务及未履行该义务的法律后果。

保险事故及时通知义务是我国《保险法》规定的投保人、被保险人或者受益人所应履行的法定义务，是指投保人、被保险人或者受益人知道保险事故发生后，应当及时通知保险公司出险。投保人、被保险人、受益人的该项义务可以保证保险公司能在保险事故发生后及时到达事故发生现场，查明事故发生原因，保留事故发生的原始证据，以便进一步确定事故损失情况。实践中，保险合同条款都会对保险事故发生后的通知期限做出明确规定，投保人、被保险人或者受益人知道保险事故发生后应在该期限内通知保险公司出险，除不可抗力外，投保人、被保险人或者受益人如逾期通知，可认定投保人、被保险人或者受益人未履行及时通知义务。

针对投保人、被保险人或者受益人未履行及时通知义务的法律后果，《保险法》第二十一条规定投保人、被保险人或者受益人故意或者因重大过失未及时通知，致使保险事故的性质、原因、损失程度等难以确定的，保险人对无法确定的部分，不承担赔偿或者给付保险金的责任。可见，投保人、被保险人或者受益人未履行保险事故及时通知义务并不必然构成保险人免责的事由，只有在未及时通知导致事故的性质、原因、损失程度等难以确定的情况下，保险人才可以对无法确定的部分不承担赔偿责任。

本案中，运输公司未能在事故发生后48小时内通知A保险公司，其未履行保险事故及时通知义务，但事故发生时，运输公司及时通知了B保险公司，B保险公司理赔部门组织人力进行现场查勘并出具了损失情况确认书，该确认书对事故的性质、发生时间、修理项目、核损价格等皆予以确定，因此运输公司未及时通知A保险公司并未导致事故的性质、损失程度等难以确定，故A保险公司应承担车损险责任。

（资料来源：中国保险报，2013年10月9日）

案例1-10　诉保险公司拒赔因何被驳回

一、案情简介

2009年9月7日，谷某就其自有车辆向保险公司投保了机动车辆保险，保险单载明该车使用性质为家庭自用，保险期限一年，险种包括机动车损失保险、第三者责任保险、车上人员责任险（驾驶员）、车上人员责任险（乘客）等。2010年2月26日14时10分，被保险人谷某驾驶保险车辆在长常高速公路上行驶时，因车辆左后轮胎爆裂发生交通事故，被保险人谷某及1名乘客当场死亡，其他7名乘客受伤、公路设施及保险车辆受损的道路交通事故。交警部门认定，驾驶人谷某驾驶的客车轮胎不符合技术标准，且不按照操作规范安全驾驶以及机动车载人超过核定人数（核定载7人、实际载9人），违反《中华人民共和国道路交通安全法》第二十一条、第二十二条第一款、第四十九条之规定，负事故的全部责任，乘车人不负此事故责任。另交通事故发生后，保险公司对7名受伤乘客做了询问笔录，查明被保险人谷某向每名乘客收取了大约400元的资费，保险车辆拟从湖南益阳驶往广东深圳。保险公司以谷某违反车辆使用用途从事营运活动为由拒赔。被保险人之子谷某遂向法院提起诉讼。

二、法院审理与判决

法院经审理后认为，关于免责条款的说明义务，保险公司对格式条款包括免责条款已善尽提示及说明义务，谷某载客收费，已构成营运行为。法院驳回了谷某的诉讼请求。

三、点评与思考

1. 免责条款的说明义务问题

《保险法》规定，对于"免责条款"，保险人在签订保险合同时负有向投保人进行"提示"及"明确说明"之义务，若保险人未履行该义务，则"免责条款"不产生效力。本案原告主张，被告保险公司未履行该义务。被告保险公司则主张，已经履行该义务，并向法庭提交了相关证据，一是在涉案保险公司的格式条款《机动车车上人员责任保险条款》及《家庭自用汽车损失保险条款》中，关于责任免除部分，内容明确、具体，没有歧义，并已经使用黑体字等醒目字体及专门章节予以标识、提示；二是投保人谷某已在投保单投保人签名处签字，确认保险人已经将投保险种对应的保险条款包括"责任免除条款"向本人作了明确说明，且本人已经充分理解。上述两份证据，特别是由谷某签字确认的投保单关于属于保险公司免责条款说明义务的内容，已能够证明保险公司履行免责条款说明义务的事实。法院最终采信了被告保险公司"对格式条款包括免责条款已善尽提示及说明义务"的主张。

2. 营运行为解释问题

被保险人在本案交通事故发生时搭乘8名乘客的行为是否构成"营运"行为。关于这一争议焦点，可分为两个层次。表层争议是被保险人有无向搭乘乘客收取费用，这是一个纯事实认定的争议。由于被告保险公司提交了对受伤乘客在事故发生后进行询问的笔录，且原告在开庭陈述中也未予以明确否认，法院确认了被保险人向乘客收取费用的事实；深层争议却是凭借这一收费因素是否足以认定被保险人的搭乘行为已经构成"营运"。这是一个涉及事实定性的争议，也是本案双方当事人的争议的焦点。原告认为本次搭乘行为不构成"营运"。主要理由是本次收费行为即使存在，也是孤立的、偶发的、不以营利为目的的，而"营运"是指一种长期的、固定的、以营利为目的的运输经营行为。因此，不能将此偶一为之的收费搭乘行为认定为"营运"；而被告保险公司则认为，对于机动车辆载客，区别其是"营运"还是"非营运"的标准只有一个，那就是是否收取费用。至于所收费用之多少，是否盈利，经常性行为还是偶发性行为，长期行为还是短期行为，均在所不问。也就是说，凡机动车收费载客行为，均构成"营运"。最终，法院支持了被告保险公司的主张。

3. 格式条款解释的问题

实务中经常会出现的一种错误倾向是，将"不利于格式合同的提供者"这一原则绝对化，而不考虑该原则适用的前提条件。将不利解释绝对化的理解或使用主要源于2009年修订前《保险法》的规定。《保险法》第三十一条规定："对于保险合同的条款，保险人与投保人、被保险人或者受益人有争议时，人民法院或者仲裁机关应当作有利于被保险人和收益人的解释"。在2009年国家在对《保险法》修订时，对这一情况进行了纠正，新《保险法》第三十条规定："采用保险人提供的格式条款订立的保险合同，保险人与投保人、被保险人或者受益人对合同条款有争议的，应当按照通常理解予以解释。对合同条款有两种以上解释的，人民法院或者仲裁机构应当做出有利于被保险人和受益人的解释。"正式确立了优先按照通常理解予以解释的规则。这一规定有助于更好地平衡保险人和被保险人、受益人之间的利益，更加符合保险业的实际情况。

4. 格式条款的效力问题

所谓格式条款的效力问题，即格式条款的合法性审查和合理性审查问题。《保险法》第十九条明确列举了几种无效的格式条款。实际上，除此之外，凡违反其他法律禁止性规定或显失公平以及违反公序良俗的格式条款，显然也将归于无效。在案件审理中，法院当然有权力也有义务对格式条款的合法性及合理性进行审查。本案系争的"营运条款"和"超载条款"之所以通过审查被法院认为合理，理由在于其均符合《保险法》的一条基本原理，即"擅自增加的危险不保"。保险合同之签订，取决于双方对风险程度的一致估量，若因投保人或被保险人之单方行为使危险程度增加，则应予保险人一个重新评估和决定的机会，才算公平。否则，对于由于此种危险程度增加而导致的保险事故所造成之损失，保险人有权拒赔。被保险人擅自将申明为"家庭自用"的机动车进行"营运"，或违章"超载"，均为明显增加保险标的物危险程度之行为，将此约定为保险人的免责事由，显然并非无理，也为法院所认同。

（资料来源：中国保险报，2012年7月30日）

案例1-11 财产保险理赔与投保人的义务

一、案情简介

2001年7月4日，某单位与保险公司签订企业财产保险合同，约定：保险项目为企业固定资产，保险金额按固定资产原值加成80%计算，为1 463万元，保险费3万元。还特别约定：按固定资产估价承保，不包括汽车、拖拉机运输设备，机械设备存放于露天处不负赔偿责任。自动化设备和机械设备附加盗窃险，保险金额为143万元，保险费1 430元。保险责任期限自2001年7月5日零时起至2002年7月4日24时止。

2001年6月30日至7月12日，投保人所在地区降特大暴雨。7月5日，投保人投保的鱼池及部分地面附属设施因内涝渍水被淹，鱼池更被水侵蚀和风浪淘刷受损。当日，投保人向保险公司报险。同年8月28日，投保人提交了《赔偿申请书》、《投保财产损失清单》、《抗洪抢险费用清单》，要求按保险金额减估计残值作为损失金额的估损方式计算，赔偿其固定资产损失675.396万元，鱼苗、树苗损失72万元，施救费用43.308万元。保险公司接报后,从同年7月6日起多次派员查看现场,认为暴雨期间造成的保险财产损失,属保险责任,并于同年9月21日预赔了10万元,在理赔中要求投保人提交受损财产账册、单据和施救费用的单据、凭证,以核实损失。投保人认为合同约定是"估价承保",无需提供上述证明资料,因此保险公司拒赔。投保人于2001年12月向法院提起诉讼。法院委托某水利勘测设计院对投保人报损的鱼池等固定资产的实际损失进行鉴定,鉴定结果为:恢复工程所需资金为18.24万元。

二、法院审理与判决

法院认为,双方签订的企业财产保险合同有效,对投保人因暴雨造成的保险财产损失,保险公司应按保险合同约定及某水利勘测设计院的鉴定给予赔偿。根据《中国人民保险公司企业财产保险条款》第十一条关于估价承保应按实际损失赔偿金额的规定,投保人提出"估价承保"应以"估价赔付"的主张与此规定相悖,不予支持;该单位申请赔偿施救费,因其未能提供必要的账册和有效的清单,亦不予支持;投保人虽交纳了养鱼、树苗保险费,但既未填具投保单,也未与保险公司签订保险合同,所以双方之间养鱼和树苗保险合同不成立。

三、点评与思考

办理本案,主要应处理以下问题:

估价承保赔偿额的计算。本案原告、被告双方签订的企业财产保险合同合法有效,当保险事故发生时,保险方对投保方造成的保险财产的损失应依法赔偿。估价承保发生损失后,应按实际损失赔付,投保方必须提供受灾财产有关凭证,证明受损财产价值。保险人对于保险事故造成的损失和费用,在保险金额的范围内承担赔偿责任。保险人应当赔偿的损失包括:(1)发生保险事故所造成保险标的的实际损失或者引起的责任;(2)投保人为避免扩大损失进行施救、保护、整理以及诉讼所支出的按合同规定应由保险人偿付的合理费用;(3)为了确定保险责任范围内的损失,依合同规定应由保险人偿付的对受损标的检验、估价、出售的合理费用。另外,投保人要求保险人赔偿损失,应负责提供保险财产损失清单和施救等费用清单,以及必要的账册、单据和证明,保险人只有在收到投保人要求赔偿的各项单证后才能核定是否予以赔偿。可见,本案原告投保人提出"估价承保"应以"估价赔付"的主张与法相悖,与理不合。出险后投保人没有提供投保财产的账册、单证,鱼池的原状材料、施救费用的凭证也不符合保险公司关于理赔的程序,保险公司难以进行正常的理赔工作。

(资料来源:根据法律快车网资料整理改编)

案例 1-12 保险标的转让遭拒赔

一、案情简介

某贸易公司购买了一辆轿车,并与保险公司订立了机动车辆分项保险合同。在保险期间内,该公司与某工业公司签订书面协议,约定:"贸易公司的该辆轿车转给工业公司,车的过户手续由贸易公司负责办理,所需费用由工业公司负担;但工业公司必须给贸易公司取得追加一辆小轿车的专控指标,否则,贸易公司不办理过户手续。"

某日,工业公司董事长李某因外出办事,贸易公司将该车派给其使用。李某驾该车发生事故,致使车毁人亡。贸易公司当日向公安局报了案,并要求被告保险公司查验了事故现场。交警部门就该车交通事故做出最终责任认定书,确认该车已彻底报废,事故由贸易公司负全部责任。随后,贸易公司多次要求赔付,均遭拒绝。保险公司的理由是:贸易公司在保险合同有效期内将此车转让给了工业公司,且未向保险公司申请批改,保险公司有权拒绝赔偿。

二、点评与思考

本案涉及保险合同的变更问题。关键在于投保的汽车是否发生了转让。

(1) 财产保险保险标的的所有权、经营权发生转移或保险标的的用益权发生变动,或者债务关系发生变化的时候,投保人可能发生变更。此案中涉及债务关系发生变化的问题。贸易公司将该车转给工业公司,以清理债权债务。

(2)《保险法》规定:"保险标的转让应当通知保险人,经保险人同意继续承保后,依法变更合同。"此案中的保险合同变更附有条件,贸易公司在该车保险期内虽与工业公司签订了转让该车的协议。但按照《民法通则》之规定:"民事法律行为可以附条件,附条件的民事法律行为在符合所附条件时生效",由于工业公司未取得追加小轿车的指标,转让该车的协议所附条件就没有达成,该协议没有生效,汽车所有权也不发生转移。

(3) 事实上,贸易公司也没有办理该车的过户手续,事故发生时该汽车所有权仍在贸易公司手中。

综上,保险公司当然应依法承担赔偿责任。

保险标的的所有权发生变更以后,投保人应及时向保险公司申请合同变更的批改。

(资料来源:根据网络资料整理改编)

案例 1-13 人身保险受益人变更

一、案情简介

2009 年 7 月 11 日,王某到保险公司投保了保额为 10 万元的人寿保险,指定其妻子李某为受益人。后来,王某与李某离婚。不久,王某又与张某结婚。婚后,王某与张某办理了一份写有"自本日起受益人由王某的前妻李某变更为张某"的公证书。但是王某并未将公证书变更受益人一事通知保险公司。2010 年 9 月 12 日,王某遭遇车祸身亡。张某以受益人的身份向保险公司提出领取保险金的要求。保险公司确认了张某与王某结婚后确实办理了变更受益人的公证书但未将变更受益人的情况以书面形式通知保险公司的情况,认定该变更无效。保险公司按原合同的规定将保险金付给原受益人即王某的前妻李某。于是张某起诉保险公司至法院。

二、点评与思考

此案涉及受益人的变更问题。

被保险人对受益人的变更不需要征得保险人的同意，但是必须及时向保险人做出通知。《保险法》规定："被保险人或者投保人可以变更受益人并书面通知保险人。保险人收到变更受益人的书面通知后，应当在保险单上批注。"此案中，王某最初指定的受益人为李某，虽然在与李某离婚并又与张某结婚后，办理了一份变更受益人的公证书，但是并未将变更受益人一事通知保险公司，因此在这个保险合同中受益人没有发生改变，依然为先前指定的李某。因此保险公司可以付给李某保险金。

保险合同变更后应当及时通知保险公司，并由保险公司开具批单。

（资料来源：根据豆丁网资料改编）

案例 1-14 保险公司可否以诉讼方式追讨保险费

一、案情简介

2007年8月8日，A水泥建材工业有限公司将近8亿元的资产向某保险公司投保财产保险综合险，签单保险费1 011 068元，保险合同约定保险费分三期支付。A水泥建材工业公司在保险责任终止时已支付70万元保险费，尚欠311 068元保险费，在某保险公司的多次电话、书面催讨下，又于2008年10月支付10万元，剩余的211 068元拖欠保险费，A公司以无保险事故、无索赔等为由不履行交费义务。经多次催讨不成，为维护保险公司的合法权益，2010年3月，某保险公司将此纠纷诉诸人民法院，要求A公司支付剩余保险费。A公司认为，法律没有赋予保险公司以诉讼方式请求投保人支付保险费的权利，请求法院驳回保险公司的诉讼请求。同时，A公司反诉保险公司，认为保险公司在保险期间没有承担保险责任，收取的保险费属于不当得利，要求保险公司返还多收取得保险费。

二、法院审理与判决

作为本案例保险合同的保险人，保险公司有权通过诉讼方式请求A公司支付保险费。A公司反诉保险公司要求保险公司返还多收取的保险费是不合理的。

三、点评与思考

实践中，保险人通过诉讼方式要求投保人交付保险费的情况确实少见，但是不能因此否定保险人通过诉讼方式要求投保人交付保险费的权利。

首先，保险合同是射幸合同。射幸合同是指合同当事人中至少有一方并不必然履行金钱给付义务，只有当合同中约定的条件具备或合同约定的事件发生时才履行；而合同约定的事件是有可能发生也有可能不发生的不确定事件。在保险合同关系中，保险人是否履行赔偿或给付保险金的义务，取决于约定的保险事故是否发生，而保险合同约定的保险事故是否发生或者何时发生是不确定的。

其次，从法理上分析。我国《保险法》第三十八条："保险人对人寿保险的保险费，不得用诉讼方式要求投保人支付。"但并未规定财产保险保费不得以诉讼方式要求投保人支付。同时我国《保险法》第五十四条规定："保险责任开始前，投保人要求解除合同的，应当按照合同约定向保险人支付手续费，保险人应当退还保险费。保险责任开始后，投保人要求解除合同的，保险人应当将已收取的保险费，按照合同约定扣除自保险责任开始之日起至合同解除之日止应收的部分后，退还投保人。"因此财产保险的保险人可以通过诉讼方式要求投保人缴纳财产保险的保险费。

最后，从本案例的情况来看，A 公司提出投保要求，保险公司同意并出具保险单，表明保险合同已经成立。保险合同成立后，按照《保险法》规定，投保人按照约定支付保险费，因此 A 公司应按照合同的约定支付保险费，A 公司没有按照约定支付保险费，属于违约行为，保险公司有权要求其支付剩余保险费，并赔偿因此给保险公司造成的损失。同时，A 公司虽然没有发生保险事故，保险公司也没有承担赔偿保险金的义务，但是保险公司实际上已经履行了承担风险的义务，因此 A 公司认为保险公司收取保险费为不当得利是错误的。A 公司无权要求返还已交付的保险费，并且应当交付剩余的保险费。

（资料来源：根据道客巴巴资料整理改编）

案例 1-15　未经投保人同意　保险合同不得解除

一、案情简介

李某是某镇政府下属某食品厂的一名职工。2006 年 7 月 13 日，该食品厂为全长职工投保了养老保险，并一次交清了保险费。保险合同约定，该食品厂的职工年满 60 岁后，每月可领取养老金 180 元。2009 年 3 月食品厂改制，裁减现有职工。李某等 28 位职工先后离开食品厂，2009 年 12 月 9 日，镇政府向保险公司提出申请，认为李某等 28 位职工交付的保险费应退给镇政府。保险公司同意镇政府的要求，于 2009 年 12 月 28 日办理了退保手续，并将保险费退给了镇政府。2012 年 4 月，该食品厂停止经营。李某等人在 2012 年年底才获悉镇政府和保险公司将他们的养老保险做了退保处理。于是李某等人与镇政府、保险公司交涉，要求恢复保险合同关系。镇政府认为，该食品厂是它出自开办的，它有权决定于保险公司解除保险合同，现在该食品厂已经停业，善后事宜也应该由它处理，所以不同意恢复保险合同关系。保险公司认为，李某等人离开该食品厂时，食品厂对他们已经没有保险利益，依法应当解除保险合同。无奈之下，李某等人诉至法院，要求依法确认保险公司与镇政府解除保险合同的行为无效。

二、法院审理与判决

法院认为，只有保险合同的当事人才有权利解除保险合同。镇政府是该食品厂的主管单位,并不是保险合同当事人,其与保险公司解除保险合同的行为无效。

三、点评与思考

保险合同的解除方式有两种:一是协议解除,是指当事人双方经协商同意解除保险合同的一种法律行为;二是法定解除,法定解除是法律赋予合同当事人的一种单方解除权。《保险法》第十五条规定:"除本法另有规定或者保险合同另有约定外,保险合同成立后,投保人可以解除保险合同,保险人不得解除合同。"由此可见,保险合同的介乎只能在投保人和保险人之间进行,被保险人无权参与。

该案例中,食品厂是投保人,李某等职工是被保险人,尽管镇政府是食品厂的主管单位,但是它并不是保险合同的当事人,无权与保险公司协商解除李某等职工的保险合同。保险公司也不应当与镇政府协商解除李某等职工的保险合同,因此镇政府与保险公司解除李某等职工的保险合同的行为是无效的,保险公司和李某等人之间的保险合同依然存在,依然有效。镇政府应当向保险公司返还其收到的保费。

(资料来源:根据中华文本库资料整理改编)

案例 1-16 投保人解除保险合同的认定

一、案情简介

2010年6月,某企业向保险公司投保了企业财产保险,保险公司于2010年6月出具了保险单,载明保险期间自2010年6月10日0时起至2011年6月9日24时止。2010年6月11日,投保人当面向保险公司递交了"退保申请书";6月12日凌晨3时,该企业发生火灾,6月12日上午10时,保险公司完成了退保手续的审核后向投保人出具了"退保批单",载明保险合同自2010年6月12日0时解除。火灾发生后,被保险人向保险公司索赔,保险公司以保险合同已解除、火灾事故未发生在保险期间内为由拒赔。被保险人不认可拒赔决定,向法院提起诉讼。

二、点评与思考

本案主要涉及的是投保人单方解除保险合同以及合同解除时间认定的法律问题。投保人解除保险合同涉及投保人、被保险人和保险公司三方的权利义务关系,具有十分重要的意义。对于投保人来说,保险合同解除后,投保人将不再承担交纳保险费的义务;对于被保险人来说,保险合同解除后,被保险人将丧失保险保障,保险合同解除后所发生的保险事故,被保险人无权要求保险公司予以赔偿;对于保险公司来说,保险合同解除后,保险公司将不再承担此保险合同项下的保险责任。

首先,保险合同的解除权一般由投保人行使。根据《保险法》第十五条规定:"除本法另有规定或者保险合同另有约定外,保险合同成立后,投保人可以解除保险合同,保险人不得解除合同。"通过此条规定可知,我国《保险法》赋予了投保人自由解除保险合同的法定权利,即投保人可以无需任何理由就可解除成立并生效的保险合同,且无须经过保险人的同意。这在实践中称为"退保"。这种解除权是基于法律的直接规定而产生的,与普通合同的法定解除权不同的是,它可以称之为投保人的"法定任意解除权",但该种解除权同样受到法定的限制。

其次是保险合同解除时间为投保人解除保险合同通知到达保险公司之日的次日零时起计算。根据《合同法》第九十六条的规定:"当事人一方依照本法第九十三条、第九十四条的规定主张解除合同的,应当通知对方。合同自通知到达对方时解除。"据此,因合同的解除权是一种形成权,对于保险合同而言,投保人在行使单方合同解除权时,如果投保人解除保险合同的意思通知到达保险公司时即能发生保险合同解除的法律效果,而无须合同相对方保险公司的同意。本案中,投保人当面向保险公司递交了"退保申请书",双方签订的保险合同即已解除,直接产生的法律后果就是双方的权利义务关系即行终止。保险公司在接到投保人递交的"退保申请书"后所办理的退保手续的审核,本质上应属于保险公司的一种内部管理行为,是保险公司处理投保人退保的公司内部管理流程,该内部行为不产生对外效力。其应属于对投保人履行的后合同义务,如办理退回保险费的手续等。保险公司的内部审核行为无论何时结束,对外而言,保险公司对投保人履行的后合同义务均是从投保人解除保险合同通知到达保险公司之日的次日起计算。投保人交纳保险费的义务于投保人解除保险合同通知到达保险公司之日终止,与之对应的保险公司的保险责任也于同日终止。

综上,本案投保人于2010年6月11日当面向保险公司递交了退保申请书,即产生了保险合同解除法律后果,即双方基于保险合同所产生的权利义务关系于同日即告终止,投保人不再交纳保险费,保险公司不再承担保险责任。保险公司随后完成的退保手续审核并向投保人出具的退保批单仅为其处理投保人退保的公司内部管理流程,是其向投保人履行的后合同义务行为,如办理退回保险费手续等,其内部行为不影响投保人单方解除保险合同的权利。鉴于此,2011年6月12日发生的保险事故,因不在保险期间内,保险公司据此拒赔的理由是成立的。

本案对保险公司的内部经营管理具有现实启示意义。实践中,投保人提出退保申请和保险公司出具退保批单、退回保费之间所产生的时间差而引起的与本案相似的法律风险是不可避免的。为有效规避此类风险,建议保险公司在处理日常客户退保时,应加快内部审核速度,及时向客户退回保费。同时,保险公司可在投保提示书、投保声明书以及退保单证等文件书写上作相应的完善,以确保客户明确知悉解除合同通知到达保险公司时,保险合同即已解除的法律效力。

(资料来源:中国保险网)

案例1-17 期限届满保险合同效力是否终止

一、案情简介

2003年11月25日,余某在某人寿保险股份有限公司贵州省安顺分公司投保了1份保险金额为1万元、缴费期限20年的某终身保险，并附加投保1份附加住院医疗保险，保险金额为3 000元。2003年至2007年，双方正常履行了合同。

2008年4月3日，原告到被告处缴纳保费，被告公司已停办原附加住院医疗保险险种，可选择新的附加住院医疗险种，因余某发生过颈椎病的医疗赔付，故公司客服人员提出颈椎病为除外责任的特别约定，双方为此发生争议。余某于2008年7月18日将某人寿安顺分公司诉至法院，要求判令公司以原产品条款和条件续保。开庭前，原告余某向法院申请撤诉并获准许，被告某人寿安顺分公司向原告办理了附加险的续保，收取原告附加险保费195元。

2010年11月，原告余某到被告某人寿安顺分公司处缴纳2011年保费时，公司拒绝对附加险进行续保，余某再次将公司诉至法院，要求判令被告继续履行附加险合同，并赔偿原告交通费、诉讼费、误工损失共计300元。

被告抗辩：原、被告双方签订的附加住院医疗保险属于没有保证续保条款的短期险，双方附加险合同已与2008年11月25日终止，目前被告公司已停办该险种，客观上该保险产品已不存在，双方不能再重新签订原附加险保险合同。

二、法院审理与判决

一审法院判决如下：一是由被告某人寿安顺分公司在本判决生效后10日内为原告办理附加住院医疗保险的续保手续；二是由被告某人寿安顺分公司支付300元违约金给原告余某；三是驳回原告余某其他诉讼请求。

一审法院判决后，被告某人寿安顺分公司不服，以双方附加险合同已于2008年终止，双方签订的附加险保险期限为一年，如有间断即为终止等为由提出上诉。

二审法院审理后认为，双方当事人签订的附加险合同虽然是一年期，但某人寿安顺分公司未依照合同约定在合同届满10日前以书面形式通知投保人余某不予续保。因双方签订的合同所约定的解除条件并未包括停办情形，且险种停办亦不属于法定解除情形，故上诉人主张的险种停办致不能续保的理由不成立。某人寿安顺分公司在余某逾期缴费后又收取投保人保费，因保险合同是实践性合同，只要保险人收取投保人缴纳的保险费，意味着双方达成保险意思表示，故认定附加险合同继续成立并生效，上诉人上诉理由不成立，驳回上诉，维持原判。

二审判决生效后，原告余某申请法院强制执行，法院多次督促被告某人寿安顺分公司依法履行法院生效判决，但因其总公司已关闭该险种承保端口，无法录入业务系统，致其未能执行判决书确定的为原告余某办理附加住院医疗保险的续保。经某人寿安顺分公司及其上级公司多次与法院执行法官沟通协调，在取得执行法官理解的基础上，通过执行法官对余某进行说服解释，最后双方达成一致协议，由某人寿安顺分公司退还余某所缴纳的保费及相应的利息，案件遂和解执行。

三、点评与思考

本案例争议焦点在于：在双方签订的附加住院医疗保险到期后，被告是否有权单方终止该项业务的续保。

支持该判决的法律依据。原、被告双方要终止附加险合同，应当依照《中国人寿保险股份有限公司附加住院医疗保险条款》第十二条中关于合同效力终止情形的约定及《保险法》第二十条第一款和第二款的规定办理,保险法第二十条规定:"投保人和保险人可以协商变更合同内容。变更保险合同的,应当由保险人在保险单或者其他保险凭证上批注或者附贴批单,或者由投保人和保险人订立变更的书面协议。"对被告提出的该产品已停办,无法办理续保手续,其未能提供附加险停办的证据,且该附加险停办只能针对新的投保人,该理由亦不属于被告提供的格式条款中附加险终止的几种情形,更不属于法律上或事实上不能履行的规定。遂依据《合同法》第八条规定:"依法成立的合同,对当事人具有法律约束力。当事人应当按照约定履行自己的义务,不得擅自变更或者解除合同。"《民事诉讼法》第六十四条规定:"当事人对自己提出的主张,有责任提供证据。当事人及其诉讼代理人因客观原因不能自行收集的证据,或者人民法院认为审理案件需要的证据,人民法院应当调查收集。人民法院应当按照法定程序,全面地、客观地审查核实证据。"

一是保险总公司在产品的设计环节应充分对相关条款内容的法律风险进行充分识别,并采取措施予以有效防范。本案中,由于产品设计上的瑕疵,导致一审、二审法院以产品停办不属于附加险条款中约定的终止合同的情形为由,认定保险公司违约。

二是保险公司在产品停办前应对相关法律风险进行评估,并采取措施予以防范和化解,停办前应督促各级分支机构做好客户的通知解释服务,依法依合同履行相应的义务,在维护好客户权益的同时降低自身法律风险。

三是此案暴露出各级管理人员乃至具体经办人员依法合规经营意识比较淡薄,从二审法院认定看,其紧紧抓住了保险公司未依照合同提前书面履行告知义务的硬伤,这也是导致公司本案二审败诉的一个关键因素。为此,加强保险公司相关人员法律基础知识的学习培训,提高相关人员依法合规经营意识十分必要。

四是本案未能在审判环节妥善处理纠纷,有效化解矛盾,导致最后无法执行法院判决,也暴露出涉案公司相关法务工作薄弱。加强保险公司法律事务建设,打造一支经验丰富、素质较好的法务队伍,充分发挥法务人员在保险合同纠纷处理和在诉讼中的沟通协调作用,具有十分现实的积极意义。

(资料来源:中国保险报,2012年5月7日,整理改编)

案例 1-18 从器官移植谈确认保险合同条款争议的适用原则

一、案情简介

2008年12月10日,李某与某人寿保险股份有限公司三门峡分公司签订了两份重大疾病终身保险合同,基本保险金额10 000元/份,交费方式年交,交费期限20年,保险费726元/份年,投保人与被保险人均为李某,受益人范某。第四条第一款规定的保险责任是:被保险人在本合同生效(或复效)之日起180日后初次发生,并经本公司指定或认可的医疗机构确切诊断患重大疾病（无论一种或多种）时，本公司按基本保额的两倍给付重大疾病保险金，本合同的重大疾病保险金给付责任即行终止。若重大疾病保险金的给付发生于缴费期内，从给付之日起，免缴以后各期保险费，本合同继续有效。第二十条释义将"重大疾病"解释为十种疾病或手术，其中第七项为"重大器官移植手术（注7）"。注7注释为："重大器官移植手术指接受心脏、肺脏、肝脏、胰脏、肾脏及骨髓移植。"合同签订后，李某交纳保险费至2013年。2013年3月13日至5月21日，李某因病在中国医学科学院阜外心血管医院作了"二尖瓣置换术、三尖瓣成形术和左房折叠术"等三项心脏外科手术。2013年9月6日，李某以心脏部分器官移植也应视为心脏移植为由，向寿险公司提交了理赔申请。2013年10月25日，寿险公司以申请不属条款所规定重大疾病范围，不承担给付保险金责任，做出拒赔通知。李某不服，引起诉讼。

二、案例争议焦点

双方当事人关于本案的争议焦点十分明确，即对重大疾病条款器官移植中心脏移植的理解，应否确定为重大疾病范围存在争议，也即心脏瓣膜置换能否理解为心脏移植。一种意见认为：李某所做手术，是心脏二尖瓣置换，不是"心脏移植"手术，与保险合同约定重大疾病之一器官移植不相符，对器官移植的理解也不存在争议，是李某追求单方利益而故意制造的"争议"。第二种意见认为，二尖瓣手术已经将人体生理器官置换成金属物理性器官，是心脏器官部分置换手术，是器官部分移植，属于保险合同规定的重大疾病器官移植之一，保险公司应当保险责任；保险公司以二尖瓣置换手术不是心脏器官全部移植手术，既没有合同和法律依据，也没有临床医疗界定依据。

三、点评与思考

1. 保险法理解争议解释规则与合同法格式条款解释规则

对保险合同条款理解产生歧义的纠纷在司法实践中比较常见。《保险法》第三十条规定："采用保险人提供的格式条款订立的保险合同，保险人与投保人、被保险人或者受益人对合同条款有争议的，应当按照通常理解予以解释。对合同条款有两种以上解释的，人民法院或者仲裁机构应当做出有利于被保险人和受益人的解释。"对保险合同条款理解存在争议，也就是对条款有两种以上的解释。保险法之所以采用理解争议解释规则，一是因为险种和保险合同是由保险公司单独完成，在与普通人缔约过程中，保险人的意志起着主导作用，客观上在当事人之间存在着地位意志不对等、利益不均衡；二是保险用语较多，投保人不理解含义或者根本没有注意；为弥补处于弱势地位人一方的利益，就规定了疑义利益解释规则，从而实现双方权利和义务的平衡。《合同法》第四十一条规定："对格式条款的理解发生争议的，应当按照通常的理解予以解释。对格式条款有两种以上的解释的，应当做出不利于提供格式条款一方的解释。格式条款和非格式条款不一致的，应当采用非格式条款。"合同法格式条款解释规则，也是做出不利于提供格式条款一方的解释。尽管保险法和合同法关于条款争议解释规则的用语不同，但其立法本意是完全一致的，尽力保护非提供格式条款的一方合法权益。

2. 确认保险条款存在争议适用的基本原则

《保险法》第三十条关于争议解释规则的规定过于原则简单，司法实务中对适用该条款如何判定当事人对保险合同条款存在争议，常有不同的理解。是否只要投保人、被保险人或者受益人针对保险合同条款提出应当理赔的见解，提出与保险人不同意见，就属于争议，成为投保人、被保险人或者受益人单方利益规则？还是按照《合同法》第一百二十五条规定的基本解释方法优先适用？保险合同虽是一种特殊合同并有特别法予以规定，但是合同法是基本法，在保险法中没有规定的仍应当适用合同法，不能将合同法关于合同条款解释的基本原则排除适用。第一百二十五条第一款规定："当事人对合同条款的理解有争议的，应当按照合同所使用的词句、合同的有关条款、合同的目的、交易习惯以及诚实信用原则，确定该条款的真实意思。"因此，《合同法》第一百二十五条规定的文义解释、目的解释、整体解释、习惯解释和诚实信用解释等解释方法，是确认保险条款存在争议的基本原则。依照这些原则不能消除对保险合同条款的理解歧义，就应当确认对保险条款存在争议。

3. 用比较分析的方法，确认保险条款文义理解存在争议

关于重大疾病，保险公司所提供的格式合同第二十条用释义的方法将重大疾病名词解释列举为十种疾病或手术，并又注释的方法对十种重大疾病一一做出再列举解释。两次解释均采用了列举的方法，并没有概念性解释。人的重大疾病有多少种，每一种又包含多少类，是相当复杂的；保险人保多少种重大疾病，保险条款列举的并不十分清楚，显示的范围并不十分明显，重大疾病仍是比较模糊的概念。从前期保险公司对重大疾病终身保险合同的保险宣传和保险合同签订的实际情况看，保险公司在其中占有明显的优势，投保人对保险公司的操作和有些保险用语不熟悉，对于具体的保险条款，保险公司还没有让投保人对重大疾病的认识达到比较明晰的程度，可以利用自己的优势做出有利于自己的解释，使被保险人陷于不利的地位。另一方面关于对重大疾病的认识，人们存在着一般的理解和专业理解，不能将专业人员的理解等同于非专业人员理解和人们一般的认识水平。

就本案而言，争议的焦点是二尖瓣置换是否包含在合同约定的器官移植范围内，也就是说器官移植是仅指整个器官移植还是包括整个器官移植和部分器官的置换。现有医学器官移植既有捐献者移植也有人造器官移植，而器官的部分组织结构置换更加普遍。医学上一般不把部分器官的置换称为器官移植，但这并不能说明对器官移植的概念没有争议。器官移植可以做出全部移植或者部分移植等两种以上解释。

寿险公司保险条款中，所列举的器官移植手术，没有说明是包含部分器官移植还是仅指全部器官移植，也没有说明是人与人之间的器官移植还是包含人造器官的移植等。不同保险公司之间关于器官移植保险条款的解释，应当是判断对保险条款是否存在争议的较好方法。据此分析，寿险公司关于心脏移植不包含心脏部分组织置换的观点，李某关于心脏移植不仅指全部心脏移植还应包含心脏部分组织置换的观点，不是对保险条款心脏移植的不同见解，而是双方就心脏移植存在争议。根据《保险法》第三十条规定，做出有利于被保险人的解释，即确定李某疾病在合同约定的重大疾病范围内，寿险公司应当按照保险合同约定承担保险责任。

（资料来源：110法律资讯网，整理改编）

案例 1-19　保险条款内容理解不一引发争议

一、案情简介

2008 年 8 月 5 日，投保人熊某以自己为被保险人与某保险公司订立了一份 A 终身保险合同，选择分 20 年缴纳保险费，年缴保费为 12 150 元，保险金额为 15 万元。该保险合同所使用的 A 终身保险条款第六条"保险金额"约定："每年在生效对应日按保险单所列明保险金额的 5% 增加保险金额。"第七条"保险责任"约定："在保险合同有效期间内，保险人负下列保险责任：（1）自保险合同生效之日起，被保险人生存至每 3 周年生效对应日，保险人按保险单所列明保险金额的 10% 给付保险金。（2）被保险人因疾病造成死亡或身体高度残疾，保险人按保险金额给付保险金，本保险合同即行解除。（3）被保险人因遭受意外伤害造成死亡或身体残疾，保险人按保险金额给付保险金，本合同即行解除。"

保险公司按照"保险单所列明保险金额的 10%"即 1.5 万元的标准已向熊某给付了 4 次生存金。后熊某认为保险公司计算生存金的标准与保险条款不相符，应根据 A 终身保险条款第六条约定逐年增加后的保险金额来计算每次领取的生存金，从而诉至法院要求判令保险公司为其增加保险金额，返还生存金 27 573 元。

二、法院审理与判决

一审法院审理认为：综合 A 终身保险条款第六条规定："每年在生效对应日按保险单所列明保险金额的 5% 增加保险金额"，第七条规定："自保险合同生效之日起，被保险人生存至每 3 周年生效对应日，保险人按保险单所列明保险金额的 10% 给付保险金"，原告并未出现因疾病造成死亡或身体高度残疾，或因遭受意外伤害造成死亡或身体残疾的情形，故其尚不能按保险条款第六条的"保险金额"来领取保险金，而只能依照保险条款第七条的第一项领取生存金。原告要求判令增加保险金额，返还生存金 27 573 元的诉请，证据不足，其理由不能成立。遂判决驳回原告的诉讼请求。

熊某不服一审判决，提起上诉称：一审法院把保险条款第七条和第六条混为一谈是错误的。保险条款第六条是"保险金额"的定义，该条明确了每年在生效对应日按保险单所列明保险金额的 5% 增加保险金额；而第七条是"保险责任"的定义，该条明确了保险公司承担保险责任的三种情形。"保险金额"和"保险责任"是两个定义，不能用"保险责任"来混淆"保险金额"。请求二审法院撤销一审判决，改判支持上诉人的诉讼请求。

被上诉人保险公司答辩称：上诉人熊某混同了"保险单列明的保险金额"和"保险金额"之间的概念和区别。本案中，上诉人投保的 A 终身保险"保险单列明的保险金额"为 15 万元，该金额是固定不变的，"保险单列明的保险金额"与保险条款第六条约定的"保险金额"（即每年在生效对应日按保险单所列明保险金额的 5% 增加保险金额来支付保险金）是不同的。正是两者存在区别，才会在保险条款第七条的第一项和第二、三项中分别以"保险单列明的保险金额"和"保险金额"来区分，并且约定了不同的适用情形。请求二审法院依法驳回上诉,维持原判。

二审法院审理认为,从一审、二审查明的事实来看,保险条款第七条第一项明确约定:自保险合同生效之日起,被保险人生存至每3周年生效对应日,保险人按保险单所列明保险金额的10%给付保险金。结合上诉人的保险单,可以确定该保单的基本保险金额为15万元,由此可见,被保险人生存至每3周年生效对应日,保险人按保险单所列明保险金额的10%给付的保险金应确定为1.5万元。保险条款第六条"保险金额"虽约定:每年在生效对应日按保险单所列明保险金额的5%增加保险金额,但该保险金额仅适用于保险条款第七条第二、三项中被保险人因疾病或因遭受意外伤害造成死亡或身体高度残疾时保险人承担保险责任的情形。故上诉人要求被上诉人增加生存保险金的理由不充分,遂判决驳回上诉,维持原判。

三、点评与思考

本案的争议焦点是如何理解 A 终身保险条款第七条第一项中"保险单所列明保险金额"。现简要分析如下:

1. 关于保险条款内容的理解

根据《保险法》,保险金额是指保险人承担赔偿或者给付保险金责任的最高限额。A 终身保险条款第六条对该保险产品的保险金额确定方式进行了明确,而第七条对保险责任进行了界定。从条款中"保险金额"前面是否添加限定词可见,"保险单所列明保险金额"与未加限定词的"保险金额"所指并非同一对象。

本案中熊某"保险单所列明保险金额"为15万元,该15万元是计算第六条所称"保险金额"及第七条第一项生存保险金的依据,亦即该保单的保险金额每年在生效对应日按15万元的5%增加;而每3周年生效对应日,原告可按"保险单所列明保险金额"15万元的10%从被告处领取生存保险金。而如果被保险人熊某发生了第七条第二项和第三项的情形,则保险人应按第六条规定的"每年在生效对应日按15万元的5%增加"的保险金额向被保险人或者保单受益人给付保险金。

2. 关于保险条款的制定和备案

《保险法》规定,商业保险的主要险种的基本保险条款和保险费率,由保险监督管理部门制定。保险公司拟订的其他险种的保险条款和保险费率,应当报保险监督管理部门备案。

本案中涉及的 A 终身保险条款经国家监管部门审查备案,符合国家有关法律法规的规定。在处理有关该保险条款的争议时,应当根据其遵循的精算规则和费率表来确定保险合同当事人的权利义务关系。如按照原告对条款进行肆意曲解,将严重导致保险合同当事人双方的权利义务失衡,侵犯保险公司的合法权益。本案如按照原告的主张,将导致其获取高额利益,明显违反权利义务一致性原则,涉嫌不当得利。

保险公司应对保险条款中的一些抽象性文字进行必要的说明,使保险合同格式条款通俗化、规范化,避免产生文字上的歧义,尽量减少条款争议的出现。

(资料来源:根据凤凰网财经资料改编)

第二章

保险基本原则篇

基本理论

在保险发展的过程中，逐渐产生了保险的原则，成为引导保险有关行为的精神与准则。

保险基本原则是在保险发展的过程中逐渐形成并被人们公认的基本原则。这些原则作为人们进行保险活动的准则，始终贯穿于整个保险业务。坚持这些基本原则有利于维护保险双方的合法权益，更好的发挥保险的职能和作用，保证保险业有序发展，有利于保障人们的生活安定、社会进步。

（1）最大诚信原则要求保险合同当事人订立合同及在合同有效期内，应依法向对方提供足以影响对方做出订约与履约决定的全部实质性重要事实，同时信守合同订立的约定与承诺；否则，受到损害的一方，按民事立法规定，可以以此为由宣布合同无效，或解除合同，或不履行合同约定的义务或责任，甚至对因此而受到的损害还可要求对方予以赔偿。

（2）保险利益原则要求在签订并履行保险合同的过程中，投保人或者被保险人对保险标的必须具有保险利益。投保人以不具有保险利益的标的投保，保险人可以解除合同；保险合同生效后，投保人或者被保险人失去对保险标的的保险利益，保险合同随之失效（人身保险合同除外）；保险标的发生保险责任事故，只有对该标的具有保险利益的人才具有索赔资格，但是所得到的赔偿或给付的保险金不得超过其保险利益额度，不得因保险而获得额外利益。

（3）损失补偿原则的基本含义包括：一是只有保险事故发生造成保险标的的毁损致使被保险人受到经济损失时，保险人才承担损失补偿的责任，否则，即使在保险期限内发生了保险事故，但被保险人没有受到损失，就无权要求保险人赔偿。这是损失补偿原则的质的规定。二是被保险人可获得的补偿量仅以其保险标的所受到的实际损失为限，而不能使被保险人通过保险获得额外的收益。这是损失补偿原则的量的规定。损失补偿原则还派生出代位原则和分摊原则。

（4）近因原则的基本含义包括：一是规定了近因的认定方法，二是在风险与保险标的损失的关系中，当被保险人的损失是直接由于保险责任范围内的事故造成的，保险人才给予赔付。近因若属于除外风险或未保风险，则保险人不负责赔付。

相关案例

案例2-1 未履行如实告知义务 保险人是否赔偿

一、案情简介

2003年6月24日，王某以自己为投保人、其子为受益人同新华人寿哈尔滨分公司订立了健乐增额终身重大疾病保险（分红型）合同及附加险保险合同。合同约定：主险的保险金额为5万元，年缴保险费2 700元。附加险为个人住院医疗保险，保险费260元，保险期限为1年。新华人寿于当年6月23日通过转账的方式收取了投保人首期的主险和附加险的保过费。2004年8月11日，王某将4 560元存入该存折（包括其子的1 600元保险费）。新华人寿2004年8月18日通过转账将其子的1 600元保险费收取，余款2 960元保险费划款未成功。2004年9月15日，投保人王某因突发脑溢血而死亡。随后，新华人寿有关理赔人员进行了查勘，对被保险人因脑溢血死亡的医学结论和死亡的事实并无异议。2004年10月14日，新华人寿同意给付5万元保险金。2004年10月22日，在办理取款手续时，王家被告知保险公司已作出拒赔的理赔决定。

新华人寿哈尔滨分公司拒赔的理由是：第一，2000年，王某曾经因腹部的刀外伤在医院治疗过，而在王投保时未将此事告知保险公司。第二，第二年主险的保险费不变，还是2 700元；附加险的保险费由原来的260元随着被保险人的年龄增加而增加到312元。投保人在60天的宽限期内只缴纳保险费2 960元，缴费不足并导致合同效力中止，在合同效力中止且未经复效的情况下所发生的保险事故，保险人不承担责任。此后，双方虽经多次协商，但仍未达成一致意见。2005年1月，被保险人的受益人不得不将新华人寿诉于哈尔滨市南岗区人民法院。要求新华人寿全额给付保险金5万元。

二、法院审理及判决

新华人寿以投保人未履行如实告知义务为由解除保险合同是否合法？

2005年5月，哈尔滨市南岗区人民法院经审理后分析认为，新华人寿以投保人未履行如实告知义务为由解除诉争之保险合同合法。驳回了原告的诉讼请求。投保人的受益人不服，上诉于哈尔滨市中级人民法院。

哈尔滨市中级人民法院审理后认为：

（1）投保人王某于 2003 年 6 月 24 日与被上诉人保险公司签订的以自己为投保人、其子为受益人的保险合同系双方真实意思表示，其按约定在指定存折上存入续期保险费，虽然未被保险公司划款，但王某在宽限期内死亡，该保险合同仍然有效。

（2）在本案中，王某死于脑溢血，与保险公司在王某死亡后调查的张某曾因刀伤住院治疗并无医学上的直接联系，不能确认王某有违背诚信且追求不当利益的恶意。

（3）从该未告知事实与理赔事由无法律意义上因果关系，可以确认王某怠于告知的行为并不直接影响保险公司缔约意图，投保人的受益人要求新华人寿履行合同义务给付保险金予以支持。

（4）原审法院判决未从民法基本原则出发，全面审查本案法律关系判决驳回王某之子的诉讼请求不当，本院予以纠正。判令新华人寿于判决生效后 10 日内给付上诉人王某之子死亡保险金 5 万元。

三、点评与思考

本案中，涉及保险业合同解除权行使的行业标准问题。保险业合同解除权行使的行业标准的（条件）缺失，导致部分保险公司在被保险人出险后滥用合同的解除权，拒绝承担保险责任。

我国《保险法》第十六条规定：投保人故意或者因重大过失未履行如实告知义务，足以影响保险人决定是否同意承保或是提高保险费率的，保险人有权解除保险合同。该条确立了保险人解除保险合同的法定条件，保险人对于保险合同解除前发生的保险事故，不承担给付保险金的责任。综观现阶段寿险合同理赔纠纷案，大部分是因为保险人行使《保险法》第十六条规定的保险人法定的合同解除权而引起的。究其导致纠纷的原因，还是因为对于《保险法》中"足以影响保险人决定是否同意承保或是提高保险费率的未告知事项"在缺乏定性标准的情况下的各自的不同理解。

对此标准，有如下观点：

1. 未告知的"重要事项"要同导致保险事故的原因存在因果关系

《最高人民法院关于审理保险纠纷案件若干问题的解释》（征求意见稿）第十条规定，《保险法》第十六条第二款规定的"足以影响"，是指未告知的事项为发生保险事故主要的、决定性的原因。如果保险事故的发生并非投保人未告知的重大事项引起，可以认定该未告知的事项对保险事故的发生没有"严重影响"，保险人不得以投保人未告知为由解除保险合同或者不承担保险责任。本案中，被保险人死亡的原因是脑溢血，刀伤与该病没有任何因果关系。以刀伤为由拒赔显然缺乏依据。

2. 附加险不存在宽限期的问题

短期险，特别是附加险保险期间固定的，一般为 1 年，缴费也是一次性缴纳。合同到期后，原合同终止。是否订立新的附加险合同，有待于投保人是否向保险人发出订立新的保险合同的要约；没有投保人的要约，是不可能存在续期的附加险保险合同的，更不会存在收取附加险的保险费的。本案中，在投保人未在附加险合同到期前提出订立附加险的申请（要约）的情况下，投保人是没有缴纳附加险保险费的合同义务的。保险人以投保人缴纳的保险费不足拒绝划款显然是错误的。

保险行业本身也应该根据法律的原则规定和有关国内、国际惯例尽快着手确立一些行业的理赔标准和惯例，以规范行业行为。保险业应该尽快确立"足以影响"保险人对风险判断的"重要事项"的判断标准，这将减少不必要的保险纠纷。

（资料来源：孙阿凡，《保险学案例分析》，中国社会科学出版社，2013年4月第一版）

案例2-2 投保过程存在欺诈 保险公司是否理赔

一、案情简介

（案例一）

2009年11月26日，张某为其妻子李某向某保险公司投保终身寿险一份，附加重大疾病和意外伤害保险各一份。约定基本保险金额6万元，受益人为张某以及他们的女儿小丽。2011年12月21日，被保险人李某因肾功能障碍综合征，慢性粒细胞白血病住院治疗，2011年12月23日经抢救无效死亡。之后，张某和小丽要求保险公司支付保险金6万元。保险公司到当地医院查阅病例发现，李某在投保前的2009年2月6日、2月17日、3月6日即已在当地医院3次住院，被诊断为慢性粒细胞白血病，而且病例中多处有甲的知情签字。然而，张某在为李某投保时隐瞒了其患病的情况。此外经调查还得知，张某为李某在多家保险公司投保，同样隐瞒了其患白血病的事实。张某和小丽以受益人的身份申请理赔遭拒、诉至法院。

（案例二）

2009年12月2日，王某与某保险公司签订合同，投保人和被保险人均为王某，保险公司承保"关爱专家定期重疾个人疾病保险"：保险金额为20万元，保险期间20年，保险费1 020元。缴费频次为年缴。合同生效日为2009年12月10日0时。合同签订后，保险公司向李某交付了保险单、保险条款、投保单。王某交纳了2009年至2011年的保费。保险条款中关于重大疾病的名词释义第12项载明：终末期肾病（或称慢性肾功能衰竭尿毒症期）是指，双肾功能慢性不可逆性衰竭，达到尿毒症期，经诊断后已经进行了至少90天的规律性透析治疗或实施了肾脏移植手术。保险责任载明：自保险合同生效之日起因意外伤害原因，或自保险合同生效之日起180天后因意外伤害之外的其他原因，被保险人初次发生本合同约定的重大疾病，本公司按照保险金额给付重大疾病保险金，本合同效力终止。在投保单的告知事项中针对"是否曾住院检查或治疗""是否有其他未告知的疾病或功能不全"等问题，王某均回答"否"。在投保书"声明与授权"栏中，保险公司印制了以下文字：本人声明已经书面告知并回答投保书所列之询问。如本人违反告知义务，并足以影响承保决定，贵公司有权根据保险法的规定处理，其中包括解除本合同和拒绝赔付。王某在该栏目内签字确认。

2012年12月26日，王某向保险公司申请理赔。2013年1月8日，保险公司在处理理赔时发现，2007年王某在某医院被诊断为慢性肾小球炎、慢性肾功能衰竭尿毒症期等，2008年至2010年期间，王某在某医院被诊断为慢性肾小球炎、慢性肾功能衰竭尿毒症期等；2012年某医院病情诊断证明书写明：王某患有慢性肾炎、尿毒症、高血压、贫血、长期维持血液透析及对症治疗。保险公司认为王某的申请属于投保前患有疾病，故拒绝对王某进行理赔。王某认为保险法规定的保险公司的解除权行使时间仅为两年，现合同成立已逾两年，保险公司已经丧失了抗辩权，故保险公司应当理赔。保险公司则认为，王某的行为违反了保险法的最大诚信原则，因此不应当理赔。

二、法院审理与判决

（案例一）

一审法院判决驳回原告的诉讼请求，判被告返还原告保险费。判决理由是：投保人张某隐瞒被保险人李某患白血病事实的欺诈行为，对保险人是否同意承保或者提高保险费率足以产生重大影响，以致保险人在违背其真实意思情况下与投保人订立了保险合同。保险人以投保人张某未履行如实告知义务存在欺诈行为而拒绝赔付保险金的理由成立，对张某和小丽要求保险人赔偿6万元的主张不予支持。本案符合《合同法》第五十四条规定的当事人因受欺诈撤销合同的情形，同时，本案属于保险人的法定解除权与因受欺诈而享有的撤销权的竞合。保险人可以选择适用解除权也可适用撤销权，虽然本合同订立已超过两年，但是，合同法中撤销权的目的在于保护当事人意思表示真实的自由，而保险法解除权的目的在于督促投保人履行如实告知义务，故合同法中撤销权的规定和保险法中解除权的规定并不是普通法与特别法的关系，故本院对甲辩称的"本案应适用保险法的解除权不能适用合同的撤销权"的理由不予采信。

一审判决后，张某提起上述，二审法院认为，虽然张某隐瞒了李某曾经因患病住院治疗的事实，但根据保险法第十六条第二、三款之规定，保险法中对未如实告知的范围是合同法上对欺诈的特别规定。保险法作为特别法，其保险合同的解除权优先于合同法中可撤销合同的撤销权。保险法在规定不可抗辩条款时并没有规定其适用例外。不论投保人是故意还是过失的不如实告知或隐瞒欺诈，只要经过两年时间，保险公司就不能对之进行抗辩，本案上述人的保险合同已超过两年，因此，依据保险法的相关规定，被上述人应当承担赔偿或者给付保险金的责任。2012年12月14日作出终审判决：撤销一审判决，被上述人给付上述人保险金6万元。

（案例二）

一审法院认为，保险在本质上，是危险的分散与转移，与被保险人有关的危险，基于保险合同的成立，由保险人按照合同的约定予以承担。所谓危险，具有两方面的特征：其一为危险客观存在；其二为危险是否转化为现实具有不确定性。在保险合同成立之后，保险公司以收取保险费为对价所承保的危险现实发生，则构成保险事故。《保险法》第十六条第七款规定："保险事故是指保险合同约定的保险责任范围内的事故。"在保险合同成立之前已经现实发生的致损事件，由于该事件所造成结果的确定性，因而既不属于保险意义上的危险，也不构成保险事故。该案即属于此种情形，王某与保险公司所订立的合同成立于2009年12月，而王某在2008年即被确诊患慢性肾功能衰竭尿毒症期，远在合同成立之前。因此，慢性肾功能衰竭尿毒症期这一疾病对于王某而言，是在合同成立之前已经发生的事实，该事实由于具有确定性和现实性，因而既不是保险意义上的危险，也不是保险意义上的事故。于是作出驳回李某诉讼请求的判决。

王某不服一审判决提起上诉，二审法院以同样的理由判决维持一审判决。

三、点评与思考

我们先来对两个案件进行比较。

1. 两案的共同点

案例一和案例二都是欺诈投保，即明知不符合投保条件，故意隐瞒病情作虚假告知，欺骗保险公司。

2. 两案的区别

法院判决依据不同。案例一的二审判决依据《保险法》第十六条第三款，案例二两级法院判决的依据是保险学原理。

其争议焦点是欺诈投保情形下保险合同的效力如何判定。

1. 是适用《保险法》还是适用《合同法》

《保险法》第十六条第三款规定："前款规定的合同解除权，自保险人知道有解除事由之日起，超过三十日不行使而消灭。自合同成立之日起超过二年的，保险人不得解除合同；发生保险事故的，保险人应当承担赔偿或者给付保险金的责任。"《合同法》第五十四条规定："下列合同，当事人一方有权请求人民法院或者仲裁机构变更或者撤销：（一）因重大误解订立的；（二）在订立合同时显失公平的。一方以欺诈、胁迫的手段或者乘人之危，使对方在违背真实意思的情况下订立的合同，受损害方有权请求人民法院或者仲裁机构变更或者撤销。当事人请求变更的，人民法院或者仲裁机构不得撤销。"《保险法》第十六条赋予保险人合同解除权，《合同法》第五十四条赋予撤销权，这两种权利发生竞合。那么，对保险人而言，究竟应该行使哪个权利，存在三种观点：

第一种观点，解除权优先。因为按照特别法优于一般法的规定，保险法相对于合同法而言，属于特别法。因此，优先适用保险法的规定。

第二种观点，解除权和撤销权可自由选择。二者在立法目的、构成要件和法律效果方面均不相同，故保险人可自由选择。

第三种观点，应该区分不同情形。如果投保人是以欺诈的形式违反告知义务，保险人除了可以根据保险法的规定解除保险合同外，也可以根据民法意思表示瑕疵的规定撤销合同；如果投保人主观上没有恶意的，则保险人只能根据保险法的规定寻求救济。

从平衡保险人与投保人双方利益关系来看，第三种观点可能较为合理。一方面，体现了对投保人欺诈行为的惩罚，有利于维护诚信的保险市场环境；另一方面，保险人也不得任意寻求民法上意思表示瑕疵制度的规定，逃避保险法中对保险人解除权的限制。

2. 案例二的判案思路能否适用于案例一

无论是理论界还是实务界，遇到投保人违反如实告知义务的情况，人们习惯上会想到《保险法》第十六条的相关规定，即不可抗辩条款的规定。但是，针对本文探讨的两个案例，如果支持投保人一方的话，极易诱发道德危险，对其他投保人而言是不公平的；如果支持保险人一方，就会招致法律适用错误的质疑。所以说，迫切需要立法机关或司法机关对该问题给予明确的回答。

在案例二的审理过程中，法院绕开了《保险法》第十六条的相关规定，特别是回避了不可抗辩条款的规定，直接运用保险学原理来判案。这种裁判思路令人耳目一新，连声叫绝。

在两个案例中，在投保之前，被保险人均已患病，而且所患疾病对于保险人来讲是绝对不能承保的危险。换句话说，危险已经发生。这种情况下，当然不符合可保风险的本来含义。通常来讲，风险具有客观性、普遍性、损害性、不确定性等特征。但是本文讨论的两个案例中，风险已经确定，所以不具有保险意义。法院的判决理由成立。

针对这种情形，最高人民法院在关于适用《中华人民共和国保险法》若干问题的解释（三）（征求意见稿）第七条中已经有所考虑。"订立保险合同时，保险合同约定的事故已经发生或者确定不发生的，保险合同无效，但当事人双方均不知道的除外。保险合同无效，投保人请求保险人返还其已经支付的保险费的，人民法院应予支持，但投保人订立保险合同时明知事故已经发生的除外。"虽然该司法解释还没有生效，但处理类似问题的裁判思路已经明确，为以后解决类似纠纷指明了方向。

(资料来源：王卫国、张鸿鹏，《中国保险报》，2015年9月1日)

案例2-3 投保人未履行如实告知义务的后果

一、案情简介

郑某以自己为被保险人于2011年6月14日向甲保险公司投保两全保险，附加的综合住院医疗保险中含有住院现金利益给付200元/天的条款。在投保单中，郑某告知保险公司其职业为某经贸公司总经理，平均月收入1.2万元，在保险公司询问的"其他商业保险"是否包含"每日住院现金给付"一栏中未填写任何内容。2012年11月5日，郑某因病住院治疗27天，出院后申请理赔，保险公司以郑某在投保时未如实履行告知义务为由拒绝理赔，并决定解除附加综合住院医疗保险合同。郑某不服，向法院提起诉讼。

二、法院审理及判决

法院在审理中查明，2006年至2011年期间，郑某还在乙、丙、丁保险公司分别购买了多份附加住院定额补贴的人身保险，本案申请理赔时，这些住院定额补贴保险均在保险有效期限之内，其中"住院补贴计划A+保险"中的每日住院保险金为500元/天；法院还查明，郑某于2011年9月至本案案发时，住院五次共146天，按照上述合同约定共可获得住院补贴保险金82 450元；法院同时查明，郑某的真实职业不是某经贸公司总经理，而是某娱乐场所的部门经理，账面工资为2 600元/月。

一审法院审理认为，本案争议的保险合同属于住院补贴型险种，根据损失补偿原则，住院补贴险的设计目的在于弥补被保险人住院期间不能正常工作而导致的收入方面的损失，保险公司赔付的每日住院保险金不得超过其正常工资收入（即每月2 600元），否则就可能引发逆选择，诱发道德风险。本案中，郑某未告知其在其他保险公司购买住院补贴保险的事实以及隐瞒真实收入的事实足以影响决定是否承保。因此，保险公司以郑某在投保时未如实履行告知义务为由拒绝赔付,并解除附加综合住院医疗保险合同的决定符合法律规定,法院予以支持。

郑某不服一审判决,以如下理由提出上诉:(1)人身保险不适用损失补偿原则;(2)法院并未对何谓告知义务中的"重要事实"作出认定;(3)判决书对有关未告知事项"足以影响保险人决定是否承保或者提高保险费率"的判定,既缺乏证据证明,也没有说出理由。二审法院重新开庭审理,最终驳回上诉,维持原判。

三、点评与思考

任何一项民事活动,各方当事人都应当遵循诚信原则,这是世界各国立法对民事、商事活动的基本要求。保险合同关系属于民商事法律关系,自然也必须遵循诚信原则。由于保险合同的个性特征,保险活动中对当事人的诚信要求比一般民事活动还更为严格,这就是"最大诚信"。保险最大诚信原则源于海上保险。因为在海上保险中,投保的船舶和货物往往远离保险人,保险人无法对投保的财产作实地查勘,只能根据投保人的陈述来决定是否承保及以什么条件承保。因此,投保人的陈述是否正确属实,对于保险人是至关重要的,由此确定了最大诚信原则。

我国《保险法》对诚实信用原则也作了具体规定。诚实信用原则的基本含义是:保险双方在签订和履行保险合同时,必须以最大的诚意,履行自己应尽的义务,互不欺骗和隐瞒,恪守合同的认定与承诺,否则保险合同无效。故本案二审重新开庭审理后,仍以投保人投保时未如实履行告知义务足以影响保险人决定是否同意承保为由,驳回上诉,维持原判。

通过本案的审理,也提出了如下值得思考的问题:(1)保险实务中普遍存在的住院定额补贴保险,作为人身保险的一个特殊险种,是否适用损失补偿原则?(2)此类保险的投保方需要告知的"重要事实"究竟包括哪些风险因素?是否包括"其他商业保险"中"每日住院现金给付"的累计金额?如否,过高的定额给付保险金额是否有可能诱发道德危险?如是,立法是否对中间型定额保险中投保人应当告知的"重要事实"做出明确无误的规定?(这里所说的中间型定额保险即指"短期健康保险和意外伤害保险业务")我国现行《保险法》以保险标的为分类标准,将保险合同分为人身保险和财产保险两大合同类别。同时根据保险业务与保险监管的需要,在把保险业务分为人身保险与财产保险,并在贯彻"分业经营"规则的基础上,允许财产保险公司经营"短期健康保险和意外伤害保险业务"。这种法律规范的结构安排,实际上是把"短期健康保险和意外伤害保险"作为一种"骑墙性"业务加以规定了。(3)如何辨别和防范中间型定额保险的契约风险?以上问题值得探讨。

(资料来源:程太和,《中国保险报》,2015年5月7日)

案例2-4 危险程度增加未告知是否承担赔偿责任

一、案情简介

2012年11月14日刘某将其所有的轻型普通货车,委托其朋友向保险公司投保商业第三者责任保险，赔偿限额30万元及附加不计免赔率特约保险，保险期间2012年11月15日至2013年11月14日止，刘某按约定交纳保险费并收到保险公司出具的保险单。2013年5月30日，刘某的弟弟无证驾驶该车辆不慎与重型自卸货车碰撞，造成重型货车侧翻砸压一摩托车和另一小汽车，致使发生4人死亡、4车损坏的重大交通事故。该事故经公安局交通管理大队认定为刘某的弟弟应负事故同等责任。事故发生后，刘某和刘某的弟弟在当地法院主持下与4名死者家属达成赔偿协议，总计赔付170万元，并已履行完毕。之后，刘某向保险公司申请索赔商业第三者责任保险的赔偿金，保险公司以刘某的弟弟无证驾驶为由不予赔偿。由于该保险合同约定争议解决方式为××仲裁委员会，因此刘某向××仲裁委员会提起仲裁。

二、法院审理与判决

申请人（刘某）申请称：投保单上的被保险人并非本人亲笔签字，足以证明保险公司在投保时并未告知被保险人免责条款内容，因此，根据法律规定，该免责条款不产生效力。保险公司应承担赔偿责任及本案仲裁费用。

被申请人（保险公司）答辩称：第一，无证驾驶行为属于严重违法行为，对于其社会危害性投保人应该是明知的，如果保险人对违法行为进行赔付，无异由保险人对违法行为后果买单，等同于投保人可以将违法风险、违法责任向保险人转嫁。从长远来看，如果保险人对该行为进行赔付，必将严重损害保险业的发展，甚至损害其他投保人的利益，而且也会产生不良社会导向，使违法者有恃无恐，引发极大的道德风险。第二，无证驾驶汽车是保险合同约定的除外责任，保险公司予以拒赔并无不当，请求仲裁庭驳回申请人的仲裁申请。

仲裁庭认为：本案投保单上的投保人签字处虽然不是申请人刘某亲笔签字，但申请人刘某也已按保险合同约定交纳了保险费，视其对代签字行为予以追认，因此保险合同有效。申请人已收到保险单，而保险单上的保险条款已对免责条款用粗体字放大提示：无证驾驶被保险机动车造成人身伤亡或财产损失，不论在法律上是否应当由被保险人承担赔偿责任，保险人均不负责赔偿。无证驾车是违法行为，是国家法律、法规禁止性规定的事项，无证驾驶保险车辆属于保险人的责任免除范围。被申请人已在保险单上作出足以引起投保人注意的加粗字体的提示，已履行了提示义务，而且文义表达清楚，一般普通人均可看懂，无须再强求保险人对该条款的内容以书面或者口头形式向投保人作出明确说明。刘某作为公民也应当了解无证驾驶车辆的含义及对社会的危害性，而不会对该免责条款的理解发生歧义。参照最高人民法院关于适用《中华人民共和国保险法》若干问题的解释（二）第十条规定："保险人将法律、行政法规中的禁止性规定情形作为保险合同免责条款的免责事由，保险人对该条款做出提示后，投保人、被保险人或者受益人以保险人未履行明确说明义务为由主张该条款不生效的，人民法院不予支持。"因此，申请人主张在投保时保险人并未告知被保险人免责条款内容，该免责条款无效的理由不能成立。根据《保险法》第五十二条第一款规定："在合同有效期内，保险标的的危险程度显著增加的，被保险人应当按照合同约定及时通知保险人，保险人可以按照合同约定增加保险费或者解除合同；保险人解除合同的，应当将已收取的保险费，按照合同约定扣除自保险责任开始之日起至合同解除之日止应收的部分后，退还投保人。"第二款规定："被保险人未履行前款规定的通知义务的，因保险标的的危险程度显著增加而发生的保险事故，保险人不承担赔偿保险金的责任。"申请人刘某将保险标的车辆提供给未取得驾驶资格证的弟弟驾驶,该行为显著增加保险标的车辆的危险程度,被申请人依照法律规定和合同约定不需承担保险赔偿责任,申请人申请被申请人支付商业第三者责任保险赔偿金的请求,于法无据,本庭不予支持:驳回申请人的仲裁申请,本案仲裁费 7 019 元由申请人承担。

三、点评与思考

仲裁庭对本案投保单代签字的解释和认定是较为到位的。关于被保险人未履行因保险标的的危险程度显著增加的通知义务,保险人依法可以拒赔的问题,笔者在此做进一步分析。所谓的危险程度增加,是指投保人与保险人签订保险合同时未曾预料的,但是,在保险有效期间内保险标的的危险程度显著增加,其危险程度增加有两种原因:一是被保险人的行为引起的;二是被保险人以外的因素所致的。《保险法》第五十二条第二款所规定的,因被保险人未履行通知义务,由于保险标的的危险程度增加而发生的保险事故,保险人不承担赔偿责任。应满足两个条件:第一,被保险人已知道应该通知保险人危险程度增加的情况,而没有通知,直至事故发生;第二,依据保险的近因原则,危险程度增加是导致事故发生的一种能动而有效的原因。然而,在以下几种情况之下危险程度增加,被保险人未能及时通知保险人是可以免责的:一是,履行道德上的义务时导致危险程度的增加;二是,事故的发生不影响保险人的负担;三是,为了维护保险人利益所致的危险程度的增加。由于本案交警部门未能认定申请人张某的弟弟所承担的责任,是否因无证驾驶与事故发生有因果关系。但是从公平和道义的观念考量,仲裁庭作出的裁决也并无不当。

(资料来源:李毅文,《中国保险报》,2015 年 4 月 29 日)

案例 2-5 未明确说明免责条款是否赔偿

一、案情简介

2013 年上半年,某新华书店发生水患,数千册图书遭水浸泡,造成直接经济损失 5 万余元。该新华书店 2012 年底曾向某保险公司投保了财产保险综合险,事后即向保险公司索赔。保险公司经现场查勘,发现水患系水管爆裂引起,于是以因水管爆裂属于除外责任为由而拒绝赔偿。新华书店声称保险公司代理人在承保时未向其说明水管爆裂属于除外责任,并向法院提出诉讼。

二、法院审理与判决

当地法院在审理案件时认为:保险公司并不能提出足够的证据证明已向被保险人新华书店履行了解释说明义务。因此,判决保险公司赔偿新华书店的全部经济损失,并承担诉讼费用。

三、点评与思考

从法律的角度来看,在保险合同中,一般强调的是投保人和被保险人对保险标的及其相关事项向保险人的告知义务。实际上，保险公司作为格式化保单的制作者相对于被保险人来说是占有优势的，更应当在承保前对保户履行明确告知与解释义务，特别是对合同条款的详细正确解释，而不能以投保人未如实告知保险标的及其相关事项，或者以保险公司内部的条款解释等来作为拒赔的理由。被保险人事前仅仅通过保单上的条款是无法准确详细地了解含义的解释与说明的。保险公司对此案例的处理表明被保险人被剥夺了知悉权，有失合同的公平性。

《保险法》规定："保险合同中有关于保险人责任免除条款的，保险人在订立保险合同时，应向投保人明确说明，未明确说明的，该条款不产生效力。""对于保险合同的条款，保险人与投保人、被保险人或者受益人有争议时，人民法院或者仲裁机关应当作有利于被保险人和受益人的解释。"在应诉过程中，绝大多数保险公司均不能拿出确凿证据来证明自己已向投保人履行了解释说明义务。据此规定，很明显，在诉讼一开始，保险公司就处于劣势，实难胜诉。

因此，法院判决保险公司没有履行"明确说明免责条款含义"的义务，免责条款无效，保险公司败诉。

本案是关于保险代理人未能就保险合同中免责条款进行明确说明而产生的纠纷。这类案例在现实生活中屡见不鲜，已经成为保险公司的一大难题。不管是寿险公司还是财险公司，目前，都片面强调代理手续费与业务规模挂钩，短期行为严重。代理人在推销保险时，往往倾向于夸大对投保人、被保险人有利条款的解释说明，而对投保人、被保险人不利的条款则轻描淡写。这就造成了当保险事故发生后，被保险人根据保险法向保险公司投诉，不但使保险公司的经济利益受到损失，而且使保险公司的形象受到损害。

在实务中，如果代理人在推销保险时履行了明确告知义务，但是被保险人在事故发生后否认了这一事实。如果被保险人因此向法院提出诉讼，保险公司仍然需要赔偿（给付）保险金。现有的保险单据，明确说明的部分应该是由被保险人经代理人询问后打勾证实，但是这种形式只能够表明代理人已经对被保险人做过一定程度的说明，而并不能表明代理人已经对条款作了充分详尽的说明，并确保被保险人已经完全明白条款的具体内容。什么样的行为才是"明确说明"？口头说了算吗？如果法律中没有对此清楚界定，而在条款中也没有相关的约定，一旦纠纷发生，当事人各方可能会以"空口无凭，不足为据"而推脱。"明确说明"行为在现实中不好量化，比较模糊。一旦有了"认可记录"的约束，则接受"说明"方的行为必然事前重视此"说明"行为，审慎签字认可已经"明确说明"，事后也不可反悔了。

其实，投保人、被保险人因保险代理人避重就轻的解释说明而草率成单，难于理解合同条款，只好出险后据理争己之利益说保险人没有很好履行解释说明义务。保险人因代理展业环节复杂，难以控制代理人是否详细解释说明条款的行为，即使很好履行了解释说明义务，也难于控制此时投保人、被保险人的利己行为。在这类争执纠纷中，保险人常常处于不利地位。

（资料来源：蒲成毅，《保险案例评析与思考》，机械工业出版社，2003年）

案例 2-6　格式条款的解释原则

一、案情简介

A 是某运输公司的职工（事故遇害者），负责将若干钢管载于卡车（以下，称之为"甲车"）上运往某工地。B 是 X 建筑公司（原告）的职工，负责驾驶装有装卸功能的特殊载重汽车（以下，称之为"乙车"）。B 在装卸钢管的过程中，由于操作失误引发钢管滑落事故，将正在帮助装卸的 A 压死。A 的家属提起诉讼，要求 X 和 B 赔偿损失。经过法庭的调解，最后达成由 X 建筑公司赔偿 15 万元给 A 的家属的和解协议。X 建筑公司在事故发生前，曾将自己公司所拥有的机动车苏投保了 Y 保险公司（被告）的第三者责任保险（全称为"机动车损害赔偿责任保险"，是强制保险）。为此，X 建筑公司遂向 Y 保险公司提出赔偿，Y 保险公司以 A 在事故当时是处于辅助驾驶人员的地位，以根据法律和保险条款的规定不能给予补偿为由予以拒绝。于是 X 提起诉讼。

二、法院审理与判决

一审法院认为，A 没有处在辅助驾驶人员的地位是属于保险法规上的"他人"，从而支持 X 的主张；Y 不服提起上诉。

二审法院则是完全推翻一审的判断，认定 A 是保险法规上的辅助驾驶人员，不是"他人"，从而驳回 X 的请求。X 向最高法院提起上诉。

最高法院认为二审法院在认定事实和对法律的解释上有误，支持 X 的主张，认定 A 不是保险法规上辅助驾驶人员，是属于"他人"。从而使长达数年的诉讼以 X 胜诉而告结束。

三、点评与思考

除了从事驾驶的人员以外，凡是从事辅助驾驶员工作的人员，在法律上被称之为辅助驾驶人员。那么，当具有装卸功能的载重汽车在停车进行装卸货物时，帮助装卸的人员遭遇事故身亡。对其是属于辅助驾驶人员，还是属于"他人"（即第三者），引起了争议。如果是辅助驾驶人员的话，那么则依照法律规定第三者责任险中不能对遇害者进行补偿。对此，历来法学理论界是各家各说如汗牛充栋，连各级法院的判决也是各执己见。其核心问题是，法律没有对辅助驾驶人员做出具体的规定，因此产生了多种观点。在保险实务中主要集中在对辅助驾驶人员进行广义解释，还是狭义解释的问题之上。

在保险法规中没有明确规定的情况下，如何正确理解立法意图和解释法律条文是本案的关键。

由于车辆损害赔偿责任保险是第三者责任保险，根据车辆损害赔偿责任保障法的规定不能对车辆的所有者和驾驶人员的自伤事故进行赔偿。只能对除此之外的第三者"他人"进行赔偿。

一审法院对 A 帮助装卸的行为看作是一种参与，认为与法律规定的"辅助驾驶人员"

在本质上是不同的。从而排除 A 是法律上的"辅助驾驶人员",认定 A 是法律上的"他人"。保险公司应该根据法律规定给予补偿。

二审法院则采取了对"辅助驾驶人员"进行广义解释的观点,认定 A 在装卸过程中实际参与和辅助装卸工作,其行为已经构成法律上所规定的辅助人员的要件,因此认定 A 是"辅助驾驶人员",否定 A 是"他人"。因此,保险人可以拒绝赔偿。

终审法院认为 A 在整个装卸过程中,并没有接受公司的指令去参与此事,是一种出于帮助性质的行为。其任务是将钢管运送到目的地,而没有义务和责任去参与装卸工作,不能认定该项行为能构成"辅助驾驶人员"的要件。从而支持 X 的上诉理由,认定 A 是法律上的第三者"他人"。因此判决 Y 必须赔偿 X 损失。

本案涉及的是如何理解保险立法意图和解释保险具体法律条文对合同效力影响的问题。A 是辅助驾驶人员还是第三者(即"他人")的确认是争议的焦点。对 A 身份的界定,就成为保险公司正确选择赔付方案的根据。

保险双方对保险合同的条款或者内容发生争议时,自然会涉及对保险合同的内容和文字的解释。特别是在诉讼和仲裁过程中,对条款的不同解释会产生完全不同的结果。一般说来,保险合同作为双方的协议,所用的文字和内容要尽量科学规范、合理与准确。然而,由于保险行业自身专业特性的复杂、合同条款的局限性和语言文字表达方式的灵活性,尽管在订立合同时要求文字清晰、内容具体明确,但也有可能会发生疏漏以及文字上或内容上的不明确不全面,另外保险合同涉及保险双方的切身经济利益,所以在出现风险事故后,双方为己之利益所争,争议就不可避免。此时,必然要涉及合同条款的解释原则方法问题。通常采用文义解释、意图解释和补充解释三种解释方法,在公平合理基础上坚持有利于投保人解释的原则处理争议。但是,有利于投保人被保险人解释原则,通常适用于处理保险人与个人投保人,即自然人间的保险争议,而对于法人很少适用,尽管本案适用了此原则,因为,法人一般有自己的法律顾问,对法人仍然适用此原则,就有滥用之嫌。

(资料来源:蒲成毅,《保险案例评析与思考》,机械工业出版社,2003 年)

案例 2-7 如实告知义务对保险理赔的影响有多大

一、案情简介

2007 年 6 月,赵某作为投保人、被保险人与某寿险公司天津分公司签订保险合同,投保某终身寿险(分红型),保险金额共计 25 万元,保险期限自 2007 年 6 月 1 日起至终身。在投保后,赵某一直缴费至 2011 年度。2011 年 8 月 25 日,赵某因肾移植术后多功能脏器衰竭身故,因赵某在投保时未指定受益人,故配偶、女儿及父母作为其法定继承人于 2011 年 11 月 15 日向被告申请理赔。被告于 2011 年 12 月 26 日出具理赔通知书,以被保险人赵某在投保前已患糖尿病、高血压等疾病接受诊治但未如实告知且未告知事项已严重影响保险公司的承保决定为由,根据《保险法》第十六条和保险条款的相关约定,解除保险合同,拒绝理赔,所交保费不予退还。被保险人的法定继承人不服,作为原告向法院起诉,要求保险公司承担赔付责任。

二、法院审理与判决

法院在开庭审理后，经法院组织双方调解，最终达成调解意见，由保险公司赔付原告20万元，诉讼费由保险公司承担，案件终结。

三、点评与思考

本案的争议焦点主要有两个：一是投保人是否违反如实告知义务；二是保险公司拒赔是否符合《保险法》第十六条第三款的规定。由于本文主要分析对不可抗辩条款的理解问题，因此在本文中假设投保人的行为已构成未如实告知。

不可抗辩条款作为我国新《保险法》修订的主要亮点之一，规定在《保险法》第十六条第三款，是指保险人对投保人在订立合同时违反如实告知义务行为的抗辩权，在保险合同成立经过一段时间（又称"不可抗辩期间"）后就不得行使。其法理基础系为维护被保险人对保险的合理期待利益。

《保险法》第十六条第三款的表述为：前款规定的合同解除权，自保险人知道有解除事由之日起，超过30日不行使而消灭。自保险合同成立之日起超过两年的，保险人不得解除合同；发生保险事故的，保险人应当承担赔偿或者给付保险金的责任。根据该条款规定，因投保人未履行如实告知义务，保险人行使合同解除权受到两个期间限制，一是"自知道解除事由之日起超过30日不行使而消灭"，二是"自保险合同成立之日起超过两年的，保险人不得解除合同"。

因本案保险合同成立在新《保险法》施行前，所以根据《最高人民法院关于适用〈中华人民共和国保险法〉若干问题的解释（一）》第五条第三款的规定，保险人按照《保险法》第十六条第二款的规定请求解除合同，适用《保险法》第十六条规定的两年的，期间自2009年10月1日起计算，即到2011年9月30日两年期限到期。自2011年10月1日起，保险公司就不能以投保人未履行如实告知义务为由解除合同。

本案中，保险公司系在2011年12月26日作出解除合同的决定，很明显已经超过了两年的期限。如果被保险人系在两年期满后身故，则本案适用《保险法》第十六条的规定应没有异议。但本案特别之处在于被保险人系在两年期限内死亡，而申请理赔却是在两年期限后，而《保险法》第十六条第三款并未对保险事故是否发生在两年期限内进行区分，因此涉及对该条款如何正确理解适用的问题。

《保险法》第十六条第三款后半段的表述为：自保险合同成立之日起超过两年的，保险人不得解除合同；发生保险事故的，保险人应当承担赔偿或者给付保险金的责任。该条并未规定发生的保险事故是否必须在两年期满之后。根据文义解释的原则，按字面意思理解，该条款的含义是：只要自保险合同成立之日起超过两年，无论保险事故是否发生在两年内，保险人都不得以投保人未履行如实告知义务为由解除合同。即使保险事故发生在两年期限内，但是被保险人或受益人到两年后报案并申请理赔，保险公司也无法解除合同。

该条款未规定保险事故发生在两年内的不适用不可抗辩条款，但明确规定自保险合同成立之日起超过两年的，保险人不得解除合同。因此，在最高院未就此问题出台明确的司法解释前，应按照文义解释对条款进行解释，只要自保险合同成立之日起超过两年，保险人即不得解除保险合同。对于保险事故发生在两年期限内，而申请理赔系在两年期满后的，也应适用不可抗辩条款，保险人不得解除合同。具体到本案中，被告保险公司正是基于对该条款的理解才同意与原告进行调解，并最终达成通融赔付的调解意见。

（资料来源：《中国保险报》，2012 年 12 月 24 日）

案例 2-8 保险公司未"明确说明"要吃亏

一、案情简介

原告季某就其所有的宝马小轿车向被告保险公司投保机动车辆保险，险种包括车辆损失险等。保险期限内某日凌晨 2 时 30 分左右，车辆着火受损。消防部门的火灾认定书认为火灾原因可排除人为致灾因素，不能排除车辆电器线路故障，不能排除遗留火种等其他因素引起火灾。原告向被告报案后提出赔偿请求，被告在长达 3 个月的时间内既不发拒赔通知，也没有赔偿原告损失，原告后诉至法院，请求赔偿原告因车辆发生火灾造成的损失。庭审中，被告认为本案属于保险公司（2009）版保险条款责任免除部分第三条第（五）项的"自燃及不明原因火灾"，被告不承担赔偿责任。

二、法院审理与判决

一审法院认为：保险合同依法成立并已生效。依合同约定的（2009）版保险条款，车辆在使用过程中，因火灾、爆炸等原因造成保险车辆的损失，被告按保险合同的规定负责赔偿。原告车辆在保险期间发生火灾严重烧损，火灾原因认定"可排除人为致灾因素，不能排除车辆电器线路故障，不能排除遗留火种等其他因素引起火灾"。被告放弃申请鉴定的权利，对该事故及造成的损失无异议，该保险合同适用的保险条款为被告提供的格式条款，依照《保险法》及《合同法解释》相关规定，原告在被告处投保时，被告作为保险人应当向投保人提供该条款，向投保人说明合同的内容并对保险合同中规定的免除保险人责任的条款，在投保单、保险单或者其他保险凭证上做出足以引起投保人注意的提示，并对该条款的内容以书面或者口头的形式向投保人做出明确说明。被告无证据证明在原告投保时向原告提供了该（2009）版保险条款并就该条款中规定的免责条款向原告做出提示及明确说明，依《保险法》第十七条的规定，该条款不产生效力。故对被告认为原告车辆火灾属于条款中免责事由不应赔偿的辩称不予采信，判决被告承担赔偿责任。

被告不服一审判决提起上诉，理由为：依据《最高人民法院关于适用〈中华人民共和国合同法〉若干问题的解释（二）》第六条第一款：提供格式条款的一方对格式条款中免除或者限制其责任的内容，在合同订立时采用足以引起对方注意的文字、符号、字体等特别标识，并按照对方的要求对该格式条款予以说明的，人民法院应当认定符合《合同法》第三十九条所称"采取合理的方式"。本案中上诉人已经向被上诉人提交了保险条款（2009）版，该条款中对免责部分进行了特别印刷，足以引起被上诉人的注意。所以上诉人已经尽到说明提示义务。

二审法院认为：按照公安消防大队出具的火灾原因认定，可以认定该起事故火灾原因不明，属于《机动车保险条款（2009版）》规定的免责条款规定的范围。但保险公司不能证明自己给高某提供了《机动车保险条款（2009版）》，更不能证明就免责部分进行了提示及明确说明。双方之间的保险合同合法有效，但保险公司不能以该免责条款对抗投保人的赔偿请求，维持了一审要求被告赔偿的判决内容。

三、点评与思考

《保险法》第十七条规定："订立保险合同，采用保险人提供的格式条款的，保险人向投保人提供的投保单应当附格式条款，保险人应当向投保人说明合同的内容。对保险合同中免除保险人责任的条款，保险人在订立合同时应当在投保单、保险单或者其他保险凭证上做出足以引起投保人注意的提示，并对该条款的内容以书面或者口头形式向投保人做出明确说明；未作提示或者明确说明的，该条款不产生效力。"

对"保险合同中免除保险人责任的条款"，根据《保险法》规定，保险人有两方面的义务：一是提示，二是明确说明。提示不等于明确说明，仅有提示不构成明确说明义务的履行。保险人的这两项义务缺一不可，任何一项义务不履行，将导致相应条款不产生效力。

《保险法解释二》强化了保险人的提示和明确说明义务

1. 《保险法解释二》明确了保险人提示的形式

《保险法解释二》第十一条第一款规定："保险合同订立时，保险人在投保单或者保险单等其他保险凭证上，对保险合同中免除保险人责任的条款，以足以引起投保人注意的文字、字体、符号或者其他明显标志作出提示的，人民法院应当认定其履行了《保险法》第十七条第二款规定的提示义务。"

根据该条，保险人可以以文字、字体、符号或者其他明显标志做出提示。实践中，在保险条款中，较之于条款其他内容，责任免除条款多以较大字号、黑体字等形式出现，以引起投保人注意，保险公司往往以此种形式履行提示义务。

2. 《保险法解释二》明确了保险人明确说明义务的具体含义及标准

《保险法解释二》第十一条第二款规定："保险人对保险合同中有关免除保险人责任条款的概念、内容及其法律后果以书面或者口头形式向投保人作出常人能够理解的解释说明的，人民法院应当认定保险人履行了《保险法》第十七条第二款规定的明确说明义务。"

什么是明确说明？就是对于免除保险人责任条款的概念、内容及其法律后果作出解释说明。以题述案件中保险公司一方提出的责任免除条款"自燃及不明原因火灾"为例，就是要解释什么是自燃，条款中的自燃具体包括哪些内容，如果发生自燃，对于投保人来说，将会产生什么法律后果（从保险合同角度，保险公司是否赔偿）。

上述案例中，因为被告无证据不能证明给高某提供了《机动车保险条款（2009版）》，更不能证明就免责部分进行了提示及明确说明，所以法院认定其未履行提示及明确说明义务，判决保险公司败诉。

（资料来源：周小强、万暄，中国保险报，2013年6月17日）

案例 2-9　投保人未如实告知也要吃亏

一、案情简介

2010 年 8 月 8 日，李某作为投保人，与保险公司订立了人身保险合同，保险公司承保平安鸿鑫终身寿险（以下简称"鸿鑫险"）。王某（李某的母亲）是上述保险合同的被保险人及受益人。2014 年 9 月 9 日，王某在北京市平谷区人民医院（以下简称"平谷医院"）住院治疗，被诊断为患骨髓增生异常综合症，王某为此支付医疗费用 11 260.02 元。王某出院后，向保险公司提出了给付保险金的请求。但是，保险公司以李某在订立保险合同时未就王某的健康状况向保险公司如实告知为由，拒绝支付保险金并且解除了保险合同。

李某认为，其已按照保险合同的约定履行了有关义务，不存在违约行为。保险公司拒绝给付保险金、解除保险合同皆没有法律依据，因此起诉保险公司，请求法院判决确认保险公司解除保险合同的行为无效，判令保险公司继续履行保险合同；请求法院判令保险公司负担本案诉讼费。

二、法院审理与判决

一审法院判决如下：保险公司解除保险合同、拒绝给付保险金的理由正当。

一审法院审理认为，本案争议所涉及的保险合同，经审查没有现行法律所规定的导致合同无效的情形，因此合同有效。本案的争议焦点为，保险公司解除保险合同、拒绝给付保险金的理由是否正当。

1. 李某是否履行了如实告知义务

保险公司在一审中答辩称：2014 年 12 月 20 日，保险公司向平谷医院调取的王某住院病历上"病史"一栏记载：患者 4 年前（2010 年）无诱因出现头晕、乏力……2010 年 7 月在北京协和医院骨髓穿刺……中性杆状核比例降低，部分粒细胞可见明显巨变……记载"主诉"、"病史"栏目的住院病例下方，签写有"王某"的字样，并手书 2014 年 9 月 10 日 9 时。

保险公司据此认为，王某在李某为其投保前一个月，已经被确诊为患骨髓增生异常综合症。但是李某在为王某投保时，未就此向保险公司予以如实告知。李某在投保时，其就保险公司在询问事项的第五条"您目前或过去一年内是否去医院进行过门诊的检查、服药、手术或其他治疗"；询问事项的第六条"您过去 3 年内是否有下列检查项目的异常结果？例如：血常规……"等询问事项，投保书载明的勾选答案均为"否"，李某对上述健康告知事项签字予以确认。李某就王某上述健康状况的告知，与王某病历所记载的内容严重不符。

法院经审理查明以上事实，判定李某在订立保险合同时，未履行《保险法》所规定的如实告知义务。

2. 李某未履行如实告知义务的性质

法院认为，王某与李某系母子关系，李某自愿出资为王某投保，自己说明两者之间亲情深厚，李某没有理由不知道其母王某在投保前一个月接受骨髓穿刺检验并且被提示患有骨髓增生异常综合症的事实。王某所患上述病症，属于其子李某应当明知的家庭事务。据此，法院判定，李某未向保险公司如实告知王某健康状况的行为属于故意不履行如实告知义务。

3. 保险公司解除合同是否具有正当理由

按照保险公司的核保规范，年龄小于65周岁的被保险人（符合王某之年龄）患有骨髓增生异常综合症的，保险公司将拒绝承保。因此，李某故意未履行如实告知义务的行为，足以影响保险公司判断是否决定承保，符合2009年《保险法》第十六条第二款有关保险公司解除保险合同的规定，据此法院判定保险公司解除合同的行为具有法律根据。

综上，一审法院依照《中华人民共和国保险法（2002年修正）》第十七条第一款至第四款、《中华人民共和国保险法（2009年修订）》第十六条第一款至第五款，《中华人民共和国合同法》第九十六条、《最高人民法院关于适用〈中华人民共和国保险法〉若干问题的解释（一）》第一条、第三条的规定，驳回李某、王某的诉讼请求。

李某、王某不服一审法院的民事判决，向北京市第一中级人民法院提出上诉，其主要上诉理由是：（1）一审判决认定事实错误。一审法院仅以平谷法院病历的其中一页为证据，确认王某2010年7月曾在北京协和医院接受穿刺并且被提示患骨髓增生异常综合症，依据不足。（2）一审法院认定李某故意不履行如实告知义务，没有法律依据。（3）保险公司解除合同的行为超出了法定期限，应属无效。

保险公司服从一审法院判决，未向二审法院提交书面答辩意见，在二审法院庭审中口头答辩称，一审判决认定事实清楚、适用法律准确，请求二审法院维持原判。

二审法院判决如下：投保人属故意未履行如实告知义务，保险公司系在合理期限内解除保险合同。

二审法院审理认为，保险公司提供的2014年9月10日王某的病历系保存在平谷医院的王某住院的原始病历，系由与本案无利害关系的第三方专业医疗机构出具的，其主诉部分记载的病症、患病时间、检验项目、提示诊断结论、治疗用药等项内容清晰明确，绝无记录医师主观臆断之可能，具有很强的证明效力，其作为证据足以证明王某在李某为其投保之前的2010年7月，曾经在医院接受穿刺并且被提示患骨髓增生异常综合症。李某在投保时，其就保险公司在询问事项的第五条"您目前或过去1年内是否去医院进行过门诊的检查、服药、手术或其他治疗"及第六条"您过去3年内是否有下列检查项目的异常结果？例如：血常规……"中关于王某健康状况的告知，与王某病历所记载的内容严重不符。

二审法院认为，李某作为家庭成员，理应在投保前知晓或了解其母亲曾接受骨髓穿刺检验并且被提示患有骨髓增生异常综合症的事实，因此，对一审法院关于李某属于故意未履行《保险法》所规定的如实告知义务的认定正确，二审法院予以认可。

关于保险公司是否系在合理期限内解除保险合同问题，《中华人民共和国保险法（2009年修订）》规定，合同解释权自保险人知道有解除事由之日起，超过30天不行使而消灭。二审法院审理认为，保险公司向平谷医院调取王某病历的时间是2014年12月20日，因此，保险公司知道合同解除事由是在2014年12月20日之后，而李某认可其在2014年12月底前后接到了保险公司有关解除合同的电话通知，故保险公司行使合同解除权并未超过《保险法》规定的"30日"的期限，该解除合同行为有效。

综上，二审法院认为，李某、王某的上诉理由不成立，不予支持。判决驳回上诉，维持原判,一审案件、二审案件的受理费均由李某、王某负担。

三、点评与思考

投保人履行如实告知义务的核心内容是,就保险公司针对被保险人的有关情况提出的询问,应当本着诚实信用的原则,将其知道的、应当知道的以及可能知道的相关事实向保险公司做出如实的说明。

(资料来源:中国保险报,2015年6月25日)

案例 2-10 未明确告知免责条款保险公司败诉案

一、案情简介

郑某驾车时,途中因会车,靠左行驶,致使一辆相对方向行驶的摩托车紧急躲闪。乘坐摩托车的10岁儿童谢某跌落,并被车辆左后轮碾压受重伤,经抢救无效死亡。后经交警大队认定,该车为套牌车,在靠右通行时未减速且该车超载,是导致此事故的主要过错;摩托车驾驶员未取得机动车驾驶证是导致此事故的另一方面过错,依照有关规定,郑某承担此事故的主要责任,两轮摩托车驾驶员承担该事故的次要责任。经交警部门调解,郑某一次性补偿给车祸中死亡儿童的监护人11.3万元。随后,郑某向承保的某保险公司申请理赔时,遭到该公司拒绝。

郑某诉称,这辆车虽是套牌车,但是在事发半年前他与保险公司签订了机动车交通事故责任强制险合同和机动车商业保险合同,其中约定第三者责任险保险金额为20万元,并在合同中约定了第三者责任险不计免赔特约条款,保险期为一年。

二、法院审理与判决

法院认为,郑某与保险公司签订的机动车交通事故责任强制保险和机动车商业保险合同均是在双方自愿、平等基础上签订的,合同合法有效,双方应当全面履行。保险公司未能提交证据证明其在订立合同时已经特别向郑某明确说明了免责条款,故该条款对郑某不产生效力。据此,法院依法做出上述判决。

保险公司认为,因郑某的车是"套牌车",没有公安机关交管部门核发的行驶证和号牌,根据双方签订的保险合同中的责任免除约定,保险公司在商业险范围内不承担赔偿责任。又由于交强险没有明确"套牌车"不能买保险,所以保险公司可在交强险范围内赔付郑某的损失。

针对保险公司的说法,郑某称,自己在购买保险的时候,已经向保险业务员口头说明车是"套牌车",业务员也没说"套牌车"不能获得赔偿,而且自己是一车一保,绝不存在"套保"、"骗保"的行为,保险公司在承保之前对车辆进行了勘验,事后也承认肇事车就是承保车辆,何况自己已经是连续第二年在该公司投保。所以,无论是交强险还是商业险,保险公司都应该赔付。

法院认为，保险法规定："保险合同中规定有关于保险人责任免除条款的，保险人在订立合同时应当向投保人明确说明，未明确说明的，该条款不产生效力。"因为保险公司在法庭上未能提交证据证明其在订立合同时已经特别向郑某明确说明了该免责条款，故该条款对郑某不产生效力，所以保险公司关于郑某用"套牌车"投保而拒赔的理由不应得到支持，商业险部分也应赔付。

三、点评与思考

保险合同中规定有关于保险人责任免除条款的，保险人在订立合同时应当向投保人明确说明，未明确说明的，该条款不产生效力。

（资料来源：中国法院网，2010 年 7 月 30 日）

案例 2-11 "弃权与禁止反言"如何应用

一、案情简介

某保险公司于 2002 年 6 月 3 日承保了甲的机动车辆保险，在甲尚未交付保费的前提下，业务员将保单正本和保费发票一并交给了被保险人某甲，此后多次催促某甲支付保费，甲均以资金不足为由拖延。同年 10 月 10 日，甲的车辆肇事，发生损毁后，在 10 月 11 日某甲立即向保险公司以现金方式补交了全年保费，此时，保险公司还不知道已经发生了事故，为了核销挂账的该笔应收保费，保险公司接受了此保费。随后甲向保险公司报案，保险公司调查真相后，以甲在发生事故前未及时交付保费为由予以拒赔，甲不服，以保险公司已接受了其保费而未履行赔偿义务为由、向法院提起诉讼。

二、点评与思考

对于此案，首先遵照机动车辆保险合同条款投保人义务的第一项的规定，投保人应当在投保时一次交付保费。换言之，如未按照保险合同约定的时间和金额履行交费义务，则保险合同是不能发生效力的。投保人履行交付保费的义务是保险人在保险期间内履行赔偿义务的前提条件，这正是保险作为商品等价交换的有偿合同的体现。

然而，本案由于保险人在合同管理中既已发现问题保单，却没有及时采取终止合同的措施，使本来简单的案情复杂化了。首先，保险公司在尚未收到保费的情况下，就将保单正本连同保费收据一并交给了被保险人，不规范的展业行为给经营带来风险，将保险人自身置于十分被动的地位；其次，保险人在合同管理中既已发现投保人始终不交纳保费，原来的保单已经成了问题保单，已经是无效的保险合同，却没有及时采取终止合同的措施，迁就不作为，等于放弃自己应该作为的权利，无疑默认对方的行为；再次，在被保险人发生事故后，补交的保费没有做任何核实检查就接受了。接受补交保费这一行为本身证明保险公司否认了原合同的失效，或者说是事实上推翻了机动车辆保险条款第二十条关于被保险人的义务规定："被保险人对保险车辆的情况应如实申报，并在签订保险合同时一次交清保险费。"这给被保险人道德风险的发生提供了机会。当然，如果客户中途缴纳保费时，首先应当由保险公司的财务人员通知业务管理人员查阅此保单项下是否在此之前曾有出险索赔记录，以便明确各自的责任，对于有交费时间方式约定的保单，实际收到保费之前发生事故保险公司是不承担赔偿责任的，一定要书面通知双方，而不是简单地见钱即收。

保险公司是赔还是不赔呢？如果能够证明投保人是 10 月 11 日发生补交保费这一行为，那么保险公司可以以此举证，事故发生在前，补交保费在后，是一起明显来自于被保险人从头到尾故意损失保险人利益的道德风险，应该予以拒绝赔偿。如果保险人无法举证投保人的行为属于道德风险，则被保险人凭借其手中的保单正本和保费发票可以作为向保险公司索赔的合法依据提出索赔。保险公司则必须按照合同予以赔付。

此案产生的原因，是保险公司随意将保单正本和发票交给未交付保费的投保人，这是实践当中操作上存在一些尚未很好解决的问题。

其实，保险公司在承保过程中为了防范经营机动车辆保险的风险，又兼顾业务实际需要，只要在机动车辆保险单的特别约定栏中"本保险合同自收到保费的次日零时起生效"。就能有效地控制如本案发生的不该发生的风险。

本文涉及到 3 个方面的问题：第一是被保险人履行义务的问题；第二是保险人履行义务的问题；第三是最大诚信原则里面的"弃权与禁止反言"原则。如未按照保险合同载明的时间和金额履行交费义务，则保险合同效力终止，那么保险公司可不予赔偿。然而，本案中，保险公司在尚未收到保费的情况下，就将保单正本连同保费发票一并交给了被保险人。投保人在保险公司宽容的条件下让合同生效后，投保人却采取一拖二磨的做法，迟迟不履行缴纳保费的义务。此时保险人可以采取终止合同的措施，本案保险人却牵就地放弃这一权利。后来在被保险人发生事故后，反而不加核实检查就接受了补交的保费，事实上，保险公司又再一次放弃了应有的权利。以至于最后事态发展到法律都不能原谅的被动局面。根据最大诚信原则中"弃权与禁止反言"原则，保险公司应当对此案进行赔偿。当然，投保人这种不道德行为应该受到谴责。

如果此案投保人是法人，则保险人可以不赔付。因为，有利于被保险人原则通常适用于自然投保人。

通过此案值得思考的是：一是如何改进或完善现行保险单证的功能，做到既能方便客户实际操作程序的需要，同时又能满足保险公司维护自身正当权益防范经营风险的需要；二是要依照《保险法》以及相关的经济合同法规，统一制订关于保险合同生效与交付保费二者关系及其结果处理的具体操作管理规定。这也同时是为了防止业务员为了自己利益而事实上做了协助不道德的投保人损害公司的行为。

（资料来源：蒲成毅，《保险案例评析与思考》，机械工业出版社，2003 年）

案例 2–12　人身保险保险利益的认定

一、案情简介

2000 年 10 月，刘某为妻子李某投保了 30 万元的人寿保险，保险费一次交清，受益人为刘某本人。2003年5月，刘某和李某因感情破裂而离婚。离婚后，二人很快又各自成立了新的家庭。2003年9月，李某因交通意外事故身亡，刘某得知后向保险公司提出索赔。由于保险单在李某手中，李某的再婚丈夫白某也持保险单请求保险公司支付保险金。

二、争议及处理

本案中，刘某在保险事故发生后，对李某有没有保险利益？保险合同的效力如何认定？保险公司在理赔过程中，存在两种不同意见。一种意见认为，刘某在投保时对李某具有保险利益，但是二人离异后已经不再对前妻具有保险利益，故保险合同随着双方婚姻关系的解除而失效，应按无效合同处理。另一种意见认为，人身保险的保险利益只要在投保时存在即可，刘某在二人离异后对李某不再具有保险利益，并不影响保险合同的效力。

人身保险的保险利益，是指投保人对于被保险人的寿命和身体所具有的利害关系。换言之，即投保人将因保险事故的发生而遭受损失，因保险事故的不发生而维持原有的利益。这种损失或利益有时虽须顾及经济上的利益，但并不以金钱所能估计的利益为限。如果投保人与被保险人之间具有保险法所规定的关系，在法律上也视为有保险利益。我国《保险法》第二十一条规定，投保人对下列人员具有保险利益：（一）本人；（二）配偶、子女、父母；（三）前项以外与投保人有抚养、赡养或者抚养关系的家庭其他成员、近亲属；（四）与投保人有劳动关系的劳动者。除前款规定外，被保险人同意投保人为其订立合同的，视为投保人对被保险人具有保险利益。人身保险的保险利益与财产保险的保险利益有较大的不同：

（1）财产保险的保险利益必须是可以用金钱估计的利益，因为财产保险旨在补偿被保险人所受的损失。保险标的因第三人的故意或过失而受到损失时，被保险人仅可就保险人或第三人择一请求赔偿，不得因保险事故的发生而双重获益。保险人给付赔偿金后，可代位行使被保险人对于第三人的请求权。人身保险的保险利益非可以金钱估计，因为人身保险的目的并不在于补偿被保险人的损失。因此，不发生双重受益问题，故不存在所谓的代位问题。

（2）财产保险的保险利益于事故发生时必须存在，至于合同成立时，投保人对保险标的是否有保险利益并不十分重要。人身保险的保险利益则必须于合同成立时就存在，否则合同不发生法律效力。至于合同成立后，投保人是否失去保险利益，对其在合同上的权利均无影响。

（3）在财产保险中，只要投保人对于保险标的有保险利益存在，都可投保；而人身保险则不同，许多国家的法律明确规定，凡就第三人生命投保人寿保险或意外伤害保险的，投保人不仅须对该第三人有保险利益，而且还须获得该第三人的同意。

三、点评与思考

在本案中，刘某在为李某投保时，二人系夫妻关系，因而其对李某具有法律上承认的保险利益。也就是说，在保险合同成立时，刘某对李某具有保险利益，因此，该保险合同继续有效，根据法律规定，刘某作为受益人，有权请求保险公司向其支付保险金。保险公司的第二种处理意见是正确的。

（资料来源：张虹、陈迪红，《保险学》，中国金融出版社，2005年）

案例 2-13　保险标的转移对保险利益的影响

一、案情简介

2002年12月10日，张某将自己已购的二居室公有房及室内财产投保了家庭财产险，房屋的保险金额为30万元，家用电器保险金额为8万元，其他财产的保险金额为8万元，保单中载::"在保险期限内，保险标的被转卖、转让或赠与他人，或保险标的的危险程度增加时，应在7日之内通知保险公司，并办理批改手续。"张某一直认为自己的居住条件不够好，长时间以来非常注意楼市的动态，终于在2003年4月如愿以偿搬进了一栋三居室新居。在得知已购公有住房可以上市出售的情况后，张某立即向当地政府房地产行政主管部门提出申请，经审核，房地产行政主管部门做出准予其上市出售的书面意见。经朋友介绍，张某将原来的二居室房屋卖给了赵某，5月5日，赵某将全部房款付清并入住，双方商定一星期后去房地产交易管理部门办理交易过户手续。不料，5月10日，因赵某在使用煤气后未将阀门关紧而引发火灾，致使房屋遭受严重损失。事发后，赵某找到张某，于是张某向保险公司提出索赔。

二、点评与思考

本案争论的焦点有两个：一是张某是否具有保险利益，是否有权索赔？二是房子是否已经卖出，"房屋转卖"的真正含义是什么？现有3种不同的意见：第一种意见认为，虽然火灾确实属于家庭财产保险责任范围内的风险，但由于张某已将房屋卖出，且赵某房款已付，因此张某对发生事故的房屋已无保险利益，存在于保险公司与张某之间的保险合同已失效。张某无权向保险公司提出索赔。第二种意见认为，虽然赵某房款已付，但是双方尚未到房管部门办理交易过户手续和所有权登记转移手续，因此房屋仍属张某，所有权并未发生转移，张某仍具有保险利益，也无需通知保险公司，保险公司应予赔付。第三种意见也认为张某仍具有保险利益，但是房屋发生转卖，被保险人未在7日内通知保险公司，根据条款，保险公司无任何责任。

首先，房屋所有权的转移须以登记为前提条件。根据《保险法》规定："投保人对保险标的应当具有保险利益"，"保险利益是投保人对保险标的具有的法律上承认的利益。"这里强调了投保人、被保险人与标的物的利益必须为法律所承认，只有合法的利益才能成为保险利益。房屋买卖是一种特定物的交易，它除了要求当事人之间合意外，还要求具备特定的法律形式。根据建设部颁布的《已购公有住房和经济适用住房上市出售管理暂行办法》："已购公有住房和经济适用住房所有权人要求将已购公有住房和经济适用住房上市出售的，应当向房屋所在地的县级以上人民政府房地产主管部门提出申请，并提交有关材料。房地产行政主管部门对已购公有住房和经济适用住房所有权人提出的上市出售申请进行审核，并自收到申请之日起15日内作出是否准予其上市出售的书面意见。""经房地产行政主管部门审核，准予出售的房屋，由买卖当事人向房屋所在地房地产交易管理部门申请办理交易过户手续，如实申报成交价格。并按照规定到有关部门缴纳有关税费。""买卖当事人在办理完毕交易过户手续之日起30日内，应当向房地产行政主管部门申请办理房屋所有权转移登记手续，并凭变更后的房屋所有权证书向同级人民政府土地行政主管部门申请土地使用权变更登记手续"。本例中张某已购公有房的出售虽已获得房产行政主管部门的批准，但是买卖双方既未向房地产交易管理部门申请办理过户手续和缴纳契税，也未向房地产行政主管部门申请办理房屋所有权转移登记手续，因而可以认定房屋的所有权并未转移，买卖合同尚未生效，张某仍拥有房屋所有权。即张某对该房屋仍具有保险利益，有权向保险公司提出索赔。

其次，条款中的"房屋转卖"一词应指房屋所有权已转移。有人认为条款中的"房屋转卖"是指房屋转卖的实际行为开始，而不是以转卖手续全部完成为条件。根据保单文义的解释原则：当保险条款中的词语一词多义时，应按照其在所属专业的本来意义进行解释。房屋转卖在法律中的解释是房屋的所有权转移给他人，即指所有权归属于他人。对于处于转卖过程中、手续尚未全部完成的房屋不能视作"房屋转卖"。因此，条款中的"在保险期限内，保险标的被转卖、转让或赠与他人，或保险标的的危险程度增加时，应在7日之内通知保险公司，并办理批改手续"的规定，也只能认为是当房屋转卖手续完成，所有权已转移他人时，被保险人才负有在7日内通知保险公司并办理批改手续的义务。现在房子卖出手续还没有办完，还没有卖出去，何以通知呢？

综上所述，张某可以向保险公司提出索赔，保险公司应该赔偿。

房屋是否已经转卖涉及所有权的变更，所有权的有无决定着保险利益的有无，保险利益的有无决定着张某是否有权索赔。这是保险标的状态变化影响保险利益有无的问题。

在投保房屋的交易中，易引起纠纷的有两种情形。

情形一：保险房屋已转卖他人，并到房管部门办理了过户手续和所有权登记手续。这里房屋买卖合同是有效的，房屋所有权已转移到买主手中，但由于种种原因并未向保险人申请办理保险合同的批改手续。特别是条款中双方已经约定房子所有权转移后的通报期限。若此时发生事故，又不在双方约定的通报期限内，则保险人完全有理由拒赔。

首先，房屋转卖的法律手续已经完成，但被保险人并未履行家庭财产保险条款中规定的通知保险人并申请办理批改的义务。其次，买卖合同是合法有效的，这说明原被保险人对房屋已无利害关系，不再拥有保险利益，无权向保险人索赔；而新的买主虽然拥有房屋的所有权，但与保险人之间并无合同关系，也得不到保险保障。房屋买卖合同是保险合同关于保险利益是否存在的一个条件；同时二者又是独立的，房屋买卖合同存在于买卖双方，而保险合同存在于保险人与被保险人之间。买卖合同的合法有效并不能使保险合同的效力继续存在，除非被保险人申请了办理保单转让的手续，并且得到了保险人批注同意。

情形二：房屋实际为他人所控制，既未向房管部门办理过户手续和所有权登记手续，也未向保险人申请办理保单的批改手续。即如本文所述情形。在这种情况下，许多被保险人以买卖合同是无效的，房屋仍归被保险人所有为理由，或者以正处于办理房屋登记手续的过程中，因而无须向保险人通报办理批改手续为由，要求保险人承担赔偿责任，一些法院也常常支持被保险人的此种观点和要求。实际上，家庭财产保险合同是对人的合同，人的因素在保险权利义务关系中甚为重要，同一幢房屋在不同人的掌握控制之下，其管理方法、使用情形、维护保养等方面会有很大的差异，合同之后与在保险人和被保险人订立合同时房子的风险情况有所不同，而且这种风险变动是被保险人所能预知和控制得了的，属于客观的危险变动，被保险人应将此种情况事先通知保险人，并办理批改手续。建议家庭财产保险条款中被保险人的通知义务应改为："在保险期限内若保险房屋实际为他人所控制，包括转卖、转让或赠与他人或变更用途，被保险人应事先书面通知保险人并申请办理批改；否则保险人有权拒绝赔偿或自书面通知之日起终止保险合同。"

其实，这两种情况都是很常见的，在实际处理中必须考虑到这些情形，结合实际予以分析、选择恰当的处理方案。

（资料来源：蒲成毅，《保险案例评析与思考》，机械工业出版社，2003年）

案例2-14 财产保险的保险利益如何认定

一、案情简介

某商店经理周某为其所经营的一批照相机向某财产保险公司投保火灾保险附加盗窃险。保险公司承保后不久，在保险有效期限内的某日，该商店这批照相机被窃。周经理持保险单向保险人索赔。保险人经调查发现，该商店周经理所投保的这批照相机是从国外买进的，没有按国家规定申报、交纳税金，属于走私物品。故保险公司针对该商店周经理被窃照相机提出的索赔，发出拒赔通知书。该商店不服，向法院起诉。

二、法院审理与判决

法院判决认为，本案该商店周经理所投保的这批照相机为走私物品，周经理不能向法院出示有关证据证明其照相机的合法来源。因此，该商店周经理对于其所投保的这批照相机，无保险利益可言。该商店周经理以其非法所得的这批照相机为保险标的与保险公司签订的这份保险合同依法被确认为无效合同。故该商店周经理无权依据该无效保险合同向保险人索赔。为此，法院驳回了该商店周经理的诉讼请求。

三、点评与思考

本案是一起涉及投保人对其所投保的保险标的是否具有保险利益的索赔案。本案的关键在于该商店周经理所拥有的这批照相机利益是否合法。法院判决认为，本案该商店周经理所投保的这批照相机的确为走私物品，该商店周经理对于其所投保的这批照相机，无保险利益可言。该商店周经理无权依据该无效保险合同向保险人索赔。

保险利益原则是保险的基本原则之一，所谓保险利益又称可得利益，是指投保人或被保险人对保险标的所具有的法律上承认的经济利益。保险利益成立的基本条件是：投保人对保险标的经济利害关系必须为法律所承认；必须是确定的利益；必须是经济上的利益。

财产保险的保险利益必须具有以下3个成立条件，简称"三性"，即合法性、经济性和可确定性。

（1）合法性，即必须是合法的利益，也即法律所允许的利益。对于不法的利益，如法律禁止事项所产生的利益，或以违反善良风俗所产生的利益而为的保险，无论投保人是善意还是恶意，其合同一律无效。

（2）经济性，即必须是有经济价值的利益。财产保险是以补偿损失为主要目的，如果损失不是经济上的利益，不能用金钱来计算，则损失无法填补。

（3）可确定性，即必须是确定的利益。所谓确定利益，是指投保人对保险标的的现有利益（具体财产的价额）或因现有利益而产生的期待利益（如贷放资金的孳息、工厂照常生产时可获得的利润等）已经确定。如在保险事故发生前或发生时，还不能确定其价值，则遭受损失后，保险人就无法补偿。现有利益比较容易确定，期待利益则往往引起争议。随着保险技术的发展和完善，期待利益也可以比较准确的计算出来。

由此可见，保险利益的成立必须具备"合法利益"这个条件，因为保险合同本身就是民事法律行为的一种，应该满足法律、行政法规的强制性规定。因此，投保人或者被保险人对于保险标的所具有的利益，必须是合法的、可以主张的利益。

根据保险利益原则规定，只有符合法律规定，符合社会公共道德标准的利益才能够为国家法律所保护，保险人才能够承保。例如，在财产保险中投保人能够对依照法律规定或合同规定等合法取得的所有权、占有权、使用权、收益权或对保险标的其他经济责任或利益等投保。对于因盗窃、贪污、偷税漏税、走私等非法行为所获得的利益，不得作为投保人的保险利益向保险人投保。即使保险合同已经成立也属无效。

因此法院做出的判决是正确的。

坚持保险利益原则是维护保险合同关系正常发展，防止道德风险发生，保障人民生命财产安全的客观要求。保险合同双方应该严肃认真对待，尤其是保险公司业务员，应该及时进行说明，在核保时应该调查清楚，尽量避免在保险事故发生时产生不必要的争议。

（资料来源：陈伊维，《财产保险》，南开大学出版社，2006年）

案例 2-15 恋爱关系是否具有保险利益

一、案情简介

小明（男）与小莉（女）是大学同学，两人确立了恋爱关系。小明的生日快要到了，为了给他一个惊喜，小莉悄悄为他投保了一份人寿保单，准备做为生日礼物送给他。谁知天有不测风云，当小明从外地匆匆赶往小莉所在的城市时，却遭遇了翻车事故，小明当场死亡。小莉悲痛之余想到了自己为小明投保的保单，于是向保险公司请求支付死亡保险金 2 万元。保险公司在核保时，得知小明这份人寿保单是在本人不知情的情况下，由小莉擅自购买的。于是，保险公司便以小莉没有保险利益为由，拒绝给付保险金。小莉因此将保险公司告上法庭。

二、法院审理与判决

法院经审理，最终判决支持保险公司的主张，驳回了小莉的诉讼请求。

三、点评与思考

保险利益又称可保利益。我国的《保险法》规定:"投保人对保险标的应当具有保险利益。""投保人对保险标的不具有保险利益的,保险合同无效。"保险利益是指投保人对保险标的具有的法律上承认的利益。保险利益体现了投保人和保险标的之间的利害关系,投保人因保险标的发生保险事故而受经济损失。如果没有这种关系的存在,谁都能以毫无关系的人或财产去投保,并以自己作为受益人,这会产生极大的道德风险。为了规避这种风险对保险原则的背离,保险就必须建立在可保利益原则之上。我国《保险法》对人身保险的保险利益人范围作出了规定:"投保人对下列人员具有保险利益:(一)本人;(二)配偶、子女、父母;(三)前项以外与投保人有抚养、赡养或者扶养关系的家庭其他成员、近亲属。除前款规定外,被保险人同意投保人为其订立合同的,视为投保人对被保险人具有保险利益。"可见,小莉和小明仅仅是恋爱关系,小莉对小明并无在法律上认可的保险利益;如果小莉在投保时征得小明的同意,那么,这就符合第三款的规定,小莉对小明的保险利益获得法律支持,保险公司就没有理由拒绝给付死亡保险金了。

保险利益原则是保险的基本原则之一,是保险存在的基石。在保险合同中坚持保险利益原则是保险长期发展的结果。其核心在于保证投保人对于保险标的具有切身的利益,而且必须是法律上认可的利益,只有这样,才能有效地防范保单背后潜藏的道德风险。

在保险实务中,由于投保人对保险标的不具有保险利益而引发的保险纠纷还是屡见不鲜的。但大多数个案产生的原因多源自投保人对该原则的理解不清,结果在程序上处理不当,从而产生纠纷。这就要求保险人及其代理人在拓展业务和签发保单时仔细地对该原则进行解释说明。另外,投保人也不应该有任何投机取巧的心理,违反保险利益原则的结果便是保单的自始无效。

(资料来源:蒲成毅,《保险案例评析与思考》,机械工业出版社,2003年)

案例 2-16 离婚对保险利益的影响

一、案情简介

段某于1997年12月5日为其岳父李某投保10年期简易人身险15份,受益人是李某6岁的外孙段华(段某之子),保险费由段某每月从工资中扣除。1998年9月21日,段某与被保险人的女儿李芳离婚,段华由李芳抚养。离婚后,段某仍然按期交纳这笔保险费。1999年2月,李某病故,段某向保险公司申领保险金。与此同时,李芳也提出了申请,并摆出了下列理由:被保险人是她父亲,指定受益人又是她的儿子,并由她抚养,段某自与她离婚后,与她们家没有任何的联系,这笔保险金应由她作为监护人领取。二人诉至法院。

二、法院审理与判决

法院审理后认为,这笔保险金应给段华。段华是被指定为这笔保险金的唯一受益人,只有他才享有保险金请求权。虽然段华是保险金的合法所有人，但是因其未满10周岁，属民法中规定的无民事行为能力人，所以这笔保险金，应由其监护人保管。

三、点评与思考

1. 这份保险合同有效

理由如下：段某具有投保人的资格，可以作为该合同的当事人。《保险法》规定："投保人对保险标的应当具有保险利益"。"保险利益是指投保人对保险标的具有的法律上承认的利益。"从本案来看，段某在投保时与其岳父的关系，属于法律上规定的有赡养关系的家庭成员，即对其岳父是有保险利益的。虽然，段某后来离了婚，与其前妻之父不再有赡养关系，但段某征得被保险人李某同意，可以继续作为投保人为其投保。因此，这份保险合同在离婚后继续有效。

2. 段某完全履行了保险合同规定的义务

段某签了合同，按照合同的要求，按期交纳保费，尽管保险期间婚姻关系发生了变化，导致了亲属关系的改变，但其义务的履行从未间断，直至被保险人病故。段某既然履行了义务，保险公司也应履行自己的义务，即给付保险金。

3. 这笔保险金应给段华

段华是被指定为这笔保险金的唯一受益人，只有他才享有保险金请求权。虽然段华是保险金的合法所有人，但是因其未满10周岁，属民法中规定的无民事行为能力人，这笔保险金，应由其监护人保管。

综上所述，这是一起比较特殊的离婚影响保险合同的案例。一般情况下，夫妻用公共财产投保，指定其中一人为受益人，离婚后会影响保险合同是否继续有效。而此案例是，女婿为岳父投保，指定自己的儿子作为受益人。对于夫妻投保，指定自己的孩子作为受益人的，离婚后，如果不变更受益人，影响也很小。因为投保人（夫妻）离婚前后，对小孩都有抚养的义务，小孩享有的受益权利是合理的。鉴于本案的实际情况，段华的父母都是其合法监护人，我国婚姻法规定，父母与子女的关系，不因父母离婚而解除。因此，可将这笔保险金以段华的名字存入银行，一方保管，另一方监督，非为段华的利益不得动用，直到段华成年，交给其自行处理。

（资料来源：蒲成毅，《保险案例评析与思考》，机械工业出版社，2003年）

案例 2-17　猝死是否属于意外伤害事故

一、案情简介

两原告分别是李大锋的长子、次子。李大锋生前是某滨海新区某村村民。2013年6月28日，该村为216名60岁以上的老人在某人寿保险公司投保了"老年人意外伤害保险"，包括意外伤害、附加伤害医疗和附加住院补贴，其中意外伤害保险的保险金额为26 000元。保险期间为2013年7月1日零时起至2014年6月30日24时止。2014年4月19日，李大锋在田间劳动时突然跌倒,经抢救无效死亡。当地医院出具的《死亡医学证明书》证明死亡原因为猝死。李大锋的长子、次子向保险公司提出理赔要求,保险公司认为猝死系疾病死亡,非意外伤害事故,故拒绝理赔。李大锋的长子、次子向遂向法院提起诉讼,要求被告支付死亡赔偿全 26 000 元。

二、法院审理及判决

猝死是否属于意外伤害保险的承保范围?保险理赔中死亡原因的举证责任如何分配?《意外伤害保险条款》第十九条交"意外伤害"界定为:指受到外来的、非疾病的使身体受到伤害的客观事实。第四条"责任免除"中规定了保险公司不负担给付保险金责任的免除情形,其中猝死导致被保险人死亡未包括在内。

本案中,被告向法庭提交了《尸检报告函》一份,言明被保险人无任何外伤,不符合意外伤害保险承保责任范围,为明确责任及维护权利人的权益,建议进行尸检。

一审法院认为,意外伤害保险中的"意外伤害"包括"意外"和"伤害"两层含义,其中"意外"的构成必须具备意外发生、外来原因造成、突然发生3个要件;"伤害"的构成必须具备致害物、致害对象和致害事实3个要件。原告主张索赔需举证本案事故符合意外伤害保险责任事故的构成要件。原告未举证有致害物的存在,并且致害物破坏性地接触李大锋身体,也未举证有外来原因造成事故发生,故该案不构成意外伤害的保险责任。猝死在法医学上是指外表似乎健康的人因内在病变而发生急速、出人意料的死亡。李大锋的死亡过程中又不存在其他外来因素的影响,故原告以此为由主张被告赔偿,依据不足,一审法院未予支持,判决驳回原告的诉请。

两原告不服一审判决,认为在没有尸检的情况下,死因无法查明,不能排除外来伤害的可能,遂向中级人民法院提起上诉。

二审法院认为,投保人与人寿保险公司签订的"老年人意外伤害保险"合法有效,双方均应遵守。在双方约定的保险条款中,明确"意外伤害"为:受到外来的、突发的、非本意的、非疾病的使身体受到伤害的客观事件。李大锋的死亡原因为猝死,经过当地公安部门调查,已排除了他杀的可能性,故应当认当李大锋的死亡非外来原因所致。况且,猝死在法医不上明确为外表似乎健康的人因内在病变而发生的死亡。两上诉人认为,李大锋的具体死亡原因没有查清,不应排除有外来伤害的可能,对此,原审法院将举证责任分配给上诉人并无不当。在上诉人无证据证明李大锋猝死系外来原因所致的情况下,对其要求人寿保险公司支付意外伤害保险理赔的上诉要求,不予支持,遂判决驳回上诉,维持原判。

三、点评与思考

依双方意思自愿订立的保险合同条款明确载明:"意外伤害"指遭受外来的、突发的、非本意的、非疾病的使身体受到伤害的客观事件。而猝死在法医学上明确为外表似乎健康的人因内在病变而发生的死亡。故本质上是一种疾病死亡,而非意外,只是具体病因没有查明罢了。尽管猝死具备"突然的"和"非本意的"的特征,但它并不同具备"外来的",特别是"非疾病的"之客观要件,故不在双方约定的意外伤害保险承保范围内。

举证责任分配上,受益人必须首先承担"被保险人的伤亡是由保险责任范围内的原因所引起的"客观举证责任,免责条款的法律性质只不过是一种提示性规定。若从不利保险人解释原则出发，在没有对"意外伤害"含义进行分析的前提下，直接援引免责条款，要求保险公司证明除外责任，逻辑上有本末倒置之嫌。且实践中，受"入土为安"等传统观念影响，受益人在忍受失去亲人的重大心理创伤情形下，难以理性接受尸检的建议，而保险公司又无强制要求其尸检的权利。若通过尸检可以查明死因而受益人拒绝证据灭失，则不能证明其已尽"所能提供"的义务，此时苛求保险公司举证也有失公允。同时，"被保险人、受益人只要其完成基本的举证责任即可"可能诱发道德风险，刺激保险欺诈案件的发生。在保险行业尚不发达的情况下，应合理分配举证责任，在维护被保险人、受益人利益的同时，也应适当兼顾保险人的正当利益，以促进保险事业的健康发展。

（资料来源：程太和，《中国保险报》，2015年1月13日）

案例2-18　投保人职业与意外伤害事故

一、案情简介

2013年1月11日，四川省雷波县人向某通过网络在某保险公司为自己购买了保费为100元，保险金额为100 000元的吉祥如意激活卡个人意外伤害保险一份，并在网上在线进行了激活。职业类别为1类种植业者，保险期间为2013年1月12日零时起至2014年1月11日24时止。2014年1月3日凌晨4时许，投保人向某在家中因一氧化碳中毒死亡，在处理完投保人向某的丧事后，其妻石某向某保险公司提出意外伤害保险金赔偿申请，保险公司则以投保人向某生前是个体驾驶员的职业类别仅赔偿40 000元，双方为此发生纠纷。2015年4月，石某向雷波县人民法院提起民事诉讼，要求保险公司依据合同约定兑现投保人向某意外伤害死亡保险金100 000元，并承担本案的诉讼费用。

二、法院审理与判决

法院受案后，经过审理认为，投保人向某生前在某保险公司为自己购买的吉祥如意激活卡个人意外伤害保险，系双方真实意思的表示，符合法律规定，系有效合同。投保人向某因一氧化碳中毒在家中意外死亡，石某等人作为投保人向某的第一顺序继承人，请求判令保险公司按保险合同约定，赔付吉祥如意激活卡意外伤害死亡保险金100 000元，法院予以支持。保险公司辩称投保人向某的职业是驾驶员，为第4类类别，赔偿系数为0.4，赔偿金额应为40 000元，因其保单中投保人的职业类别为1类种植业者，而非职业驾驶员，所以保险公司的辩解证据不足，法院不予采纳。遂依照《保险法》的有关规定判决：某保险公司于本判决发生法律效力之日起10日内赔付原告石某保险金100 000元。

一审宣判后，双方未提出上诉。随后保险公司履行了法律文书确定义务。石某收到某保险公司的人身意外保险赔付款100 000元。至此，因职业之争引发的保险纠纷尘埃落定。

三、点评与思考

这是一起有关保险近因原则的典型案例。投保人向某生前在某保险公司为自己购买的吉祥如意激活卡个人意外伤害保险，系双方真实意思的表示，符合法律规定，系有效合同，应是没有异议的。本案中，向某在家中因一氧化碳中毒死亡，其死亡的近因应为一氧化碳中毒，符合人身意外伤害保险理赔的基本条件，即：（1）必须有客观的意外事故发生，且事故原因是意外的、偶然的、不可预见的；（2）被保险人必须有因客观事故造成死亡或残疾的结果；（3）意外事故的发生和被保险人人身伤害的结果之间存在着必然的联系。

另外，其死亡的近因一氧化碳中毒与其职业类别之间不存在必然的联系，因而保险公司应赔付保险金 100 000 元。

（资料来源：沃保险网，2015 年 8 月 25 日）

案例 2-19　海湾油轮碰撞案

一、案情简介

1985 年秋，有两艘分别名为"诺瓦"号和"马格农"号的油轮，在位于波斯湾的伊朗哈尔克岛的油码头附近航行时发生碰撞。事故发生在夜间，由于当时正处于两伊战争期间，两艘油轮在一片漆黑的海上全速航行，它们都没有开航标灯。碰撞事故发生后，两艘油轮的船身均不同程度地受到损伤，于是它们的船东分别向承保船舶战争险的劳合社承保人和承保普通船舶保险的挪威保险公司报损并提出索赔。

二、争议及处理

劳合社承保人与挪威保险公司通过各自在当地的检验代理人对事故进行了实地查勘和分析后，对事故发生的原因得出了不同的结论。

劳合社的承保人认为，两艘油轮发生碰撞是因为双方在航行中没有开航标灯所造成的，并不是战争因素所致，而碰撞属于普通船舶保险承保的责任范围，所以应当由挪威保险公司全部承担碰撞事故给两艘油轮所造成损失的赔偿责任。显然，劳合社承保人对造成两艘油轮发生碰撞事故并且致损的原因，认为有不开航标灯和战争因素两个，但这两个原因是独立的，彼此之间没有因果关系。

挪威保险公司则不同意这样的结论，认为两艘油轮在发生碰撞前后之所以没有开航标灯是由于战争原因，因为当时不管是什么船舶夜间在那片海域开着航标灯航行，都很容易成为炮火轰击的目标。在这家保险公司看来，造成两艘油轮发生碰撞事故并且致损的原因虽然也是未开航标灯和战争因素两个，但这两个原因之间存在因果关系，即由于战争原因造成船舶不开航标灯，而不开航标灯导致碰撞事故的发生，从而形成了一条因果链。可见，两艘油轮发生碰撞事故的近因是战争，由此造成的碰撞损失自然属于船舶战争险承保的责任范围，应当由劳合社的承保人按照船舶战争险的合同，赔偿油轮船东的全部损失。

两个承保方各持己见，都把造成油轮损失的原因说成是属于自己承保险种所列明的除外责任，而归于对方承保险种所负的保险责任。由于观点不统一，争论没有结果，双方最后决定提请挪威仲裁机构对此案进行仲裁。

挪威仲裁机构在受理了这起仲裁案件之后，通过调查和取证，确认了两艘油轮发生碰撞的有关事实，对造成碰撞事故的原因做了如下的分析：

首先，船舶夜间在海上航行时不开航标灯，一般来说无非有两个原因，或者是船上没有装航标灯，或者是航标灯已经损坏。但不管是哪个原因，不开航标灯的船舶通常被认为已构成不适航。从海上保险的角度来看，船舶保险所承保的船舶必须具备适航条件，即船体要坚固，水密性能要良好，船上的机器、锅炉、属具和其他航行设备要齐全、完善且能正常运转。如果船上没有装航标灯或者航标灯已损坏，则显然属于不适航，保险人对被保险船舶因不具备适航条件而遭受的损失是不承担责任的。可是，经查勘检验，本案中的两艘油轮并不存在没有装航标灯或者航标灯已损坏的情况，因此可把船舶不适航这一点排除。既然不是不适航的原因，那么它们在夜间航行时不开航标灯就是为了避免成为炮火轰击的目标。所以，战争因素与不开航标灯之间是有因果关系的，即船舶不开航标灯航行是战争原因所致。

其次，虽然应该肯定航标灯对船舶在夜间航行的作用，但是同样不能否认的是，现代航海设备的发展已大大降低了航标灯的重要性，也就是说，船舶在夜间航行，即使不开航标灯一般也能安全行驶。因此，在本案中，尽管不开航标灯是战争因素的结果，但不开航标灯并不是造成船舶发生碰撞事故起支配作用的原因，即不是近因。

根据挪威仲裁机构的分析，导致两船发生碰撞事故的根本原因，既不是战争，也不是不开航标灯，而是两船的航行过失。最后，挪威仲裁机构裁定，造成"诺瓦"号和"马格农"号这两艘油轮碰撞的近因是航行过失。航行过失属于普通船舶保险承保的责任范围，碰撞损失应该由挪威保险公司负责赔偿。

三、点评与思考

本案涉及近因原则的运用。所谓近因，不是指在时间上或空间上与损失结果最为接近的原因，而是指促成损失结果的最有效的、起决定性作用的原因。近因属于保险责任的，保险人应该赔偿，近因不属于保险责任的，保险人不负责赔偿。本案涉及多种原因致损的近因认定。在船舶保险中，通常采取一张保险单一个保险金额的形式，承保船舶本身的损失、碰撞责任和费用损失等。因此，本案如果认定船舶碰撞的近因是不开航标灯而不是战争，则属于普通船舶保险承保的责任范围，应当由挪威保险公司按照船舶保险合同承担赔偿责任。如果认为未开航标灯和战争因素存在因果关系，则属于多种原因连续发生致损近因的判定。这时，若损失是由两个以上的原因所造成，且各原因之间的因果关系未中断的情况下，其最先发生并造成一连串事故的原因为近因。据此，本案中战争因素是船舶碰撞的近因，由于战争是普通船舶保险不承保的除外责任，属于船舶战争险的责任范围，所以应由劳合社的承保人按照船舶战争险的合同负责赔偿。

挪威仲裁机构认为船舶在夜间航行，即使不开航标灯一般也能安全行驶，所以不开航标灯是战争因素的结果，但并不是造成船舶发生碰撞事故起支配作用的原因，即不是近因。航行过失为新介入的独立原因，导致碰撞事故，因而是近因。航行过失是属于普通船舶保险承保的责任范围，碰撞损失应该由挪威保险公司负责赔偿。

坚持近因原则有利于正确合理地判定损失事故的责任归属，有利于维护保险双方当事人的合法权益。在保险实践中，当事人双方产生争议时，可以选择协商、调解，调解不成可以选择直接向法院起诉或申请仲裁委员会裁决。值得注意的是，二者的法律效力不同，法院的判决,当事人不服的,可以向上级法院起诉,而仲裁机构的裁决却是一裁终局。因此,应该审慎地选择解决方式。

(资料来源:应世昌,《中外精选保险案例评析》,上海财经大学出版社,2005年)

案例 2–20 遭遇同一灾难索赔案

一、案情简介

2009年国庆节,一对夫妇高某与孙某随旅行团去武当山旅游,途中,他们所乘坐的旅游大客车与一辆相向而行的大货车严重碰撞,夫妻俩双双受了重伤被送往医院进行急救。孙女士因颅脑受到重度损伤,且失血过多,送到医院未及抢救就死亡。高先生在车祸中丧失了左肢,在急救过程中因急性心肌梗死,于第二天死亡。当年年初他们俩曾经各自购买了人身意外伤害保险一份,保险金额均为人民币10万元,保险期限1年。保险公司接到被保险人家属报案后立即着手调查,了解到孙女士一向身体健康,而高先生有数年心脏病史。

根据《人身意外伤害保险条款》及《人身意外伤害保险伤残给付标准》,保险公司给付孙女士死亡保险金人民币10万元;给付高先生意外伤残保险金人民币5万元。

二、争议及处理

本案的争议在于,高先生和孙女士两人同时购买了同一保险公司的同一种保险,都因同一次车祸中丧生,只是死亡时间不同,为何保险公司给付保险金数额不同?孙女士死亡的直接原因是车祸,因车祸导致的意外伤害属于保险人承保的意外事故,保险公司理应按照人身意外伤害保险合同约定的最高限额10万元承担保险金给付责任。导致被保险人高某死亡的原因是其原来所患疾病——心脏病。而心脏病不属于人身意外伤害保险合同承保范围,因此,保险人只能依据《人身意外伤害保险伤残给付标准》,对于被保险人高先生丧失左肢,导致残疾,这一结果承担意外伤残保险金人民币5万元。

三、点评与思考

人身意外伤害保险是保险公司承保被保险人因遭受外来的、突发的、非本意的、非疾病的伤害而致死亡或残疾的人身保险。意外伤害保险合同保险责任的构成条件,即被保险人在保险期限内遭受了意外伤害;被保险人在责任期限内死亡或残疾;被保险人所受意外伤害是其死亡或残疾的直接原因或近因。

本案中,虽然两位被保险人同样遭遇这场车祸,可是遭遇人身意外伤害的情况和程度却有着很大不同。近因原则是保险理赔应遵循的一项基本原则。孙女士死亡的直接原因是车祸,因车祸导致的意外伤害属于保险人承保的意外事故,保险公司理应按照人身意外伤害保险合同约定的最高限额10万元承担保险金给付责任。

而高先生虽然也遭遇车祸,发生了意外伤害,但是,伤情是丧失了左肢。心肌梗死也是高先生面临的新的伤害——疾病伤害,而且,这一新的伤害是最终导致高先生死亡的近因。

依据近因原则，在发生的一连串原因中间，如果介入了新的独立原因，这个新的独立的原因并非保险责任范围的，保险人不应该负责。意外伤害（车祸）与心肌梗死（疾病）之间没有必然的内在的联系。车祸的发生对于健康人并非一定会引起心肌梗死、甚至致死。即使是意外伤害对健康人的影响及其结果也是微乎其微。但是，对于有心脏病史的人，意外伤害可能会诱发心肌梗死，甚至致死，意外伤害只是诱因。当意外伤害是作为诱因，引发被保险人原疾病的，保险人通常也只是比照健康人可能产生的后果给付保险金，而不是按照保险金额和被保险人的最终后果给付保险金。因此，保险人只能依据《人身意外伤害保险伤残给付标准》，对于被保险人高先生丧失左肢，导致残疾，这一结果承担意外伤残保险金人民币5万元。

从本案看，由于导致损失的近因不同，导致同时购买了同一保险公司的同一种保险，都因同一次车祸丧生，保险公司给付保险金数额不同。因此，掌握近因原则，能够更好地分清致损原因，正确理赔维护保险双方的权益。

（资料来源：曾鸣，《人身保险及案例分析》，清华大学出版社，2009 年）

案例 2 – 21　小狗被车撞后咬伤主人的近因认定

一、案情简介

2015 年 5 月下旬一天，张某驾驶小轿车在城郊结合部的道路上行驶，突然一只小狗从公路边的蔬菜地窜出，张某来不及刹车，撞伤了小狗。小狗的主人钱某正在地里干活，听到小狗的叫声，丢下手头的农活，跑到公路上，拦住张某的小轿车，并打 110 报警，同时捧着心爱的小狗检查伤情，当她抚摸到小狗的伤口时，小狗剧烈疼痛，掉过头来咬了钱某一口。交警部门赶到现场后，听取了双方关于事故的陈述，认定张某负此次事故的主要责任，考虑到事故损失不大，要求张某赔偿医疗费 100 元。张某同意给付，钱某认为赔偿款太少，不同意交警处理意见。随后不久，钱某向法院提起诉讼，要求张某及张某投保的保险公司赔偿：

（1）被狗咬伤医疗费 200 元；
（2）钱某被狗咬伤的医疗费、通讯费（打电话报警费用、与家人联系打电话费用）、误工费（钱某本人误工费、丈夫开车带其去医院的误工费、到法院起诉立案误工费、出庭误工费）等共计 2 049 元；
（3）张某向钱某赔礼道歉。

二、争议及处理

这是一起既简单又少见的道路交通事故赔偿纠纷，这样的当事人法院也很少碰到。围绕钱某提出的诉讼请求，法院审判人员有两种意见：

第一种意见认为，狗伤医疗费可以支持，保险公司在交强险财产损失项下列支。钱某被狗咬伤与交通事故不存在法律上的因果关系，不予支持。张某不存在侵犯钱某人格权的行为，主张侵权责任向钱某赔礼道歉无事实及法律依据，不予支持。

第二种意见认为，狗伤医疗费可以支持，保险公司在交强险财产损失项下列支。钱某被狗咬伤与交通事故存在一定的因果关系，可适当支持。张某不存在侵犯钱某人格权的行为，主张侵权责任向钱某赔礼道歉无事实及法律依据，不予支持。

三、点评与思考

倾向于第一种意见。理由如下：

张某开车时不慎将钱某的小狗撞伤，交警部门认定张某负主要责任，其狗的医疗费应由张某承担，因张某向保险公司投保了交强险，狗伤所致的医疗费用可在交强险财产损失项下列支（应提供治疗狗伤的发票）。当然也有人说，钱某家的小狗没有拴养，其自身也要承担一定责任。钱某被狗咬伤，系其自身不慎引起，与交通事故不存在法律上的因果关系，不应予以支持。张某不存在侵犯钱某人格权的行为，主张侵权责任向钱某赔礼道歉无事实及法律依据，不应予以支持。

（资料来源：程太和，《中国保险报》，2015年8月4日）

案例2-22 摔倒诱发原疾 保险公司是否赔偿

一、案情简介

2011年12月3日，蒋某与江苏省淮安市某保险公司签订了个人人身意外伤害保险合同一份，合同约定：投保人、被保险人均为蒋某，蒋某一次性缴纳保险费2万元，保险期间4年，基本保险金额20 356元；合同生效日期为2011年12月3日；被保险人因意外伤害身故，一次性交清保险费的，保险公司按照基本保险金额乘以3给付身故保险金，合同终止；意外伤害是指遭受外来的、突发的、非本意的、非疾病的客观事件直接致使身体受到的伤害。当日，蒋某一次性向保险公司交纳保险费2万元。2012年1月29日，被保险人蒋某从自家楼房下楼梯过程中，因楼梯积水结冰不慎摔倒，头后部着地受伤，后被家人扶起送往诊所治疗，同日蒋某返回家中；2012年2月13日，蒋某死亡。经法医学尸体检验鉴定，鉴定意见为：蒋某系头后部外伤诱发左大脑中动脉瘤破裂致颅内出血死亡。头后部外伤是动脉瘤破裂的诱因。蒋某父母、配偶均已死亡，蒋某与其配偶育有一女也于2006年死亡。其女与丈夫生有一子范某。范某向保险公司提出理赔申请，保险公司拒绝理赔。范某即向江苏省淮安市清浦区人民法院提起诉讼，要求保险公司按基本保险金额的3倍给付意外身故保险金。

二、法院审理与判决

原告范某认为：依据蒋某与保险公司签订的保险合同，被保险人蒋某从自家楼房下楼梯过程中，因楼梯积水结冰不慎摔倒，头后部着地受伤，头后部外伤是动脉瘤破裂的诱因，应属于意外伤害死亡，保险公司应给付保险金额3倍身故保险金。

保险公司辩称：保险人所承保的风险的发生与损害结果之间应具有因果关系，是保险金给付的前提条件。本案中蒋某的死亡经公安部门的鉴定，主要原因是左大脑中动脉瘤破裂出血死亡，应当属于疾病死亡，不属于意外伤害保险责任，不享受意外伤害身故保险金。

法院经审理认为：保险法中的近因是指对损害结果具有有效的、主要的原因，是直接促成损害结果的原因，在效果上具有支配力。本案中，经法医学尸体检验鉴定，被保险人蒋某系头后部外伤诱发左大脑中动脉瘤破裂致颅内出血死亡，头后部外伤是动脉瘤破裂的诱因。可见，蒋某死亡的直接原因是右大脑中动脉瘤破裂致颅内出血，该疾病在导致蒋某死亡的原因中具有支配力，因此蒋某死亡应当属于因疾病死亡。根据保险合同约定，意外伤害是指遭受外来的、突发的、非本意的、非疾病的客观事件直接致使身体受到的伤害，因疾病死亡并不符合合同约定的"意外伤害"保险责任范围，而蒋某患有左大脑中动脉瘤疾病，因此，蒋某死亡不符合保险合同约定的意外伤害身故保险金的给付条件。法院判决驳回范某的诉讼请求。

三、点评与思考

近因原则是《保险法》的4大基本原则之一，是确定保险责任的一项基本准则，其含义为只有在导致保险事故的"近因"属于保险责任范围之内时，保险人才应承担保险责任。保险关系上的"近因"并非是指在时间上或空间上与损失最接近的原因，而是指造成损失的最直接、最有效、起主导性作用的原因。根据原因数量、原因发生时间的不同，保险理赔实践中对"近因"的认定适用主要分为四种情形：单一原因造成的损害、多种原因同时发生造成的损害、多种原因间断发生造成的损害以及多种原因连续发生造成的损害。本案属于多种原因连续发生造成的损害，该种情形中"近因"的认定上应判定哪个原因是造成损失的最直接、最有效、起主导性作用的原因。本案中，经法医学尸体检验鉴定，被保险人蒋某系头后部外伤诱发左大脑中动脉瘤破裂致颅内出血死亡，根据日常生活经验，头后部外伤并不会必然导致人左大脑中动脉瘤破裂。因蒋某患有左大脑中动脉瘤，头后部外伤只是动脉瘤破裂的诱因，而左大脑中动脉瘤破裂在其死亡中起着最直接、最有效、主导性的作用，应认定为蒋某死亡的"近因"，该"近因"并不符合保险合同约定的"意外伤害"保险责任范围，因此，保险公司不应承担意外伤害险的赔偿责任。

（资料来源：《中国保险报》，2012年10月15日）

案例2-23 突发疾病死亡是否属于意外

一、案情简介

2010年3月31日，宫先生向北京某保险公司投保，保险公司出具了旅游意外伤害保险承保确认书，内容包括意外身故、残疾保险金25万元；急性病身故15万元；丧葬费用1.6万元；旅游地为埃及。宫先生参加环境国际旅行社有限公司组织的到埃及的旅行团。同年4月22日，宫先生在埃及酒店卫生间意外身故，同团人员在第一时间向保险公司报案，埃及医疗机构出具了意外心脏骤停的死亡证明。之后在中国驻埃及大使馆的帮助下，宫先生的亲属到埃及办理了相关手续将遗体运回天津火化。期间保险公司不予积极办理理赔事宜。宫先生的配偶蔡女士及子女共同将保险公司诉至法院，要求保险公司支付保险金 26.6 万元。

二、法院审理与判决

被告保险公司辩称，被保险人宫先生的死亡不构成涉案保险合同规定的意外伤害导致死亡的保险责任，请求法院驳回原告的诉讼请求。

诉讼中，蔡女士及其子女向法院提交天津市河西区人民法院及天津市第二中级人民法院判决，用以证明宫先生死因属意外身故，保险公司应当理赔。

法院经审理后认为，天津市河西区人民法院及天津市第二中级人民法院的民事判决书亦均认定宫先生因心脏骤停身故，宫先生死因也符合保险条款约定情形。保险公司已将急性病身故作为独立险种予以承保，故被保险人如因急性病身故，根据保险合同承保险种约定，应以急性病身故保险进行赔付，而不应再行适用意外身故、残疾保险。据此，法院判决保险公司赔付蔡女士及子女急性病身故保险保险金 15 万元、丧葬费用险保险金 1.6 万元。

三、点评与思考

保险事故发生后，当事人应当依照保险合同的约定行使各方权利和义务。在险种适用上应依照合同条款规定的内容进行理解及适用，尤其是特别条款的约定应充分予以重视。

就本案而言，双方争议主要体现在宫先生因心脏骤停死亡后，其保险理赔到底应当适用意外身故险种还是急性病险种。因保险单中除约定意外身故、残疾险外，还约定了急性病身故险，且对急性病的定义作出了明确语义解释，在此种情况下，对于宫先生的身亡，保险公司应当依据急性病险种规定进行赔付。宫先生继承人主张适用意外身故险自然无法得到法院的支持。

本案中，双方另一争议焦点在于丧葬费用险保险金是否应当予以赔付。实践中，由于大多数保险合同条款系由保险人（即保险公司）事先拟定，对于涉及专业性和技术性问题的条款普通投保人很难准确理解，因此，为维护处于弱者地位的投保人、被保险人与受益人的合法利益，保险法第三十条规定："采用保险人提供的格式条款订立的保险合同，保险人与投保人、被保险人或者受益人对合同条款有争议的，应当按照通常理解予以解释"；"对合同条款有两种以上解释的，人民法院或者仲裁机构应当作出有利于被保险人和受益人的解释"。就本案而言，双方当事人对丧葬费的适用范围作出了两种以上的解释，且均有各自道理，因此，在对合同条款存有争议的情况下，应当作出不利于保险公司的解释。

（资料来源：中国法院网，2011 年 10 月 15 日）

案例 2-24　多种原因致损的近因认定

一、案情简介

2003 年 6 月，王某为自己所经营的零售店铺以及店内货物向当地保险公司投保财产保险。店铺保险金额为15万元,店内货物的保险金额为3万元。并在签单时一次缴清了保险费。2003年7月28日下午,店铺因电线老化失火。王某在无法扑灭大火的情况下将店内的主要货物(其价值据当事人估计约2万元)搬出放置街边。由于王某的货物基本上属于生活零用物品,街上旁观的人又比较多。在王某毫不提防的情况下,发生了群众哄抢货物的事件。最后王某放置在街边的货物基本上被抢劫一空,仅剩3 000元货物。而王某店铺已经被完全烧毁。事故发生后,王某向当地保险公司提出索赔。保险公司认为对店铺损失15万元应当赔偿,王某未搬出店铺的那部分货物的损失1万元也应当赔偿。而对于因群众哄抢的17 000元货物损失,保险公司拒绝赔偿。因为,抢劫属于该保险单中责任免除项目,对这部分损失,保险公司无须赔偿。双方争执不果而诉讼。

二、法院审理与判决

法院判决保险公司败诉,当地保险公司向王某赔偿全部损失。

三、点评与思考

对于被群众哄抢的17 000元的货物,虽然直接原因是群众哄抢,但是由于群众哄抢是因货物搬上街头而引起,而货物搬上街头又是由店铺发生火灾引起的,即火灾引起最终抢劫。那么,就是火灾属于保险标的损失的近因,保险公司应该承担赔偿责任。尽管在王某的保险单内,抢劫属于责任免除项目。在多种原因导致损失的情况下,只要造成保险标的损失的第一原因属于保险责任,而不论第二原因、第三原因是否属于保险责任范围,保险公司都应当承担赔偿责任。其根据是第二、第三原因都是第一原因的必然结果,第一原因为保险损失的近因。就本案来说,很明显火灾是引起搬到街上货物损失的最直接、最有效的原因。那么保险公司必须对这部分损失进行赔偿。即保险公司应当赔偿王某的全部共计177 000元损失。其中,赔偿店铺损失15万,赔偿货物损失27 000元。

本案例是关于近因原则在财产保险中的具体运用。近因,是指造成保险标的损失的最直接的、最有效的、起决定作用的原因,而不是时间上和空间上最接近损失发生时间和地点的原因。而只要第一原因属于保险责任,保险公司就必须按照合同进行赔偿。保险公司拒绝赔偿的理由忽略了各种原因之间的内部联系,而单纯的看到损失是由于群众哄抢而造成的,却没有看到损失的根本原因是火灾。在实务中,近因原则在保险活动中运用得相当广泛,对近因的判断有比较大的难度。因为,导致损失的原因常常多而复杂,既有近因又有远因,既有保险风险,又有非保险风险,处理时直接原因即近因与间接原因即远因的判断确认,保险风险与非保险风险的区分,对确定保险人是否承担赔偿责任和赔偿责任的范围至关重要。

(资料来源:蒲成毅,《保险案例评析与思考》,机械工业出版社,2003年)

案例2-25 意外伤害医疗保险是否适用损失补偿原则

一、案情简介

2014年2月20日,张先生被江某驾驶的运货大卡车撞伤住院治疗,交警部门认定在本次交通事故中司机江某负全部责任。经协商，江某赔偿了张先生医疗费、营养费、护理费、误工费、交通费等损失共计 8 000 元。在事故发生前，张先生已向其保险公司投保了 1 万元的意外伤害医疗保险。为此，张先生咨询，他获得了江某的赔偿后，是否还可以向保险公司申请赔付 1 万元的保险金。

二、点评与思考

张先生能否申请保险金的赔付，在法律上涉及请求权的竞合问题。张先生被江某驾驶的运货大卡车撞伤而住院治疗，张先生与江某之间形成了侵权行为之债，张先生由此获得了向江某请求侵权损害赔偿的权利。同时，张先生向保险公司投保了意外伤害医疗保险，张先生因撞伤住院治疗，也具有根据保险合同向保险公司申请住院医疗保险金的权利。在这种情况下，由于同一事实符合两个法律规范的赔偿要件，从而产生了请求权竞合的问题。请求权竞合所产生的法律后果因其形态的不同而有所差异，一般有 3 种情况：(1) 请求权择一行使；(2) 请求权合并行使；(3) 请求权分别行使。

在财产保险中，补偿原则是财产保险合同理赔时最明显的原则之一。根据补偿原则，被保险人所获得的赔偿不得超过其所受到的损失，被保险人不能因保险关系而取得额外的利益。因此，如果被保险人因他人过错遭到损失，在获得保险公司的赔偿后，就不能再向第三者索赔，而应当将向第三者的索赔权转让给保险公司。但在人身保险中，由于人的生命和健康是难以用价值来衡量的。因此，人身保险合同的理赔一般不适用补偿原则。人身保单是第三类保单（又称第三领域保险），如短期意外保险和医疗健康保险，在保单没有做出明确规定可以豁免的情况下，即便责任人已经做出补偿，保险公司也不能以损失补偿原则为由而拒绝赔付。但通常在实务中，保险公司都会在条款中约定，从而出现保险公司拒绝赔付的结果。这里就有一个特别需要明确的问题就是，为什么医疗费用保险不能重复理赔？

医疗费用保险是指提供医疗费用保障的保险，而医疗费用是病人为了治疗外伤或疾病所发生的各项费用，它不仅包括医生的诊疗费及手术费，还包括住院、护理、检查等费用。医疗费用保险作为一种补偿型保险，适用财产险的补偿原则，即保险公司在保险金额的限度内，按被保险人实际支出的医疗费给付保险金，亦即保险金的赔偿不能超过被保险人实际支出的医疗费用。

但通常存在一种误解，认为如果被保险人在多家保险公司投保医疗费用保险，出险后，各家保险公司均应在其保险额度内给付保险金。因为从法律关系上来讲，投保人分别向各家保险公司交纳了保费，理应享受获取保险金的权利。举例来说，A 分别向甲、乙、丙、丁 4 家保险公司投保了意外伤害医疗保险，保额均为 10 000 元。某日 A 因车祸事故发生医疗费 5 800 元。按照上述观点，4 家保险公司应各自赔付 5 800 元，A 合计获赔 23 200 元。而假设 A 在甲、乙两公司的 10 000 元保险又分别归属于两张保单，设定保险金额分别为 5 000 元，按上述观点，该 4 张保单均应赔付 5 000 元。那么，甲、乙两公司应该赔付的就是 10 000 元而不是 5 800 元。最终，A 因该事故将可获得 31 600 元，比其实际支出的医疗费高出许多，并因此而额外获利 25 800 元。

果真如此，势必就会出现这样的情况：被保险人因为拥有多家保险而更热衷于过度治疗，其住院时间愈长，医疗费花费愈多，意味着获利将愈多。将对各商业保险公司及社保医疗构成巨大亏损的威胁，引发医疗保障市场的混乱。

因此，在各家保险公司条款中，均明确要求提供医疗费原始凭证作为获取医疗费赔偿的先决条件，复印件或其他收费凭证均不被受理。

最后，值得说明的是，在实务中，如果不是为了应付可能的巨大灾难，在多家保险公司同时投保单一的医疗费用型保险，并无必要；应该选择搭配其他的医疗定额给付型保险，尽可能以最低的保费支出，获取最大、最满意的保障。

（资料来源：蒲成毅，《保险案例评析与思考》，机械工业出版社，2003年）

案例2-26 学生平安保险索赔案

一、案情简介

2014年7月5日，某外语培训学校与某保险公司办理了"学生平安综合保险保障"保险业务，保单对"意外伤害医疗保险"等作了相关规定，保险期间为2014年7月6日零时起至2015年7月5日24时止。2014年7月下旬，丁某在外语培训学校补习英语，课间活动时不慎摔伤，经医院治疗花去医疗费6 592.52元。丁某起诉要求某保险公司全额支付医疗费。某保险公司抗辩称：根据保险合同约定，其仅对被保险人因意外伤害身故，或因疾病身故，或被保险人因意外伤害致残疾，或被保险人因意外伤害发生的医疗费，或被保险人因患疾病住院治疗的住院费用承担保险责任，若被保险人已经从其他途径（指社会医疗保险机构、本人或其父母工作单位、含本公司在内的任何商业保险机构等途径）取得补偿，保险人对剩余部分按本附加合同的约定给付保险金。保险人已对该条约定履行提示及明确说明义务。而丁某已通过医保支付3 252.62元，故该部分不予赔付。

二、点评与思考

1. 司法实践中的矛盾

该案的焦点在于医疗费用保险是否适用损失补偿原则，即被保险人的医疗费损失在获得社会保险支付或第三人赔付的情形下，保险人是否只针对未得到支付或赔付的剩余费用承担损失的给付责任。因现行法律对适用此原则的不确定性与保险理论对适用此原则肯定性的矛盾，致使各地法院对同类医疗费用案件判决结果呈多样性。有些法院支持损失补偿原则，但理由阐述不一，有些认为该原则在医疗费用保险中应予以适用，有些支持保险人依据"责任免除"的条款主张按照损失补偿，有些认为医疗费用保险属于"中间骑墙性保险"，允许适用损失补偿原则；有些法院持反对态度，认为医疗费用保险属于人身保险，不适用损失补偿原则。司法实践中的同案异判不仅影响到司法的公正，而且带来了保险市场的混乱，影响到保险行业的社会形象。

2. "否定说"与"肯定说"的理由

"否定说"主张医疗费用不能适用损失补偿原则，其理由是，我国立法将保险合同分为财产保险合同和人身保险合同两大类，财产保险合同适用损失补偿原则，人身保险合同不适用损失补偿原则。医疗费用保险属于人身保险，理应不适用损失补偿原则。

"肯定说"对医疗费用保险的性质有不同的看法。他们认为，损失补偿是保险的基本职能，也是保险事业的出发点和归宿点。保险赔偿的目的是弥补被保险人由于保险标的遭受损失而失去的经济利益，被保险人不能因为保险赔偿而获得额外的利益。损失补偿原则体现了保险的宗旨，即确保被保险人通过保险可以获得经济保障，同时又要防止被保险人利用保险从中牟利，从而保证保险事业健康、有序的发展。医疗费用保险属于补偿性保险合同，理应适用损失补偿原则。

3. 医疗费用保险应允许适用损失补偿原则

第一，从保险的原理及其风险管理的功能上看，保险事实上是一种经济补偿制度。这一制度通过对有可能发生的不确定性事件的数理预测和收取保险费的方法，建立保险基金；以合同的形式将风险从被保险人转移到保险人，由大多数人的"贡献（保险费）"来分担少数人的损失。由于保险是一种"多数人的贡献分担少数人的损失"的制度，涉及的只是纯粹风险，人们通过保险是不可能获得保险标的价值以外的收益的，即人们通过保险所能达到的目的，是为了保持保险标的的价值水平或者最大限度地控制保险标的价值的下降，而绝不可能从中获取额外利益。因此，经济补偿是保险经营的本质和核心所在。无论保险合同如何分类，其本质仍是一个经济补偿性的合同。至于不同的保险合同，其仅仅是补偿的方式不同而已。从补偿金额确定的时间上划分，即以能否在合同订立之处事先确定保险金额为标准，可以分为定额给付型保险和损失补偿型保险，保险金确定和给付方式的不同，不应该影响保险的这一本质属性。对于某一保险产品，具体应该采取哪一种补偿方式，应该根据该种保险产品的性质而定。第二，关于医疗费用保险的性质。从保险原理上看，包括医疗费用保险在内的短期健康保险和意外伤害保险属于短期保险，其精算基础和会计处理原则与财产保险相同。国际上通常视短期健康保险和意外伤害保险为"第三领域保险"，我国有些学者和保险实务工作者将其称为"中间骑墙性保险"。国外大多数国家允许财产保险公司经营短期健康保险和意外伤害保险，我国亦如此。医疗费用保险是健康险和意外险的附加险，不能因其附加于人身保险而将其性质简单地确定为人身保险。从医疗费用保险合同的目的来看，其主要是为了填补被保险人为治疗疾病或意外伤害所产生的费用，该费用是被保险人治疗后所实际支出的能确定的物质性损失，是在保险事故发生后才能确定的损失，属于填补具体需要的保险，被保险人不能因疾病或受伤治疗而获得不当利益。否则，可能诱发道德风险，鼓励更多的被保险人故意造成损失或疏于照管保险标的。两种后果都会造成发生损失概率增加、使保险人无法以一个经济上可行的价格提供保险保障。第三，在法无明文禁止的情形下，从当事人意思自治的角度出发，医疗费用保险应当允许当事人自行协议确定其保险金给付方式为损失补偿型（亦称"损失填补型"）。

综上所述，鉴于补偿性是保险的本质属性，且医疗费用保险系填补具体需要的保险，应允许适用损失补偿原则。

（资料来源：程太和，《中国保险报》，2015年8月25日）

案例 2-27　保险代位求偿权下是否仅限于侵权赔偿请求权

一、案情简介

2011年10月下旬的一天，某彩印厂与某建筑安装工程公司签订《建筑安装工程施工合同》，约定由建筑安装工程公司将彩印厂老厂区的机器设备搬迁至高新园区纬二路新厂区。2011年11月15日，建筑安装工程公司与某运输公司签订《工程分包合同》，将前述合同的设备吊装、运输分包给运输公司。2011年11月21日，就上述整厂迁建设备安装工程，彩印厂向某财产保险公司投保了安装工程一切险，其中在投保单"物质损失投保项目和投保金额"栏载明"安装项目投保金额为177 465 335.52元"。对于第三者责任的赔偿限额，约定每次事故财产损失赔偿限额为250万元，每次事故及累计赔偿限额均为2 000万元。附加险中，还投保有"内陆运输扩展条款A"，约定每次事故财产损失赔偿限额为200万元。投保期限从2011年11月22日起至2012年6月30日止。投保单附有被安装机器设备的清单，其中包括：SEQUA彩印机2台，合计原值为29 894 340.85元。投保单所附保险条款中，对"内陆运输扩展条款A"作如下说明：经双方同意，鉴于被保险人已按约定交付了附加的保险费，保险公司负责赔偿被保险人的保险财产在中华人民共和国境内供货地点到保险单中列明的工地，除水运和空运以外的内陆运输途中因自然灾害或意外事故引起的损失，被保险财产在运输时必须有合格的包装及装载。2011年12月21日11时许，运输公司驾驶员李某驾驶重型半挂车，从旧厂区承运彩印机至新厂区途中，在转弯时车上钢丝绳突然断裂，造成彩印机侧翻滑落地面损坏。保险公司接到报案后，对受损标的确定了损失清单。经公安交警部门现场查勘，认定驾驶员李某负本起事故的全部责任。被保险人向保险公司、建筑安装工程公司发出了索赔函。2012年1月16日，保险公司、建筑安装工程公司、彩印厂及彩印机供货方代表等就彩印机损坏的维修方案进行协商沟通并形成了会议纪要。之后彩印厂、保险公司、建筑安装工程公司、运输公司共同委托某保险公估有限公司对出险事故损失进行公估，并均同意认可公估公司的最终理算结果。2012年3月5日，公估公司出具了公估报告，结论是：出险原因系运输途中翻落（意外事故）；保单责任成立；定损金额总损1 518 431.30元、净损1 498 431.30元；理算金额1 498 431.30元。公估公司收取保险公司支付的47 600元公估费用。2013年5月6日，彩印厂向保险公司出具赔款收据及权益转让书，载明：已收到保险公司的赔偿款1 498 431.30元。承诺不再就本起事故提出任何的赔偿请求，并同意将上述赔款部分保险标的的一切权益转让给保险公司。2013年11月5日，保险公司委托律师向建筑安装工程公司发出律师函，要求建筑安装工程公司支付1 498 431.30元赔偿款和47 600元公估费用。建筑安装工程公司以已与运输公司签订《工程分包合同》，其损失应由运输公司赔偿为由拒不履行支付义务。鉴于此，保险公司向法院提起诉讼。

二、法院审理与判决

法院审理认为：彩印厂向保险公司投保了安装工程一切险，在机器设备受损后有权依据保险合同的约定向保险公司申请理赔。保险公司根据公估结论向彩印厂赔偿 1 498 431.30 元的行为于法有据。因第三者对保险标的的损害而造成保险事故的，保险人自向被保险人赔偿保险金之日起，在赔偿金额范围内有权代位行使被保险人对第三者请求赔偿的权利。故保险公司向建筑安装工程公司主张权利，主体适格，并无不当，对于保险公司要求建筑安装工程公司支付赔偿款 1 498 431.30 元的诉讼请求，予以支持。建筑安装工程公司与运输公司签订了《工程分包合同》，属另一法律关系，就运输公司的相应行为造成建筑安装工程公司的损失，建筑安装工程公司在向保险公司给付了相应款项后，可依法向运输公司主张权利。又根据《保险法》规定，保险人、被保险人为查明和确定保险事故的性质、原因和保险标的损失程度所支付必要的、合理的费用，由保险人承担。因此，对于保险公司要求建筑安装工程公司给付公估费用 47 600 元的诉讼请求，不予支持。故此，法院依据《保险法》第十条、第六十条第一款、第六十四条，《民事诉讼法》第一百二十八条之规定，作出判决：(1) 建筑安装工程公司于判决生效后 10 日内给付保险公司 1 498 431.30 元；(2) 驳回保险公司关于给付 47 600 元公估费的诉讼请求。

三、点评与思考

我国《保险法》第六十条第一款规定，因第三者对保险标的的损害而造成保险事故的，保险人有权在赔偿金额范围内代位行使被保险人对第三者请求赔偿的权利。根据该条款的文义及保险代位求偿权制度的立法目的可知，保险人行使代位求偿权，必须以被保险人对第三人享有损失赔偿请求权为前提，这里的赔偿请求权既可因第三者对保险标的实施侵权行为而产生，亦可基于第三者因违约行为等对保险标的造成损害而产生，不应仅限于侵权赔偿请求权。本案中，保险公司向建筑安装工程公司主张权利，主体适格，并无不当。建筑安装工程公司与运输公司签订了《工程分包合同》，属另一法律关系，就运输公司的相应行为造成建筑安装工程公司的损失，建筑安装工程公司在向保险公司给付了相应款项后，可依法向运输公司主张权利。

(资料来源：程太和，《中国保险报》，2015 年 8 月 20 日)

案例 2-28　侵权方不赔款　保险公司是否承担赔偿责任

一、案情简介

2006 年 9 月 6 日，崔某为自己新买的轿车在某保险公司投保了交强险、车损险等险种并投保了车损险及三者险的不计免赔特约险，车损险的保险金额为 77 万元。保险期间自 2006 年 9 月 7 日零时起至 2007 年 9 月 6 日 24 时止。2006 年 9 月 27 日 9 时 10 分，崔某驾驶该轿车沿 309 线行驶至某县段时，与马某驾驶程某所有的冀 D×××××、冀 DL×× 挂重型半挂车、黄某驾驶的晋 AL××× 轿车等 6 车相撞，事故造成冀 D×××××、冀 DL ××× 挂重型半挂车另一司机赵某死亡，马某负轻伤，7 车不同程度损坏。经交警大队事故责任认定：马某负该事故的全部责任。

事故发生后，崔某作为附带民事诉讼原告人就自己的车损提起诉讼，河北省某人民法院于 2009 年 6 月 29 日判决由被告人马某、附带民事诉讼被告人程某连带赔偿经济损失 687 702 元，其中车损价值 682 900 元，评估费 1 800 元，拖车费、吊车费 1 550 元。判决生效后，崔某向人民法院申请强制执行，但因被执行人无财产可供执行，至 2014 年仍未执行到款项。2014 年 3 月，崔某以保险合同纠纷为由向山西省某人民法院起诉要求保险公司在车损险范围内赔偿车辆损失 686 250 元。

二、法院审理与判决

山西省某人民法院于 2014 年 12 月 29 日判决某保险公司赔偿崔某保险金共计 686 250 元。该判决现已生效。

三、点评与思考

本案中，崔某已向法院起诉侵权人、法院也已经判决侵权方赔偿崔某的损失，但崔某并未实际取得赔偿款。《最高人民法院关于适用〈中华人民共和国保险法〉若干问题的解释（二）》第十九条第二款规定："财产保险事故发生后，被保险人就其所受损失从第三者取得赔偿后的不足部分提起诉讼，请求保险人赔偿的，人民法院应予依法受理。"《保险法》第六十条规定："因第三者对保险标的的损害而造成保险事故的，保险人自向被保险人赔偿保险金之日起，在赔偿金额范围内代位行使被保险人对第三者请求赔偿的权利。前款规定的保险事故发生后，被保险人已经从第三者取得损害赔偿的，保险人赔偿保险金时，可以相应扣减被保险人从第三者已取得的赔偿金额。"因此，在崔某没有实际得到赔偿款的情况下，可以要求保险公司承担保险责任。保险公司赔偿后，依法取得向侵权人追偿的权利。

（资料来源：张红霞，《中国保险报》，2015 年 3 月 31 日）

案例 2 - 29　保险公司代位求偿案

一、案情简介

2013 年 4 月下旬的一天，江苏苏州吴中区郭先生下班回家，将自家的小轿车停在自己租下的地下停车位。第二天一早，郭先生取车时发现车位上方的一大块采光玻璃整个掉下来，砸在自己车的引擎盖上。郭先生修车花了 5.5 万元，随后向保险公司索赔，保险公司进行了理赔。郭先生向保险公司出具了权益转让书，同意将赔款部分保险标的的一切权益转让给保险公司。保险公司认为，郭先生居住小区的物业公司没有尽到公用区域的安全维修养护责任，遂向苏州吴中区法院提起诉讼，要求郭先生所在小区的物业公司赔偿车辆损失 5.5 万元。

二、法院审理与判决

法院开庭审理此案，法庭上，被告物业公司辩称，采光玻璃属于地下车库的固有瑕疵，按照物业管理服务合同的约定，其对地下车库的管理范围只是明亮和清洁卫生，对车库固有瑕疵造成业主车辆损坏无须承担赔偿责任。再者，车库上方采光玻璃掉下纯属极端性意外事件，无法预测，可能是安装结构不合理、搭扣件质量不过关造成的，也可能因为受到外力脱落，尤其是小区内经常会有小孩故意踩踏玻璃等行为造成。物业公司认为，按照物业管理服务合同约定，其已尽到正常的维护和管理义务，无须承担责任。物业公司对小区内地下车库采光玻璃坠落致涉案车辆受损是否承担赔偿责任？

吴中区法院审理后认为，依照我国《民法通则》规定："建筑物或者其他设施以及建筑物上的搁置物、悬挂物发生倒塌、脱落、坠落造成他人损害的，它的所有人或者管理人应当承担民事责任，但能够证明自己没有过错的除外。"该起案件中，郭先生所在小区业主委员会与物业公司签订了《物业管理服务合同》。《物业管理服务合同》将小区内公有设施的检查、维护、管理责任交由物业公司负责。因此，物业公司是地下车库采光玻璃的管理人，其负有合同约定的对共有设施经常检查维护、保持完好的义务。涉案保险事故中地下车库的采光玻璃坠落，物业公司作为管理人，在未能举证其已按照《江苏省住宅物业管理服务标准DB/327538-2002》要求进行巡查并掌握建筑物设施设备完好状态、对完损程度作出评估的情况下，应当对地下车库采光玻璃坠落造成的车辆损失承担赔偿责任。据此，法院判决物业公司赔偿保险公司5.5万元。

三、点评与思考

保险代位求偿权是指因第三者对保险标的的损害而造成保险事故的，保险人自被保险人赔偿保险金之日起，在赔偿金额范围内代位行使被保险人对第三者请求赔偿的权利。保险代位求偿权的产生必须具备3个条件：（1）损害事故发生的原因，受损的标的，都属于保险责任范围。只有保险责任范围内的事故造成的保险标的的损失，保险人才负责赔偿，否则，保险人无须承担赔偿责任。受害人只能向有关责任方索赔或自己承担损失，与保险人无关，也就不存在保险人代位求偿的问题。（2）保险事故的发生是由第三者的责任造成的，肇事方依法应对被保险人承担民事损害赔偿责任，这样被保险人才有权向第三者请求赔偿，并在取得保险赔款后将向第三者请求赔偿权转移给保险人，由保险人代位追偿。（3）保险人按合同的规定对被保险人履行赔偿义务之后，才有权取得代位求偿权。因为代位求偿权是债权的转移，在债权转移之前是被保险人与第三者之间特定的债的关系，与保险人没有直接的法律关系。保险人只有依照保险合同的规定向被保险人给付保险赔偿金以后，才依法取得对第三者请求赔偿的权利。

保险人在代位求偿中享有的权益以其对被保险人赔付的金额为限。保险人代位求偿权权益取得的方式一般有两种，一是法定方式，即权益的取得无须经过任何人的确认；二是约定方式，即权益的取得必须经过当事人的磋商、确认。根据我国《保险法》第六十条的规定，保险人代位求偿权的取得是采用法定方式，保险人自向被保险人赔偿保险金之日起，在赔偿金额范围内代位行使被保险人对第三者请求赔偿的权利，而无须经过被保险人的确认。但在实务操作中，保险人支付保险赔款后，通常要求被保险人出具"权益转让书"。从法律规定上看，"权益转让书"并非权益转移的要件，所以，被保险人是否出具"权益转让书"并不影响保险人取得代位求偿权。但这一文件能起到确认保险赔款时间和赔款金额，同时也就确认了保险人取得代位求偿权的时间和向第三者追偿所能获得的最高赔偿额的作用。

虽然保险人支付保险赔款后即依法取得保险代位求偿权，但由于保险代位求偿权是被保险人转移其债权的结果，因此，被保险人与第三者之间债的关系如何，对保险人能否顺利履行和实现其代位求偿权是至关重要的。所以，法律对被保险人放弃对第三者的请求赔偿权所应承担的责任作了规定。我国《保险法》第六十一条规定："保险事故发生后，保险人未赔偿保险金之前，被保险人放弃对第三者请求赔偿的权利的，保险人不承担赔偿金的责任。保险人向被保险人赔偿保险金后，被保险人未经保险人同意放弃对第三者请求赔偿的权利的，该行为无效。被保险人故意或者因重大过失致使保险人不能行使代位请求赔偿的权利的，保险人可以扣减或者要求返还相应的保险金。"被保险人不得弃权或过失而侵害保险人代位求偿的权益，同时还负有协助保险人向第三者追偿的义务，包括提供必要的文件和其所知道的有关情况。

该起案件，涉案保险事故中地下车库的采光玻璃坠落，物业公司作为管理人，在未能举证其已按照要求进行巡查，并掌握建筑物设施设备完好状态、对完损程度作出评估的情况下，应当对地下车库采光玻璃坠落造成的车辆损失承担赔偿责任。据此，法院判决物业公司作为本案的责任承担主体，是正确无误，令人信服的。

（资料来源：程太和，《中国保险报》，2015年7月23日）

案例2-30　保险代位求偿中对赔偿限额的认定

一、案情简介

2012年5月22日1时35分左右，师某驾驶辽×××××号半挂货车，行驶到京哈高速某路段时，因忽视交通安全，采取措施不当，与车辆发生故障后未按规定在应急车道内停车，且低于规定时速行驶，与魏某驾驶的冀×××××号重型货车相撞，造成辽×××××号半挂货车乘车人图某死亡，两车不同程度损坏的交通事故。此事故经交警部门认定，师某、魏某负事故的同等责任，图某无责任。经查，师某驾驶的半挂货车隶属于沈阳某运输公司，在A保险公司投保了"乘客车上人员责任险"，限额为10万元，不计免赔。魏某驾驶的重型货车在B保险公司投保了交强险，限额为12.2万元，商业三者险30万元。

二、法院审理与判决

本案虽起因于一场普通的交通事故，但引发了4场官司。

先是死者家属起诉到辽宁省甲县法院，提出了总额为96万余元的赔偿请求。一审法院判决B保险公司赔偿41万元。B保险公司不服。上诉到辽宁省乙市中级法院。2013年2月16日，二审法院维持了一审判决。

另一起诉讼的原告是沈阳某运输公司，被告则是冀×××××号重型货车车主以及车辆投保的B保险公司。诉讼请求是要求被告及投保公司赔偿修车费、施救费共计7万多元。辽宁省丙县法院于2012年12月25日作出一审判决，B保险公司在交强险财产损失赔偿限额4 000元范围内足额赔偿给原告，在第三者责任险剩余限额范围内赔偿原告经济损失6.8万元。B保险公司不服,提起上诉。辽宁省丁市中级法院审理认为,就一起事故造成多名不同受害人的情况下,B保险公司将赔款全部支付给一方的行为违反了公平原则,判决B保险公司在第三者责任险剩余限额范围内赔偿沈阳某运输公司经济损失6.8万元。

三、点评与思考

超出保险限额的赔偿如何处理呢?

1. 可类推适用按损失比例确定赔偿数额的做法

《最高人民法院关于审理道路交通事故损害赔偿案件适用法律若干问题的解释》第二十二条规定:"同一交通事故的多个被侵权人同时起诉的,人民法院应当按照各被侵权人的损失比例确定交强险的赔偿数额。"虽然本案争议的问题是商业三者险的赔偿数额,但原理是相同的,完全可以类推适用该规定。

司法解释的该条规定是基于民法的原理。对于多个被侵权人而言,其对保险公司的债权是平等的。按照债权平等的一般原理,在同一标的物上可以同时并存数个债权,而且数个债权人对同一债务人发生数个债权时,其效力一律平等,不因其成立先后、数量多寡而有效力上的优劣;对同一债务人的数个债权,只要已到清偿期,对债务人的一般责任财产都有平等的受偿权。但是,由于在许多案件中,保险赔偿责任限额内的保险金不足以赔偿所有被侵权人的损失,因此,为了保证所有被侵权人公平的获得赔偿,应当将全体债权人作为一个整体看待,由各被侵权人按照损失比例确定在保险中的赔偿数额。

结合本案,B保险公司赔偿的限额为42.2万元,已经赔偿给死者家属41万余元,可以说已经没有剩余款项再去赔偿。但是,丙丁两级法院却认为B保险公司的赔偿存在过错,不应把全部赔款都赔给死者家属丁方,而应拿出一部分款项赔偿给运输公司。那么,这种观点为能否成立。

根据上述民法原理,从实体法上讲,法院的理解是正确的。在本案中,由于存在多个受害方,赔偿数额总和已经超出了保险公司的赔偿限额。那么,在这种情况下,死者家属和运输公司作为债权人,地位是平等的,因为不存在债权先后的问题。既然债权平等,那么保险公司作为债务人(实际是保险公司作为第三人来清偿),应同时履行受审方的债务,不能有先后之分。

2. 法院审理案件是否存在程序上的问题

《最高人民法院关于审理道路交通事故损害赔偿案件适用法律若干问题的解释》第二十二条规定:"同一交通事故的多个被侵权人同时起诉的,人民法院应当按照各被侵权人的损失比例确定交强险的赔偿数额。"本条司法解释规定了同一交通事故的多个被侵权人同时起诉时,人民法院如何处理的问题。但是,对于多个被侵权人未同时在同一法院起诉的,人民法院该如何处理呢?

(1) 多个被侵权人分别在不同法院起诉的问题。对于多个被侵权人分别向不同的法院起诉且均有管辖权的,实践中的一种做法是由最先受理的法院管辖,后受理的法院将案件移交给先受理的法院合并审理。此种做法的理由是,为了利于工作协调和判决的一致性。另一种做法是确定由最先受理的法院管辖,后受理的法院动员当事人撤诉然后到最先受理的法院重新起诉。此种做法的理由是,如果当事人经法院释明后自愿撤诉的,则符合《民事诉讼法》关于共同诉讼的规定。但法院不能强迫当事人撤诉，如果当事人经释明后不撤诉的，不同的法院之间应该加强沟通协调，尽可能同时做出判决。

结合本案，2012年9月27日，甲县法院做出一审判决。2013年2月16日，乙市中级法院做出二审判决。2012年12月25日，丙县法院做出一审判决时，乙市中级法院还处在案件审理中，并没有做出二审判决。此时如果彼此能进行沟通，也不会导致2013年5月8日丁市中级法院的判决。

无论怎样，B保险公司的确是非常冤枉的。现在，二审判决均已生效。B保险公司下一步只能走申诉之路了。

（2）多个被侵权人未同时起诉如何处理。实践中，同一起交通事故中存在多名受害人且保险赔偿限额不足以全额赔偿，部分受害人先起诉，此时，法院是否需要通知其他被侵权人参加诉讼，应该如何确定保险责任限额的分配，是否需要预留份额。对此，主要做法有：

一是应通知其他受害人。对只有部分受害人起诉的，根据交通事故认定书上确定的当事人找出车辆保险赔偿的受害人，由受案法院通知其他未起诉的受害人参加诉讼。当其他受害人明确表示放弃权利的，就不再预留保险赔偿份额，否则就应由其他受害人都参加到诉讼中来一并处理。部分法院的做法是，如果仅有部分赔偿权利人起诉，法院应当通知未起诉的赔偿权利人作为有独立请求权的第三人参加诉讼，一并审理。还有部分法院的做法是，如果只有部分被侵权人起诉，法院应当通知未起诉的被侵权人在合理的期限内起诉，如果逾期起诉，在保险责任限额已被分配完毕的情况下，将不能向保险公司主张保险赔偿。二是无须通知其他被侵权人参加诉讼。同一起交通事故中存在多名受害人且保险责任赔偿限额中足以全额赔偿，部分受害人先起诉的，人民法院应当在保险赔偿限额内为其他受害人保留必要的赔偿份额。还有部分法院的做法是，部分被侵权人起诉的，法院对于各受损主体的起诉均可以按照单一受害人的案件进行正常审理，并且在无须查明受损总额或比例的情况下做出判决，将清偿的具体数额放到实际履行或执行程序中解决。

以上是实践中法院的做法，可以看出，全国没有统一的做法，各法院的处理方式并不完全一致。更好的做法是应通知其他受害人参加诉讼比较合理。因为，对法院来说，合并审理可以节约诉讼资源，尽快解决纠纷，提高审判效率。对受害人而言，通知所有人参加诉讼，可以避免诉累，节约诉讼成本，并能充分维护自身的权益。对保险公司而言，既可以节约成本，又可以避免像本案出现的情况，已经全额赔偿了，还需要超额赔偿的尴尬局面。

3. 保险公司是否存在工作疏漏

回顾案件的进展，我们发现在甲县法院判决之前，保险公司并未提出赔偿范围的问题，也就是说，没有把运输公司的车辆损失考虑进来。在丙县法院作出判决后，乙市中级法院还没有下判决，此时的保险公司没有申请追加运输公司参加诉讼。特别是缺席丙县法院的审理，失去了表达诉求的机会。丁市中级法院作出判决后，保险公司又错失了申请再审的时间，使得案件进入到执行程序。所以说，本案中保险公司存在多个失误。既然存在过错，就要为自己的疏忽付出代价了。

（资料来源：王睿，《中国保险报》，2015年8月6日）

案例 2-31 肇事者已赔偿 保险公司还赔吗

一、案情简介

2008年8月份，江苏省盱眙县12岁的小学生李某在所在学校的组织下与某保险股份有限公司淮安中心支公司（以下简称某保险淮安中心公司）签订了《学生、幼儿保险合同》，交纳保险费40元，保险期间自2008年9月1日零时起至2009年8月31日24时止。保险合同对被保险人因意外伤害事故住院治疗等进行了约定：学生、幼儿意外伤害保险金额1万元，附加意外伤害医疗保险金额2 000元，附加住院医疗保险金额3万元。保险合同还约定附加住院医疗保险的保险责任为：在保险期间，被保险人支付的合理且必要的医疗费用，保险人在扣除100元免赔额后，在保险金额内按以下规定分级累进，比例给付医疗保险金：100元以上到1 000元的部分50%；1 000元以上到5 000元的部分60%；5 000元以上到1万元的部分70%；1万元以上到3万元的部分80%；3万元以上的部分90%。2008年9月9日13时许，李某行走至盱眙县盱洪路八仙台路段时，被祁某驾驶的苏HAE511轿车撞伤。盱眙县公安局交通巡逻警察大队认定：祁某负事故的全部责任，李某无责任。经盱眙县人民医院诊断，李某右胫腓骨骨折，住院花去医疗费35 834.69元。肇事者祁某承担了赔偿责任。

李某父亲李先生依据《学生、幼儿保险合同》，代李某向某保险淮安中心公司索赔，但保险公司拒赔了。无奈之下，李先生代理李某于2009年4月16日诉讼至盱眙县人民法院，请求法院判决某保险淮安中心公司依照保险约定赔偿李某住院医疗费用27 601.22元，并承担本案的诉讼费用。

二、法院审理与判决

盱眙县人民法院于2009年5月5日公开开庭进行了审理。某保险淮安中心公司辩称：李某的损失已得到交通事故侵权人祁某的赔偿，医疗费从本质上说仍然是一种财产，应当适用财产保险规定的损失补偿原则，李某无权要求某保险淮安中心公司再赔偿。一审法院审理后认为：李某与某保险淮安中心公司签订的《学生、幼儿保险合同》系双方自愿订立，是双方真实的意思表示，且不违反法律规范，故该合同合法有效。

本案中，李某与某保险淮安中心公司签订了《学生、幼儿保险合同》属于人身保险合同。《保险法》第四十六条规定：被保险人因第三者的行为而发生死亡、伤残或者疾病等保险事故的，保险人向被保险人或者受益人给付保险金后，不享有向第三者追偿的权利，但被保险人或者受益人仍有权向第三者请求赔偿。本案中的李某既有权向肇事者祁某主张侵权赔偿，也有权依据《学生、幼儿保险合同》向保险人即某保险淮安中心公司主张保险赔偿。某保险淮安中心公司辩解李某诉讼请求的意外伤害医疗保险金及住院医疗保险金属于补偿性质，应该适用财产保险规定的损失填补原则的依据不足，不予采纳。李某住院实际支付医疗费用为35 834.69元，根据合同约定的赔付计算方法，保险公司应赔偿李某27 601.22元保险赔偿金。

据此，盱眙县人民法院于2009年5月6日作出判决：某保险淮安中心公司赔偿李某保险赔偿金27 601.69元，于本判决生效后20日内履行完毕。

一审判决后，某保险淮安中心公司不服，于2009年7月23日向淮安市中级人民法院上诉认为，李某发生交通事故后已得到第三者侵权人的足额赔偿，如法院再判决某保险淮安中心公司赔偿，李某将得到双倍的利益，这对保险行业是不公平的。综上，请求二审公正裁决。

李某辩称：根据《保险法》的规定，李某既有权向交通肇事者主张侵权赔偿，亦有权依据保险合同向保险人主张权利。请求二审维持原判。

淮安市中级人民法院审理后认为：某保险淮安中心公司与李某签订的《学生、幼儿保险合同》有效。该合同中约定学生、幼儿意外伤害保险金额1万元，附加意外伤害医疗保险金额2 000元，附加住院医疗保险金额3万元。李某在保险期内发生意外伤害，根据合同相对性原理，保险人应当向投保人李某理赔。至于某保险淮安中心公司主张李某已得到肇事司机祁某的赔偿，该赔偿是基于道路交通事故进行赔偿的，与本案属不同的法律关系。故某保险淮安中心公司主张其不应理赔的理由不能成立。

淮安市中级人民法院认为，一审判决认定事实清楚，适用法律正确，应予以维持。依照《民事诉讼法》第一百五十三条第一款第（一）项的规定，维持原判。

（资料来源：《中国保险报》，2010年3月30日）

案例2-32　保险公司拥有代位追偿权的条件

一、案情简介

某有限责任公司（以下简称甲公司）是保险公司2009年10月2日签发的机动车辆保单项下的投保人和被保险人，车辆牌号为陕AMX835。2009年10月25日，驾驶员王某某将该车停放在乙公司院内南墙边。后墙体突然倒塌，砖墙造成车体多处受损。事故发生后，当地公安机关出具了证明。接到报案后，保险公司进行现场查勘后对于车辆进行了定损，车辆维修费发生35 152元（已经扣除残值），施救费发生400元，两项合计35 552元。保险公司向甲公司支付赔款。保险公司认为：根据《民法通则》第一百二十六条："建筑物或者其他设施以及建筑物上的搁置物、悬挂物发生倒塌、脱落、坠落造成他人损害的，它的所有人或者管理人应当承担民事责任"的规定，乙公司所有的围墙倒塌造成陕AMX835车辆损坏，乙公司依法应当承担民事责任。结合《保险法》第六十条："因第三者对保险标的的损害而造成保险事故的，保险人自向被保险人赔偿保险金之日起，在赔偿金额范围内代位行使被保险人对第三者请求赔偿的权利"的规定，自己已经对被保险人此次事故受损车辆进行了赔付，有权代位行使被保险人向乙公司请求赔偿的权利。保险公司遂以乙公司为被告向法院提起代位追偿诉讼。法院审理该案件过程中，被告乙公司提出，因为甲公司对于牌号为陕AMX835的车辆无保险利益，保险合同无效，保险公司对于自己的诉讼请求应当被驳回。

二、法院审理与判决

法院审理后查明：陕 AMX835 车辆行驶证上车主登记为王某某个人，王某某购买车辆后，向保险公司投保时，为了享受单位车辆整体投保的"优惠"，托熟人将自己的车辆"挂靠"在甲公司名下，甲公司以投保人身份就该车辆向保险公司投保。法院认为，根据《保险法》第十二条："财产保险的被保险人在保险事故发生时，对保险标的应当具有保险利益"，本案中，除该车辆以甲公司名义购买机动车保险外，王某某和甲公司之间再没有任何的经济利益关系，法院最终以甲公司对于标的车辆不具有保险利益为由，认定甲公司和保险公司之间签订的保险合同无效。法院认为，保险公司向乙公司提出的代位追偿诉讼请求没有法律依据，遂判决驳回保险公司的诉讼请求。

三、点评与思考

1. "假挂靠"中，被挂靠单位以自己名义就挂靠车辆向保险公司进行投保导致保险合同无效

所谓挂靠，指车主将自己的车籍落在已领取营业执照的出租车公司或运输公司，以该公司的名义经营出租车客运或货运业务，车主每月或每年向公司交纳一定的挂靠费，车籍、工商注册、税务登记、车辆营运证等皆登记在挂靠单位名下，并以该单位的名义交纳各种税费。而被挂靠单位为挂靠车辆提供的服务包括代办各种手续、代缴各种费用、为车辆代办保险、协助处理交通事故和保险索赔、为车辆提供救援服务、组织车辆的各类审验工作，还要定期组织从业人员进行思想道德、安全教育和政策法规学习等。

目前有一些车主为享受某些单位整体投保的优惠，就将自己的车辆"挂靠"在一些公司企业名下，该公司作为投保人向保险公司投保车辆保险，这样可以实际上少承担一定的保险费用。但被挂靠单位和车主之间并不产生符合挂靠要求的其他内容，应为"假挂靠"。本案中的甲公司和王某某之间即为这种情形。王某某的车辆本身就是私家车，车辆行驶证上车主就是王某某本人，王某某并未向甲公司缴纳挂靠费，车辆日常也并未以甲公司名义使用，甲公司对于王某某也不提供代办各种手续、代缴各种费用、协助处理交通事故和保险索赔组织车辆的各类审验等服务。根据《保险法》第十二条："财产保险的被保险人在保险事故发生时，对保险标的应当具有保险利益"，"假挂靠"中，被挂靠单位以自己名义和保险公签订的保险合同，往往就变成无效。

2. 保险人赔付正当性为取得代位求偿权之必要条件

在保险人行使代位追偿权的诉讼中，第三人可以保险人与被保险人之间保险合同不成立或者无效对保险人的保险代位权进行抗辩。如果保险合同不成立或者无效，则就不存在保险人赔付正当性的问题，保险人的代位求偿权自然无法成立。为防范可能的类似风险，保险人应当在机动车险核保时查明投保人与被保车辆之间的真实关系，而不是在理赔后、代位追偿前，到行使代位追偿权时再审查保险合同效力，便会重蹈本案件中保险人的覆辙。保险公司业务人员也不能为了拉业务，为了让利给投保人或者被保险人，建议投保人采取"假挂靠"的方式办理业务。

（资料来源：《中国保险报》，2010 年 7 月 27 日）

案例 2-33　重复保险如何认定

一、案情简介

某商贸公司从东北购得一批粮食，委托当地的粮食储运公司储存。该粮食储运公司将粮食运入粮库后向当地的 A 保险公司投保了财产保险综合险。与此同时，该商贸公司也以此批粮食为标的向当地的 B 保险公司投保了财产保险综合险。某日，粮库发生意外火灾，这批粮食全部损毁。储运公司及商贸公司分别向各自投保的保险公司报案索赔，由此产生了一场争议。

二、争议及处理

第一种意见认为，储运公司及商贸公司将同一标的向两个保险公司投保，属于重复保险。根据《保险法》及保险合同的规定，各保险人按照其保险金额与保险金额总和的比例承担赔偿责任。

第二种意见认为，此保险标的的所有人商贸公司向 B 保险公司投保了财产保险综合险，此损失当然由 B 保险公司赔偿。

第三种意见认为，虽然此保险标的的所有人是商贸公司，但出险时保险标的归储运公司代管，标的受损，储运公司必须承担赔偿责任，说明储运公司对此标的具有保险利益。既然储运公司已向 A 保险公司投保了财产保险综合险，此损失当然由 A 保险公司负责赔偿。

三、点评与思考

此案中商贸公司是这批粮食的所有人，显然对其具有可保利益，而储运公司是这批粮食的代管人，对于保证这批粮食的安全负有责任，显然也对其具有保险利益。两个投保人以同一保险标的分别向两个保险人投保，这究竟是重复保险还是两个单独保险？

1. 是否构成重复保险

《保险法》第五十六条第四款规定："重复保险是指投保人对同一保险标的、同一保险利益、同一保险事故分别与两个以上保险人订立保险合同，且保险金额总和超过保险价值的保险。"

可见重复保险必须同时具备以下条件：

（1）同一保险标的。只有在以同一标的作为两份或两份以上的保险合同的保险标的时，才可能构成重复保险。如果投保人将两个以上（包括两个）保险标的分别与若干保险人订立保险合同，则不构成重复保险。例如房主甲有平房四合院 10 间，在同一场火灾中损毁。其中北房 5 间有一房产证记载，南房 5 间另有一房产证记载。李某将北房 5 间向 A 保险公司投保火灾险，同时将南房 5 间向 B 保险公司投保火灾险，很显然此案不属于重复保险。

（2）同一保险利益。《保险法》第十二条第六款规定："保险利益是指投保人或者被保险人对保险标的具有的法律上承认的利益。"所谓同一保险利益，是指投保人或被保险人对同一保险标的所具有的相同法律关系。如果就同一保险标的下的不同保险利益订立数个不同的保险合同，则不构成重复保险。例如，房主甲以其对房屋的所有权利益，将房屋投保火灾保险，而抵押权人乙以其抵押权利益将相同房屋投保火灾保险，虽然保险事故均为火灾，但因保险利益一是基于所有权，一是基于抵押权，所以不构成重复保险。只有当投保人就同一保险标的的同一保险利益分别与两个或两个以上的保险人订立保险合同时，才能构成重复保险。

（3）同一保险事故。重复保险中的同一保险事故，是指数个保险合同中约定的保险事故范围有重合处，或是指在保险事故发生时，所发生的是各保险合同中约定的同一保险事故。只有各个保险合同约定的保险事故是同一保险事故，且其与实际发生的保险事故亦均为同一事故，方构成重复保险的同一保险事故。若各个保险合同中的保险标的与保险利益是同一的，但其约定的保险事故各不相同，则不能构成重复保险。例如，房主甲就其房屋分别向 M 保险人投保火灾险，向 N 投保失窃险，向 D 投保地震险，则不是重复保险。

（4）同一保险期间。重复保险至少涉及两份保险合同，只有保险期间有重叠时，才构成重复保险。重叠分为"全部重叠"和"部分重叠"两种。全部重叠，指投保人就同一保险标的、同一保险事故、同一保险利益，向不同保险人订立的数个保险合同，其保险的起止时间均相同，此种情形称为"同时重复保险"。部分重叠，指投保人就同一保险标的、同一保险利益、同一保险事故同数个保险人订立的数个保险合同，其起讫时间虽非完全相同，但仍有部分相同。此种情形称为"异时重复保险"。须特别注意的是，时间上的重叠，指"数个保险合同"之"生效期间"的重叠，并非指"成立期间"的重叠。换言之，是否构成重复保险，其判断时点应以"保险事故发生时"为准，而非以投保时点为准。

（5）保险金额总和超过保险价值。例如，某项财产的保险价值是 10 万元，A 保险人承保的保险金额是 8 万元，B 保险人承保的保险金额是 6 万元，虽然各个合同的保险金额均未超过保险价值，但保险金额总和已超过保险价值。在这种情况下，需要对保险事故造成的损失在重复保险的各保险人之间进行分摊。

通过上述分析，可以看到在本案中，商贸公司基于所有权对粮食具有保险利益，而储运公司基于运输仓储合同对该批粮食具有保险利益。很显然，两个利益是不同的，不符合重复保险的"同一保险利益"的要求，故本案不属于重复保险。进一步讲，本案中 A、B 两家保险公司无须按比例分担损失。那么，损失到底如何承担呢？这涉及不真正连带债务问题。

2. 不真正连带债务对本案的适用

所谓不真正连带债务，是指多个债务人就基于不同发生原因而偶然产生的同一内容的给付，各自独立负有全部履行的义务，并因债务人之一的履行而使全部债务均归于消灭的债务。构成民法上的不真正连带债务，必须符合下列条件：

（1）数个债务人基于不同的原因而对债权人负有不同的债务。不真正连带债务中数个债务的发生原因各不相同，乃基于不同的法律关系而发生。这里所说的不同的法律关系，既包括性质不同的法律关系，如违约和侵权，也包括性质相同的同类法律关系，如都是基于侵权。应注意的是，不真正连带债务，即使所发生的法律关系性质相同，但却不是基于一个法律关系而发生债务，也就是说，不真正连带债务是基于数个法律关系发生的债务。

（2）债权人对数个债务人均享有分别独立的请求权。在不真正连带债务中，由于各项债务是基于不同的发生原因而分别存在的，债权人对数个债务人均享有分别独立的请求权。

（3）数个债务偶然联系在一起。不真正连带债务缺乏共同的目的，各债务人只有各自的单一目的，并无主观上的相互联系，也就是说，各个债务人之间主观上并无联络，也未共同实施某种行为，或者作出某种约定，数个债务发生紧密联系，给付内容的同一，纯属相关的法律关系偶然地发生巧合。债务发生后，尽管一人的履行可使全体债务消灭，但这不过是债权在客观上得到满足，为维护公平及不使债权人获得额外的利益才使其他债务同归消灭，而不是各债务具有共同目的所致。

（4）数个债务人的给付内容为同一或基本上是相同的，且债务的清偿不分比例、份额。每个债务人均负有全部清偿的义务，而且一旦一个债务人清偿了全部债务，则债权人的债权就得到全部实现，债权人无权再向其他债务人求偿。正是由于给付内容的同一或基本相同，才发生一债务人履行债务使其他债务人的债务消灭的问题。

（5）在多数情况下，不真正连带债务有终局责任人。所谓终局责任人，是指最后真正承担债务责任的人。

本案完全符合不真正连带债务的构成要件，具体表现为：

（1）B保险公司和储运公司基于不同原因对商贸公司享有债务。商贸公司与B保险公司之间基于保险合同关系，与储运公司之间是运输合同关系。可见，原因不同。

（2）商贸公司对B保险公司和储运公司分别享有债权，即对粮食的损失既可以请求B保险公司赔偿，也可以要求储运公司赔偿。

（3）本案中两个债务偶然联系在一起。恰恰是粮库发生意外火灾，使这批粮食全部损毁。B保险公司和储运公司，甚至包括A保险公司才牵扯到本案中。

（4）B保险公司和储运公司的给付内容是一致的，都是金钱给付。而且债务的清偿不分比例、份额。

（5）本案中的终局责任人是A保险公司。考虑到如果储运公司承担了赔偿责任，那么商贸公司就无须再向B保险公司请求赔偿，否则构成不当得利。又因为储运公司已经向A保险公司投保了财产保险综合险，所以，A保险公司最终要承担赔偿责任。

3. 结论

通过上述分析，可以得出这样的结论：

（1）本案不构成重复保险，即A、B保险公司无须同时承担责任。

（2）商贸公司既可以请求B保险公司赔偿，也可以要求储运公司赔偿，但不可以同时要求储运公司和B保险公司赔偿。

（3）即使商贸公司不要求储运公司承担责任，最终的责任人依旧是储运公司以及投保的A保险公司。因为B保险公司承担了赔偿责任后，有权向储运公司追偿，那么A保险公司将是最终的责任承担者。

（4）第三种意见是正确的。

（资料来源：《中国保险报》，2013年2月19日）

案例 2-34　重复保险的赔偿金如何计算

一、案情简介

郭某于 2010 年 1 月 30 日向甲保险公司办理了家庭财产保险并附加盗窃险，保险金额 5 000 元，保险期限 2010 年 1 月 31 日至 2011 年 1 月 30 日。后来，郭妻所在单位为全体员工向乙保险公司投保了家财保险并附加盗窃险，保险金额为 3 000 元，保险期限自 2010 年 3 月 18 日至 2011 年 3 月 17 日。2010 年 5 月 10 日，郭某家发生盗窃。郭某向公安部门报案，并通知了甲与乙两家保险公司，经查勘确定，郭某家损失达 20 000 元，其中现金存折共 7 000 元，金银手饰 3 000 元，字画 3 000 元，录像机、高级西装共 7 000 元。于是郭某向甲、乙两家保险公司提出赔偿请求。甲、乙两家保险公司发现郭某家以同一保险标的在先向甲保险公司进行了投保后，又以同一保险标的向乙公司投保。因此，在理赔过程中，甲保险公司认为在剔除现金存折、金银手饰、字画等不保财产外，有效索赔金额为 7 000 元，由甲、乙两家保险公司分摊赔付郭家。然而，乙公司认为这属于重复保险，第二份保险合同无效，乙公司不负赔偿责任。

二、点评与思考

（1）《家庭财产保险条款》第三条规定，金银、手饰、珠宝，货币、有价证券、票证、邮票、古玩、古书、字画、文件、账册、技术资料、图表、家畜、花、树、鱼、鸟、盆景等等无法鉴定价值的财产，是不保财产，不在保险财产范围以内。因此，家庭财产保险中，现金、存折、金银、手饰、字画等属于不保财产，在发生家财损失的情况下，保险人不负责赔偿。以上财产只能另外单独投保财产险才能获赔。本案中虽然经查勘确定郭某家损失达 20 000 元，但是有效索赔金额为 7 000 元。显然，本案属于不足额的重复保险。

（2）对重复保险，必须采用分摊原则。根据国际上的习惯做法，在重复保险的情况下一般采用下列 3 种分摊方式。第一，保险金额比例责任分摊方式，又称比例责任制分摊方式，是各保险人按各自单独承保的保险金额占总保险金额的比例来分摊保险事故损失的方式。这种方式将各保险公司保险金额作基数加总起来，求得每家应分摊的比例，然后，各保险人按比例分摊赔款。计算公式为：某保险人承担的赔偿责任 = 该保险人的保险金额/所有保险人的保险金额总和 × 实际损失。第二，赔偿金额责任分摊方式，又称赔款比例分摊制，或责任限额制，是指保险人承担的赔偿责任以单独承保时的赔款额作为分摊的比例而不是以保额为分摊的基础。这种方式按照各家保险公司在没有重复的情况下单独承保每单位保费应付的赔偿金额作基数加总起来得出各保险人应分摊的比例分摊赔款，计算公式：某保险人承担的赔偿责任 = 该保险人单独承保时的赔款额/所有保险人单独承保时的赔款金额的总和 × 实际损失。第三，出单顺序负责分摊方式。这种方式按照各家保险公司出单顺序赔偿，由先出单的公司首先赔偿，损失金额超过第一家保险公司的保险金额时，才由第二家公司赔偿超出部分，通常是无独立核算的子公司间才用顺序赔偿，如果是独立核算单位，即便是同城的子公司间也不能用顺序赔偿。

我国《保险法》规定，重复保险的保险金额的总和超过保险价值的，各保险人的赔偿金额的总和不得超过保险价值。除合同另有约定外，各保险人按照其保险金额与保险金额总和的比例承担赔偿责任。即我国采用比例责任制分摊方式。

（3）本案中乙公司以重复保险为由，认为第二份保险合同无效，不负赔偿责任。显然，该公司的做法是不对的。

因此，正确的做法是甲、乙两保险公司应相互主动协商，确定两家公司的分别赔偿数额。

甲、乙两份保险合同的保险金额分别为人民币 5 000 元和 3 000 元，而郭某的有效索赔金额为 7 000 元，属于不足额的重复保险。

如按保险金额比例责任分摊方式，计算如下：

某保险人承担的赔偿责任 = 该保险人保险金额/所有保险人保险金额总和 × 实际损失

甲公司应付赔偿金额 = [5 000/(5 000 + 3 000)] × 7 000 = 4 375（元）

乙公司应付赔偿金额 = [3 000/(5 000 + 3 000)] × 7 000 = 2 625（元）

如按赔偿金额责任分摊方式，计算如下：

由本案可假设郭某拥有财产总额为 M，且 M > (5 000 元，3 000 元)，则各自按不足额保险的比例赔偿方式，计算如下：

甲保险公司的赔偿金额 = (5 000/M) × 7 000 元

乙保险公司的赔偿金额 = (3 000/M) × 7 000 元

按照责任限额制，甲保险公司承担的赔偿责任：

甲保险公司单独承保时的赔款额/所有保险人单独承保时的赔款金额的总和 × 实际损失
= (5 000/M) × 7 000/[(5 000/M)7 000 + (3 000/M) × 7 000] × 7 000 = 4 375（元）

乙保险公司承担的赔偿责任：

乙保险公司单独承保时的赔款额/所有保险人单独承保时的赔款金额的总和 × 实际损失
= (3 000/M) × 7 000/[(5 000/M)7 000 + (3 000/M) × 7 000] × 7 000 = 2 625（元）

从计算结果来看，在不足额的重复保险情况下，采用常见的两种分摊方式计算出来的结果是一致的。说明无论采取何种分摊方式，被保险人的有效索赔金额均应得到足额赔付。如果不是不足额投保，而是超额投保，这两种方法计算的结果就不一样了，即是说两种方法将导致各自的赔偿数额不一样。

实际上，本案中郭某家庭财产仅在 2010 年 3 月 18 日至 2011 年 1 月 30 日期间为重复保险。在 2010 年 1 月 31 日至 2010 年 3 月 17 日期间只有甲公司的保险，而在 2011 年 1 月 31 日至 2011 年 3 月 17 日期间只有乙公司的保险，在这两个期间，不能算是重复保险。如果在这两个期间发生保险事故，则分别由甲、乙两保险公司单独负责，而不发生分摊赔偿问题。

（资料来源：蒲成毅，《保险案例评析与思考》，机械工业出版社 2003 年）

第三章

财产保险篇

基本理论

理解财产保险时,先要对财产做界定。财产是金钱、财务及民事权利义务的总和,按其形态可分为有形财产和无形财产;按其所有权可分为国有财产、集体财产和私有财产。

财产保险不同于人身保险,财产保险具有以下特征:财产物质需具有确定的使用价值、当事人简约化和经营技术复杂化等特征。

根据保险标的的范围的不同,财产保险具有广义和狭义之分。以各种财产物资及相关利益、责任、信用为保险标的的为广义的财产保险,包括财产损失保险、责任保险、信用保险和保证保险;如果仅以各种财产物资及相关利益为保险标的的为狭义的财产保险,包括火灾保险、运输工具保险、货物运输保险、工程保险等。根据财产体现的形态的不同,财产保险又可以区分为有形财产保险与无形财产保险。有形财产保险所涵盖的内容与狭义财产保险基本一致,无形财产保险所保障的则是被保险人的利益和责任,如责任保险、信用保险。本书所指财产保险是指广义的财产保险,包括有形财产保险和无形财产保险。

相关案例

案例 3-1 高压锅爆炸赔付案

一、案情简介

2009年5月，刘某向M保险公司投保了家庭财产保险，保险金额4万元。同年10月，刘某的母亲从乡下看望儿子，第一次用高压锅煮绿豆。由于高压锅的排气孔被绿豆堵塞，致使锅内气压急剧上升造成爆炸，高压锅及煤气灶被炸毁，损失900元，刘母右手被炸伤，花去医疗费300元。案发后，刘某向M保险公司索赔，要求赔偿其财产损失及其母医疗费。M保险公司《家庭财产保险条款》第四条认定爆炸为保险责任，第五条规定被保险人或其家庭成员的故意行为造成保险财产损失的，保险公司不负赔偿责任。接案后，M保险公司迅速组织查询，证实损失确实系高压锅爆炸造成。但在赔付问题上，公司内部产生了3种不同意见：第一种观点认为，保险公司不应赔付。高压锅是被保险人违反安全操作规定造成爆炸的。刘母在使用高压锅前没有检查排气孔和限压阀是否有堵塞现象，也没有注意调节温度，这是爆炸的直接原因。根据《保险法》第五十一条规定，"被保险人应当遵守国家有关消防、安全、生产操作、劳动保护等方面的规定，维护保险标的的安全。保险人可以按照合同约定对保险标的的安全状况进行检查，及时向投保人、被保险人提出消除不安全因素和隐患的书面建议。"保险公司理应拒赔。第二种观点认为，保险公司应该部分赔付。高压锅不能自动重开排气阀，证明高压锅本身有缺陷，对因此造成的损失，属除外责任。但高压锅爆炸造成的煤气灶损毁则是意外损失，保险公司应予赔付，高压锅的损失只能由被保险人向生产厂家索赔。第三种观点认为，保险公司应该全赔。刘某的财产损失及其母所花医药费，均是由爆炸风险造成的，保险公司应全部赔付。

二、点评与思考

实际上，上述3种观点均不够准确。

首先，爆炸分为物理性爆炸和化学性爆炸。物理性爆炸是由于液体变为蒸气或气体膨胀，压力急剧增加，大大超过窗口所能承受的极限压力而发生的爆炸，家庭生活中最常遇见的物理性爆炸就是高压锅和液化气罐发生的爆炸。化学性爆炸指物体在瞬间分解或燃烧时放出大量的热和气体，并以很大的压力向四周扩散的现象，比如煤气爆炸。生活中暖水瓶、灯管爆裂，不称为爆炸，保险人不负爆炸责任。因物体本身的瑕疵，使用损耗或产品质量低劣以及由于容器内部承受"负压"（内压比外压小）造成的损失则不属爆炸责任。本案中高压锅爆炸属于物理性爆炸，即因气体膨胀，压力超过容器耐压极限而发生爆炸，构成《家庭财产保险条款》的爆炸责任，属于保险责任范围内。

其次，M保险公司的《家庭财产保险条款》第五条规定，被保险人或其家庭成员的故意行为造成保险财产损失的，保险公司不负赔偿责任。但刘母居住在乡下，第一次使用高压锅，未按安全操作规定使用高压锅，并非故意行为，属过失行为，M保险公司应赔付。

再次，高压锅不能自动冲开排气阀，表明其含有一定缺陷，但该缺陷却不是爆炸的直接原因，因此本案的损失不能归为除外责任。

最后，家庭财产保险的保险标的是被保险人的家庭财产，其目的是为了使广大居民的家庭财产在遭受保险责任范围内的自然灾害或意外事故造成损失后得到经济补偿。但刘母的手伤医疗费不属于本案中保险公司承保的范围。

结论是高压锅爆炸使高压锅本身和煤气灶受到损失，属于爆炸责任造成的损失，应由保险公司负责赔付。但刘母的手伤医药费，不属于本案中保险公司承保的范围。

财产保险对过失操作致使爆炸造成的损失进行赔偿，但对故意行为以及人身伤亡损失不负责赔偿。

（资料来源：http://www.03964.com，整理改编）

案例3-2 财产保险泥石流的责任范围

一、案情简介

2010年8月7日夜至8日凌晨，甘肃甘南藏族自治州舟曲县突发特大泥石流，造成重大人员伤亡。

仅仅一周后，四川汶川境内也因强降雨而引发泥石流阻断道路、冲毁房屋的情况，并造成多人死亡、失踪。8月16日，四川省气象局向全省发出气象灾害预警，四川省"5·12"地震灾区本身的防御能力就较为脆弱，目前阶段持续的强降水天气，很容易导致山洪、泥石流、滑坡等山地灾害的进一步加重。

面对突如其来的灾难，除了政府、社会、企业、组织或个人的捐赠、救济，保险保障也是重要一环。那么，在泥石流灾害事故中，保险能够起到多大的作用呢？

二、点评与思考

在财产保险方面，与泥石流比较相关的险种主要有家庭财产险、企业财产险、车险、工程险等等，"泥石流"大多都被列在了其综合险及一切险保障范围之内，至于是否能够获得理赔，除了看投保的险种所承保的保险责任范围，还要看造成泥石流的具体原因。

泥石流是指在山区或者其他沟谷深壑，地形险峻的地区，因为暴雨、暴雪或其他自然灾害引发的山体滑坡并携带有大量泥沙以及石块的特殊洪流。泥石流具有突然性以及流速快，流量大，物质容量大和破坏力强等特点。发生泥石流常常会冲毁公路铁路等交通设施甚至村镇等，造成巨大损失。

从泥石流的诱发因素上分析，形成泥石流主要有3个方面：（1）自然原因，岩石风化造成的；（2）人为原因，比如不合理开挖、滥伐乱垦等因素；（3）次生灾害，即由于地震灾害过后经过暴雨或是山洪稀释大面积的山体后发生的洪流。财产保险理论中对前两种原因造成的泥石流属于保险责任范围内，而对于次生灾害造成的泥石流，一般认为归属于地震范围，不属于保险责任。

从这个角度分析，对于此次泥石流的属性认定，也就是说，舟曲和四川泥石流到底是否属于"5·12汶川大地震"引发的次生灾害，还是独立的一个自然灾害，有可能影响到部分家庭财产险和企业财产险的理赔结果。

（资料来源：相关资料整理改编）

案例3-3 家庭财产保险纠纷案

一、案情简介

2009年9月26日，原告李某与被告某保险公司签订了家庭财产两全保险附加盗窃险合同，保险金额为5 000元（其中衣服、行李1 000元，家用电器4 000元），保险期为5年。2010年3月28日，原告所在单位以原告的名义向被告投保家用电器1 000元，衣服、行李1 000元，保险期为3年，保险地址为Z区三家店水闸路7号。后原告迁至Z区大峪龙门河滩56排5号居住，但其本人及所在单位均未及时向被告提出变更保险地址的申请。2010年7月10日，原告又与被告签订家庭财产两全保险附加盗窃险合同，保险金额为5 000元（其中家用电器1 000元，文化娱乐用品4 000元），保险期为3年。2011年2月25日，原告家被盗。原告在保险合同规定的期限内通知了被告，并提供了价值为6 655.5元的被盗物品清单（其中衣服、行李1 549.5元，"理光10"、"理光30D"照相机等文化娱乐用品4 500元，"索尼M12"微型收录机及录音带等家用电器726元），以及公安机关、原告所在单位出具的证明材料，证明原告家被盗属实。同年2月底，公安机关将2月25日在原告家作案的犯罪分子抓获，并起获部分赃物。但该犯否认其盗窃过原告家"理光10"、"理光30D"等照相器材及"索尼M12"微型收录机等价值6476.6元的物品。同年4月，公安机关将起获的部分衣服、行李（价值500余元）发还原告。原告根据保险合同，多次要求被告赔偿损失。

被告对原告报称2月25日被盗丢失的"理光10"、"理光30D"照相机等持有异议，并认为原告未及时申请变更保险地址有过错，不同意全部予以赔偿。为此，原告诉至Z区人民法院，要求被告赔偿损失7 219.9元。

被告辩称：原告投保的物品被盗，应予赔偿，但被盗的投保物品，只能按罪犯交待为据予以赔偿，其他不能赔偿。

二、法院审理与判决

Z区人民法院经审理认为：原、被告签订家庭财产两全保险附加盗窃险合同，及原告所在单位以原告名义签订的保险合同有效，双方应按合同约定全面履行。在保险合同的有效期限内，原告家庭财物被盗后，原告在法定期限内通知被告，并提供了损失清单及有关证明，被告应按合同规定予以赔偿。但原告 2010 年 3 月 28 日与被告签订的保险合同中的保险地址，与实际被盗的地址不符，原告未按合同约定在搬迁后及时申请变更地址，属违约行为，故被告有权拒绝赔偿该合同中约定赔偿数额，原告依据该合同要求被告赔偿的请求，不予支持。被告提出以罪犯供认所盗物品的数额作为赔偿依据的理由，不能成立。Z 区人民法院依照《财产保险合同条例》第五条、第十六条及《家庭财产两全保险附加盗窃险条款》第一条、第四条的规定，做出判决：被告赔偿原告家用电器损失 578 元，衣服行李损失 1 000 元，文化娱乐用品损失 4 000 元，合计 5 578 元。

被告不服一审判决，提起上诉，要求按罪犯供认的盗窃数额作为赔偿的依据。原告同意原判。

北京市中级人民法院经审理认为，一审判决事实清楚，适用法律正确，判决：驳回上诉，维持原判。

三、点评与思考

本案的关键问题是以什么为依据确定赔偿的数额。我们认为，以罪犯供认的盗窃数额作为赔偿的依据，不妥。从客观方面看，罪犯盗窃后逃离现场到报案中间相隔一段时间，这期间不能排除其他人盗窃的可能性；从罪犯主观心理状态方面看，也会存在着避重就轻，未彻底交待的可能性。因此，以罪犯口供作为赔偿依据，显然不利于保护被保险人的合法权益。

根据该保险公司发布的《家庭财产两全保险条款》第十条第一项规定："保险财产遭受保险责任范围内灾害或事故时，被保险人应当尽力救护并保存现场，同时立即通知保险人，以便及时查勘处理。"第二项规定："被保险人在向保险人申请赔偿时，应当提供保险单、损失清单、救护费用单据，以及公安部门或所在单位、街道组织等有关部门的证明。"上述规定对被保险人的义务已做出明确规定。若被保险人履行了应尽的义务，而保险人不能提出被保险人确有弄虚作假的证据，保险公司就应按保险合同的约定，对被保险人的实际损失进行赔偿。综上，我们认为，一、二审法院的处理是正确的。

（资料来源：根据豆丁网资料整理改编）

案例 3-4　家庭财产保险的责任范围

一、案情简介

张先生于 2007 年 4 月 21 日在陕西某保险公司购买了"家庭财产保险综合险" 3 份，当日，保险公司向其出具了该险种的保险单。2007 年 5 月 31 日，张先生出差回家发现家里被盗，第一时间拨打 110 报警。10 日后，张先生突然想起自己购买过家庭财产保险，遂打电话通知保险公司。保险公司了解情况后，以不在保险责任范围内为由拒绝赔偿。

二、点评与思考

家庭财产保险，主要保险责任包括：火灾、爆炸、雷击、冰雹、洪水、海啸、地震、泥石流、暴风雨等一系列自然灾害和意外事故。但是盗窃造成的损失，不属于可保风险，应予免责。本案中，张先生家所遭受的损失属于盗窃风险造成损失，在免责范围内，因此可以不予赔付。

同时这里也应提醒投保人张先生的是，在财产保险中，一般条款里都会有"及时通知"的概念，这个概念是指家庭财产保险案例发生后24小时内，尽快通知保险公司，以便保险公司及时到现场勘查定损。案例中张先生由于未在规定时间内通知保险公司，如果该案例属于保险责任范围内的事故，因为未能及时通知而造成保险公司未能及时勘查定损，那么保险公司也会拒绝赔偿。

购买家庭财产保险时，消费者尤其要注意保险责任和免责条款，遇到不懂的问题要及时咨询保险公司相关人员，以免在出现后出现上述案件中的情况，失去了购买保险的最终意义。

（资料来源：网络资料整理改编）

案例3-5 家庭财产保险的赔款计算

一、案情简介

王某于2006年7月将自家房屋及附属设备、房屋装修、室内财产投保家庭财产保险。其中房屋及附属设备保额5万元，室内装修3万元，室内财产2万元，未分项列明。交保费240元。保险期限1年。次年4月5日，王某家因电褥子使用不当发生火灾，经核定，损失如下：房屋修缮费2 000元，室内装修1 000元，室内财产4 000元，残值50元。此时，经估价王某房屋保险价值为6万元，装修为4万元，室内财产7万元。保险公司应不应该赔偿？赔偿多少？

二、点评与思考

首先，保险公司应该赔偿。通过案例3-4的分析，我们知道家庭财产保险的保险责任范围，该案例中造成损失的直接原因是火灾，火灾属于保险责任范围内，所以保险公司应该赔偿。

其次，根据家庭财产保险的赔偿计算我们得知，房屋及附属设备赔款采用不定值保险赔款方式，室内财产赔款采用第一危险责任赔偿方式。

所谓不定值赔偿计算方式为：

（1）当发生全部损失时：如果保险金额高于或等于保险价值时：

赔款＝保险价值－应扣残值

保险金额低于保险价值时：

赔款＝保险金额－应扣残值

（2）当发生部分损失时：若保险金额高于或等于保险价值时：

赔款＝实际损失－应扣残值；保险金额低于保险价值的，按比例赔偿：

$$赔款 = \frac{保险金额}{出险时重置价值} \times (实际损失或恢复原状所需费用 - 应扣残值)$$

第一危险赔偿方式是财产保险在处理赔款中的基本方式之一,是把保险财产的价值分为实际上不可分割的两个部分。第一部分价值和保险金额相等,可以算作十足投保;超过保险金额的第二部分价值,则认为完全没有投保。凡首先遭受保险事故的,在保险金额限度以内的任何一部分财产,保险人都认为是十足投保的,因而这种赔偿方式的特点,就是赔偿金额和损失金额相等,但以不超过保险金额为限。超过保险金额的损失部分,保险人不予赔偿。保险人只对第一危险责任部分承担赔偿责任,损失多少,赔偿多少。但要按分项投保、分项赔偿的原则,超过保险金额部分不能承担赔偿责任,由被保险人自行负责。应该说,这种赔偿方式对被保险人较为有利。

那么该案例的赔款金额为:
房屋及附属设备赔款 = 2 000 × (50 000/60 000) = 1 666.67(元)
室内装修赔款 = 1 000 × (3/4) = 750(元)
室内财产赔款 = 4 000 - 50 = 3 950(元)
总赔款 = 1 666.67 + 750 + 3 950 = 6 366.67(元)

(资料来源:相关资料整理改编)

案例 3-6　汶川地震保险赔付总额不到 20 亿元拉法基独得 1/3

一、案情简介

2008 年 8 月 20 日,平安产险对外宣布,该公司将赔付截至目前汶川地震的最大一笔赔款:金额为 7.2 亿元!赔款对象为法国拉法基和香港瑞安集团在华的合资子公司——拉法基瑞安水泥有限公司。

二、点评与思考

企业财产保险的保险责任和家庭财产保险的保险责任范围基本相同,上文中已经列举,这里不再介绍。同样的,在企业财产保险中,地震被列为除外责任的,地震及次生灾害所造成的损失,保险公司不负责赔偿,但是如果消费者想要转嫁地震风险,那么可以通过地震附加险投保。我国企业在购买企财险的时候,往往购买的都是企业财产综合险,很少有附加地震保险的,所以在汶川地震中,财产保险公司的赔偿金额并不多。而案例中的拉法基公司主要买的是财产一切险(扩展了地震责任的),此外还有机器损失险和利润损失险。故保险公司赔偿的金额比较多。

企业在做保险规划时,应充分考虑其面临的风险有哪些,然后做全面的风险规划,而不应该图便宜或者认为有 1 份保险就可以,否则真正损失发生是,往往得不偿失。

(资料来源:相关资料整理改编)

案例 3-7　企业财产理赔金额的计算与考虑因素

一、案情简介

2007年6月5日、7月29日，某水产公司分别就其汽轮机组和固定资产向某保险公司投保，保险公司相应签发了财产保险综合险保险单各1份。前一份保险单约定保险标的为汽轮机组一套，保险金额为保险价值700万元加成20%即840万元；后一份保险单约定保险标的为水产公司固定资产（固定资产账面值为26 738 975元，但其中冷凝式汽轮机1台及10吨锅炉2台已在前一份保险单中作为保险标的），保险金额为2 500万元。

在保险责任期限内的2007年8月19日，保险标的遭受强台风、暴雨、潮汛形成的水灾侵袭受损，投保人向保险公司索赔未果诉至法院。

二、法院审理与判决

审理中，法院以恢复受损财产原功能为原则，委托中某水利勘测设计研究院和某会计师事务所分别就保险标的项目中的土建工程和机器设备进行水毁恢复原功能费用的鉴定评估，后经估定，土建工程恢复费用为2 787 648元，机器设备修复费用为664 122元，其中汽轮机组保险单项下冷凝式汽轮机和10吨锅炉恢复费用为503 856元，固定资产保险单项下机器设备修复费用为160 266元，这样，固定资产保险单项下土建工程和机器设备损失即为2 947 914元。抢救费用经确认为17 000元。汽轮机组保险合同中，保险金额比保险价值高二成，法院认定按既有损失503 856元赔偿。固定资产保险合同中，保险金额低于保险价值，法院以既有财产损失数额按保险金额与保险价值的比例确认赔偿金为2 756 196元。抢救费用17 000元根据汽轮机组和其他固定资产在两项保险价值之和中各自所占份额分别给予实际赔偿和按比例赔偿，经计算为16 259元。保险公司总计赔付3 276 312元。

三、点评与思考

从上述案例看，对因保险标的发生保险事故形成部分损失的案件，法院在确定赔付保险金时，运用了实际赔偿和按比例赔偿两种方法。

财产理赔要考虑的因素比较多，可以以上述案件为例进行如下分析：

1. 主要法律规定和合同条款依据

《保险法》规定，保险金额不得超过保险价值；超过保险价值的，超过的部分无效；保险金额低于保险价值的，除合同另有约定外，保险人按保险金额与保险价值的比例承担赔偿责任。中国人民保险公司《财产保险综合险条款》（以下简称财险条款）进一步具体规定了保险标的发生全部损失和部分损失情况各自的赔偿方法，即上文中的不定值保险赔偿方式。

2. 关于保险价值

保险价值是保险标的在投保时或出险时的实际价值。《保险法》规定，保险价值可由保险合同双方当事人约定并在合同中载明,也可按保险事故发生时保险标的实际价值确定。在保险合同中约定了保险价值的合同为定值合同,计算赔偿金时应以约定的保险价值为计算依据。约定保险价值数额的方法,也即保险价值的估计方法有两种:一是投保人和保险人按市场价格估定;如因具体保险标的项目繁多或无可靠市场价格作为依据,当事人也可根据降面值方法估定;保险价值条款成立要件有两点:经投保人和保险人协商确定;必须在投保单和保险单或保险凭证上注明。保险价值经协商确定并注明后,保险人即丧失了提出保险价值不实的抗辩可能。

未记载保险价值的保险合同为不定值合同,保险价值应按照保险事故发生时的实际价值确定,因为实际价值在以出险时为基准日的数额最能说明投保人实际的利益。

本案中,两份财产保险综合险保险单因记明保险价值应为定值合同,故应认定投保价值为保险价值,财险条款规定固定资产的保险价值是出险时的重置价值,因与《保险法》之规定冲突,不应适用。保险价值另一重要法定条件是投保人对保险标的享有法律上承认的利益。本案保险标的均为投保人享有合法权益。

3. 关于保险金额

保险金额是保险人在出险时应承担赔偿责任的最高限额。保险金额高于或等于合同约定保险价值或出险时的实际价值,为足额保险,如保险金额低于保险价值,为不足额保险。但依照《保险法》规定,保险金额不应超过保险价值,超过部分无效。本案所涉汽轮机组保险金额为700万元加成20%即840万元,超出保险价值700万元的部分为140万元,应属无效保险,故汽轮机组保险金额应以700万元确定。固定资产保险金额为2 500万元,但该保险单项下有一台冷凝式汽轮机组和两台10吨锅炉已包含于现在的汽轮机组保险标的项目中,按照可保利益原则,只能在汽轮机组保险合同中一次享有保险利益,不得又在固定资产保险合同中再次享有,故需将冷凝式汽轮机和10吨锅炉在固定资产保险合同中的保险价值中减去2 521 050元,保险金额2 500万元,应随之作相应比例的扣减。计算结果并不影响其他固定资产各项保险价值与保险金额的比例。

4. 关于保险金理赔

保险财产受损后按物尽其用和利益最大化的原则,首先考虑保险标的能否继续使用,修复费用是否高于保险标的残值和将发生的搬运处置费用,如高出,则修复成为不必要,保险标的为受全部损失,残值归保险人所有。反之,则为部分损失。全部损失时,保险价值低于或等于保险金额的,保险人赔偿金额以保险价值为限;如保险金额低于保险价值,按保险金额赔偿。部分损失时,保险价值低于或等于保险金额的,实际损失金额应为赔偿金额;保险金额低于保险价值的,只能从实际报失中按保险金额与保险价值比例赔偿。本案保险标的遭受水灾所造成的实际损失,远低于保险价值,两份保险合同的保险标的均为部分损失,应运用财险条款第十三条第二款约定进行理赔。汽轮机组部分的保险价值与保险金额均为700万元,故应以实际损失503 856元赔付保险金;固定资产部分的保险金额低于保险价值,按责任公式计算赔付2 756 196元。

5. 关于施救费用

施救费用由保险人在保险标的的赔偿金额外另行计算。施救费用的赔偿有两个限制条件,一是对保险标的的施救是必要的、合理的;二是施救费只与保险标的赔偿金额之和以不超过保险金额为限。本案中,投保人主张的施救费用经审查只有17 000元,且对保险标的实施施救行为具有合理性和必要性，但本案中有一个特殊情况是施救行为所指向两份保险合同约定的保险标的的赔付方法不同，故应根据汽轮机组和其他固定资产在其保险价值之和中各自所占比例分别确定实际赔偿和按比例赔偿。施救费用的赔偿金额 16 259 元与保险标的赔偿金额 327 余万元之和未超过保险金额，应予赔偿。

（资料来源：根据豆丁网资料整理改编）

案例 3-8 利润损失保险赔款计算

一、案情简介

某企业投保财产综合险附加利润损失险，保险金额 24 万元，约定赔偿期为 6 个月。在保险期内发生火灾，营业额下降到 30 万元，标准营业额为 50 万元，上年毛利润率为 20%，在赔偿期内挽回的营业额为 10 万元，因租房增加租金 4 万元，固定费用结余 0.3 万元，全年毛利润额为 30 万元。求保险公司实际赔款是多少？

二、点评与思考

利润损失保险又称"营业中断保险"，是依附于财产保险上的一种扩大的保险。一般的财产保险只对各种财产的直接损失负责，不负责因财产损毁所造成的利润损失。利润损失保险则是对于工商企业特别提供的一种保险。它承保的是被保险人受灾后停业或停工的一段时期内（即估计企业财产受损后恢复营业达到原有水平所需的时间）的可预期的利润损失，或是仍需开支的费用。例如，由于商店房屋被焚不能营业而引起的利润损失，或是企业在停工、停业期间仍需支付的各项经营开支，如工资、房租、水电费等。一般根据企业上年度实现的毛利润加上本年度的业务发展趋势经公证会计师核查后确定。

保险公司赔款：（1）营业额减少所致的毛利润损失；（2）营业费用增加所致的毛利润损失；

营业额减少所致的毛利润损失 =（标准营业额 - 赔偿期营业额）× 毛利润率

营业费用增加所致毛利润损失不能超过一定的经济限度；

经济限度 = 赔偿期挽回的营业额 × 毛利润率

解：（1）营业额减少所致的毛利润损失 =（50 - 30）× 20% = 4（万元）

（2）经济限度 = 10 × 20% = 2（万元）

房租增加的租金 4 万元超过了经济限度 2 万元，所以营业费用增加所致的毛利润损失 = 2（万元）

（3）固定费用结余 = 0.3（万元）

（4）毛利润损失 = 营业额减少所致的毛利润损失 + 营业费用增加所致的毛利润损失 - 固定费用结余 = 4 + 2 - 0.3 = 5.7（万元）

（5）当保险金额小于应保的毛利润损失时，为不足额保险；

此时赔款金额 = 毛利润损失 ×（保险金额/全年毛利润额）

因为该企业为不足额投保,因此实际赔款 = 5.7×(24/30) = 4.56(万元)

另外:如果该企业在投保利润损失保险时,还根据本年度的生产趋势和通货膨胀率对营业额和毛利润率指标做出适当的调整,则此时:

营业额减少所致的毛利润损失 = [标准营业额×(1+营业额增长率+通货膨胀率) - 赔偿期的营业额]×毛利润率

例:该企业估计该年的营业额比上年增长10%,通货膨胀率为8%,则保险人应赔偿的营业额减少所致的毛利润损失 = [50×(1+10%+8%) - 30]×20% = 5.8(万元)

例:如果该企业在投保利润损失保险时,在保单中约定了免赔天数为20天,则保险人因营业额减少所致的毛利润损失 = [50×(1+10%+8%) - 30]×20%×(160/180) = 5.155555(万元)

(资料来源:相关资料整理改编)

案例 3-9 财产保险理赔与投保人的义务

一、案情简介

2005年7月4日,某单位与保险公司签订企业财产保险合同,约定:保险项目为企业固定资产,保险金额按固定资产原值加成80%计算,为1 463万元,保险费3万元。还特别约定:按固定资产估价承保,不包括汽车、拖拉机运输设备,机械设备存放露天处不负赔偿责任。自动化设备和机械设备附加盗窃险,保险金额为143万元,保险费1 430元。保险责任期限自2005年7月5日零时起至2006年7月4日24时止。

2005年6月30日至7月12日,投保人所在地区降特大暴雨。7月5日,投保人投保的鱼池及部分地面附属设施因内涝渍水被淹,鱼池更被水侵蚀和风浪淘刷受损。当日,投保人向保险公司报案。同年8月28日,投保人提交了《赔偿申请书》、《投保财产损失清单》、《抗洪抢险费用清单》,要求按保险金额减估计残值作为损失金额的估损方式计算,赔偿其固定资产损失675.396万元,鱼苗、树苗损失72万元,施救费用43.308万元。保险公司接报后,从同年7月6日起多次派员查看现场,认为暴雨期间造成的保险财产损失,属保险责任,并于同年9月21日预赔了10万元,在理赔中要求投保人提交受损财产账册、单据和施救费用的单据、凭证,以核实损失。投保人认为合同约定是"估价承保",无须提供上述证明资料,因此保险公司拒赔。投保人于2005年12月向法院提起诉讼。法院委托某水利勘测设计院对投保人报损的鱼池等固定资产的实际损失进行鉴定,鉴定结果为:恢复工程所需资金为18.24万元。

二、法院审理与判决

法院认为,双方签订的企业财产保险合同有效,对投保人因暴雨造成的保险财产损失,保险公司应按保险合同约定及某水利勘测设计院的鉴定给予赔偿。根据《企业财产保险条款》关于估价承保应按实际损失赔偿金额的规定,投保人提出"估价承保"应以"估价赔付"的主张与此规定相悖,不予支持;该院申请赔偿施救费,因其未能提供必要的账册和有效的清单,亦不予支持;投保人虽交纳了养鱼、树苗保险费,但既未填具投保单,也未与保险公司签订保险合同,所以双方之间养鱼和树苗保险合同不成立。

三、点评与思考

本案原、被告双方签订的企业财产保险合同合法有效,当保险事故发生时,保险方对投保方造成的保险财产的损失应依法赔偿。估价承保发生损失后,应按实际损失赔付,投保方必须提供受灾财产有关凭证,证明受损财产价值。保险人对于保险事故造成的损失和费用,在保险金额的范围内承担赔偿责任。保险人应当赔偿的损失包括:(1)发生保险事故所造成保险标的的实际损失或者引起的责任;(2)投保人为避免扩大损失进行施救、保护、整理以及诉讼所支出的按合同规定应由保险人偿付的合理费用;(3)为了确定保险责任范围内的损失,依合同规定应由保险人偿付的对受损标的检验、估价、出售的合理费用。另外,投保人要求保险人赔偿损失,应负责提供保险财产损失清单和施救等费用清单,以及必要的账册、单据和证明,保险人只有在收到投保人要求赔偿的各项单证后才能核定是否予以赔偿。可见,本案原告投保人提出"估价承保"应以"估价赔付"的主张与法相悖,于理不合。出险后投保人没有提供投保财产的账册、单证,鱼池的原状材料、施救费用的凭证也不符合保险公司关于理赔的程序,保险公司难以进行正常的理赔工作。

(资料来源:法律快车网)

案例 3-10 驾校学员肇事 交强险赔不赔

一、案情简介

某驾校为其教练车投保了交强险。该校学员甲驾驶一辆教练车在规定线路上学习驾驶技术,并由教练员乙随车指导。当该车行至一路口时,不慎撞到正常行驶的另一车辆,导致另一辆车的司机受伤、车辆受损。接到报案后,保险公司认为现行交强险条款规定"驾驶人未取得驾驶资格"的情况不构成保险责任,保险公司只负责垫付抢救费用。那么,本案无驾驶资格的教练车学员肇事,究竟能否获得交强险赔偿呢?

二、争议及处理

关于学员在学习驾驶中造成交通事故,保险公司是否应在交强险限额内予以赔偿的问题,存在两种不同的观点。

一种观点认为,学员在学习期间,有本校教练员随车指导,并且在规定的线路上学习驾驶技术。虽说没有"取得驾驶资格",但该行为是取得"驾驶资格"的必要步骤,因此可视为"准驾驶人员"。故保险公司应在交强险项下予以赔付。

另一观点则认为,此情形属《机动车交通事故责任强制保险条例》(以下简称《交强险条例》)第二十二条规定的"驾驶人未取得驾驶资格"的情形,保险公司不承担赔偿责任,只有垫付抢救费用的义务。

三、点评与思考

1. 驾校的责任承担问题

（1）学员肇事由教练员承担责任。《道路交通安全法实施条例》第二十条规定："学习机动车驾驶，应当先学习道路交通安全法律、法规和相关知识，考试合格后，再学习机动车驾驶技能。在道路上学习驾驶，应当按照公安机关交通管理部门指定的路线、时间进行。在道路上学习机动车驾驶技能应当使用教练车，在教练员随车指导下进行，与教学无关的人员不得乘坐教练车。学员在学习驾驶中有道路交通安全违法行为或者造成交通事故的，由教练员承担责任。"法律之所以这样规定，主要是考虑到学员未取得驾驶证，不具备单独驾车能力。教练员负有随车指导，确保学员安全的义务。在本案中，之所以出现事故，是因为教练员没有尽到必要的注意义务，存在过错，因而要承担责任。

（2）驾校要为教练员的失职负责。《最高人民法院关于审理人身损害赔偿案件适用法律若干问题的解释》第八条规定："法人或者其他组织的法定代表人、负责人以及工作人员，在执行职务中致人损害的，依照民法通则第一百二十一条的规定，由该法人或者其他组织承担民事责任。上述人员实施与职务无关的行为致人损害的，应当由行为人承担赔偿责任。"在本案中，教练员的行为属于职务行为，因而对因职务行为引发的赔偿应由驾校承担。驾校在履行赔偿义务后，可以向负有责任的教练追偿。

（3）《司法解释》的规定。《最高人民法院关于审理道路交通事故损害赔偿案件适用法律若干问题的解释》（以下简称《交通事故损害赔偿司法解释》）第七条规定："接受机动车驾驶培训的人员，在培训活动中驾驶机动车发生交通事故造成损害，属于该机动车一方责任，当事人请求驾驶培训单位承担赔偿责任的，人民法院应予支持。"该规定是符合有关法律和司法解释的精神的。综上，抛开保险公司的赔偿问题，学员在学习驾驶中有道路交通安全违法行为或者造成交通事故的，最终是由驾校对外承担责任的。当然，如果学员存在明显的过错，会减轻驾校的责任。

2. 保险公司的责任承担问题

（1）对《交强险条例》第二十二条的解读。根据《交强险条例》第二十二条规定（内容略），可见，交通事故发生后，伤者需要抢救的，不论被保险人有无责任，保险公司都要在医疗费用赔偿限额内垫付抢救费用。只有在条例规定的无证、醉驾、盗抢车辆、被保险人故意制造事故四种情形下，为了保护保险公司的利益，惩治违法的侵权人，才规定保险公司对垫付的抢救费用，有权向致害人追偿。不存在这四种情况的，保险公司不享有抢救费用的追偿权。该条文从表面看没有提及保险赔偿的问题，因此有一种观点认为，在无证的情况下，保险公司不承担赔偿责任。但是，如果看《交强险条例》第二十一条，结论就不同了。

（2）对《交强险条例》第二十一条的解读（条文略），根据该条规定，交通事故造成本车人员、被保险人损害和受害人故意造成道路交通事故损失，是保险公司对交通事故人身伤亡唯一的免赔条件，并没有规定未取得驾驶资格发生交通事故可免除保险公司对人身伤亡、财产损失的理赔义务。

（3）《司法解释》相关规定。《交通事故损害赔偿司法解释》第十八条规定（条文略）明确了出现驾驶人未取得驾驶资格而发生交通事故造成人身损害的，保险公司首先要在交强险限额内进行赔偿，然后再进行追偿。这样的规定是符合交强险的立法宗旨的，值得肯定，对多年来围绕这一问题的争议给出了意见。这里强调的是赔偿责任，而非垫付责任。

（4）对代位追偿权的思考。按照《交通事故损害赔偿司法解释》第十八条第二款的规定，保险公司在赔偿范围内享有对侵权人的代位追偿权。但是，驾驶人未取得驾驶资格而驾驶车辆发生交通事故的情形非常复杂，是否在保险公司赔偿后一律有权进行追偿还是需要进一步研究的，特别是像本案驾校学员这种情形。在《交通损害司法解释》第十八条第一款列举的三种情形中，均属违法或犯罪行为。但无证驾驶的情形更复杂，如在本案中，学员在教练的陪同下驾驶车辆，应该是合法的，不同于其他的无证驾驶的情形，故追偿权的行使要受到限制。《保险法》第六十二条规定："除被保险人的家庭成员或者其组成人员故意造成本法第六十条第一款规定的保险事故外，保险人不得对被保险人的家庭成员或者其组成人员行使代位请求赔偿的权利。"教练属于驾校的组成人员，故保险公司不能行使追偿权。如果保险公司行使追偿权的话，只有两种可能性：一是向驾校追偿；二是向学员追偿。向驾校追偿恐怕是没有道理的。因为，驾校为了转嫁风险而购买交强险，如果发生事故后再由自己承担赔偿责任的话，购买这份保险就没有任何意义了。作为学员到驾校学习驾驶技术，驾校应当安排教练随车指导。教练失职，没有尽到注意义务，学员不应为教练的过错负责，前提是学员非故意制造保险事故。

（资料来源：《中国保险报》，2013年2月7日）

案例 3-11　如何理解车辆保险合同中基本险与附加险之间的关系

一、案情简介

被保险人聘请无驾驶证的李某驾驶一辆解放牌货车于2000年8月5日在德州城区某路段，与因故障停在路肩处的泰安市某大型货车后部尾随相撞，造成4人死亡、两车严重损毁的重大交通事故。

该解放牌货车在保险公司投保了基本险（包括车辆损失险、第三者责任险）和附加险（包括车上人员责任险和不计免赔特约险），所使用的条款是2000年版保监会的统颁条款。被保险人因驾驶的司机无驾驶证，在保险条款的基本险中该事项属于保险公司免责事项，因此无法向保险公司主张基本险项目下的权利。于是，其向保险公司索赔附加险中的车上人员责任险合计6万元。保险公司拒赔。

二、争议及处理

保险公司拒赔的理由之一是"无证驾驶"既属于基本险的免责事项也属于附加险的免责事项，因此，无证驾驶的免责条款同样适用于附加险。被保险人认为：保险公司对无证驾驶的免责只在基本险（车辆损失险、第三者责任险）中有规定。但车上人员责任险属于车辆基本险之外的附加险，该附加险的免责事项并无此规定。因此，保险公司无权以基本险的免责事项拒赔附加险的责任。

根据车险保单（2000年版）基本险中第五条规定"下列情况下，不论任何原因造成保险车辆的损失或第三者的经济赔偿责任，保险人均不负责赔偿。（没有驾驶证为情况之一）。"而附加险条款之前有一条阐述基本险与附加险关系的约定，"……附加险条款与基本险条款相抵触之处，以附加险条款为准，未尽之处，以基本险条款为准"。保险公司认为：该条的含义已将基本险中规定的免责事项包括在附加险的免责事项中。但我们发现附于基本险之后的附加险条款中均有各自独立的免责条款，其中车上责任险的免责条款并不包括无证驾驶的情形。究竟这两者之间关系是属于"未尽事宜"还是"相抵触之处"呢？被保险人认为：二者属于相抵触，并引用《保险法》的相关规定，提出"对格式条款理解产生歧义，应做出不利于保险人的解释"。这一意见被一、二审法院所采用，最终法院支持了被保险人的诉讼请求。

三、点评与思考

2003年之前我国的车辆保险条款均使用保监会统一颁布的《机动车辆保险条款》。该条款的基本险条款与附加险的范围正如前文所述，基本险包括车损险和第三者责任险，附加险包括车上责任险、盗抢险等。二者的关系首先表现为：基本险的险种投保人均可独立投保一个或多个，而附加险则不能独立投保，必须附加在一个或几个基本险之上。例如，车上责任险只能在投保了第三者责任险之后才能投保。由此可见，基本险与附加险之间的关系是密切相关的。特别是对于附加险而言，不可能独立于其所依附的基本险而存在。

从条款对二者之间关系的表述来看，二者的关系是一种主合同与补充合同的关系。即基本险的条款是主合同，相对应的附加险的条款是主合同的补充合同。二者具有主、附关系，补充合同的存在依附于主合同的存在，而主合同通常可以与补充合同有密切的联系但又不依附于补充合同的存在而存在。通常主合同与补充合同之间的关系都会在主合同或补充合同中有一个说明。即补充合同的未尽事宜以主合同为准，相抵触的部分以补充合同为准。因此，对附加险的解释也应首先联系其所依附的基本险条款的内容。抛开基本险而孤立地对附加条款进行解释显然违背二者的基本关系。

本案涉及的是车上责任的附加险，其所依附的基本险是第三者责任险。即只有在投保第三者责任险的前提下，才能投保车上责任险。我们注意到车损险与第三者责任险中的免责事项是一致的，都包含了无证驾驶引发的保险事故保险公司免责的条款。而在车上责任险中，对此并没有规定，很显然，无证驾驶属于附加险中的"未尽事宜"，在适用附加险时，应当可以引用其所依附的基本险中的规定。所谓"相抵处之处"，是指两部分就同一事项有相反的规定，在这种情况下，可以按合同约定以附加险为准。例如，假设基本险中有一项免责事项中约定：本车上的一切人员和财产的损失均不能向保险公司索赔。这一免责事项与车上责任险承保的内容正相反，很显然就属于有抵触，应当适用附加险的约定。

此案中，两审法院未对保险条款中附加险与主险之间的关系做全面的理解和分析，并错误的运用《保险法》第三十条关于"当保险条款发生歧义时，即要做有利于被保险人的解释"的规定,因此所做出上述判决,对保险公司极不公平。

本文所涉及的案例即是一典型的代表。

因此,保险条款中的内容应当以严谨到不会产生任何歧义为标准。2003年生效的新《保险法》将制定条款的权利更多地赋予保险公司,保险公司完全可以改变原来统颁条款中的一些不严谨和不完美之处,进而减少因条款内容的不严谨而付出不该付出的赔偿。条款的内容有很多新变化,更重要的是保险条款的体例也有一些新变化。特别是对于基本险中列明的责任免除做了一个范围的界定。将适用于基本险和附加险的免责条款界定为"本条款总的责任免除",这就避免了发生此案情况下引用该条款出现歧义的可能。

保险公司在制定保险条款时,应当站在第三方,甚至被保险人的立场来看待条款中的内容,如果有可能产生两种以上的解释,且该解释中只要有一种将对保险公司产生不利后果,那么就应将其修订得更为明确,使其不会引起任何歧义。例如,在本文所涉及的问题上,可把基本险和附加险中均要引用的责任免除本身做一个关于范围的界定,同时再对基本险与附加险的关系加以阐述,避免文中所涉同类案例的发生。

(案例来源:110法律咨询网)

案例3-12 机动车辆保险赔偿计算

一、案情简介

某日,两辆家用机动车发生碰撞事故,推定全损。发生事故时,A车车辆实际价值40 000元,残值1 000元,本车人伤残赔偿额为20 000元,医疗费用赔偿额10 000元。A车投保的是车辆损失险和商业第三者责任险以及机动车交通事故责任强制保险,其中,车身险保险金额为80 000元,是按照投保时的新车购置价确定的,商业第三者责任险每次事故最高赔偿限额为50 000元,机动车交通事故责任强制保险有责任的责任限额为:死亡伤残赔偿限额:50 000元人民币;医疗费用赔偿限额:8 000元人民币;财产损失赔偿限额:2 000元人民币。B车车辆发生事故时实际价值为50 000元,本车人身伤残赔偿额为10 000元。B车投保了车辆损失险保险金额为6万元,是按照投保时实际价值确定的,投保商业第三者责任险,最高赔偿限额5万元,投保了机动车交通事故责任强制保险。经公安部门裁定,A车负70%责任,B车负30%责任。A车的承保人是保险公司甲,B车的承保人是保险公司乙。问A车和B车的承保人各应付多少赔款?

注:车辆损失险,负主要责任的免赔率为10%,次要责任的免赔率为5%;

商业第三者责任险:负主要责任的免赔率为15%,次要责任的免赔率为5%。

二、案例分析

2012年2月23日,中国保监会发布了《关于加强机动车辆商业保险条款费率管理的通知》,规定由保险业协会制定示范条款,由保险公司参照拟订商业车险条款费率报保监会批准。本案例依据保险业协会公布的商业性车辆保险示范条款进行计算。

1. 机动车交通事故责任强制保险赔偿限额

从 2008 年 2 月 1 日零时起实行的机动车交通事故责任强制保险责任限额：

被保险机动车在道路交通事故中有责任的赔偿限额为：死亡伤残赔偿限额 110 000 元人民币；医疗费用赔偿限额 10 000 元人民币；财产损失赔偿限额 2 000 元人民币。

被保险机动车在道路交通事故中无责任的赔偿限额为：死亡伤残赔偿限额 11 000 元人民币；医疗费用赔偿限额 1 000 元人民币；财产损失赔偿限额 100 元人民币。

2. 机动车损失赔款计算

当发生全部损失时，赔款 =（保险金额 - 被保险人已从第三方获得的赔偿金额）×（1 - 事故责任免赔率）×（1 - 绝对免赔率之和）- 绝对免赔额

当发生部分损失时，赔款 =（实际修复费用 - 被保险人已从第三方获得的赔偿金额）×（1 - 事故责任免赔率）×（1 - 绝对免赔率之和）- 绝对免赔额

施救费赔偿。施救的财产中，含有本保险合同未保险的财产，应按本保险合同保险财产的实际价值占总施救财产的实际价值比例分摊施救费用。

3. 商业三者险赔款计算

当（依合同约定核定的第三者损失金额 - 机动车交通事故责任强制保险的分项赔偿限额）× 事故责任比例 ≥ 每次事故赔偿限额时：

赔款 = 每次事故赔偿限额 ×（1 - 事故责任免赔率）×（1 - 绝对免赔率之和）

当（依合同约定核定的第三者损失金额 - 机动车交通事故责任强制保险的分项赔偿限额）× 事故责任比例 < 每次事故赔偿限额时：

赔款 =（依合同约定核定的第三者损失金额 - 机动车交通事故责任强制保险的分项赔偿限额）× 事故责任比例 ×（1 - 事故责任免赔率）×（1 - 绝对免赔率之和）

所以该案例的赔款金额计算如下：

（1）交强险赔偿计算：

B 车车上人员死亡伤残费用 = 10 000（元）

B 车车身损失 = 50 000（元）

因为 50 000 元超过赔偿限额 2 000 元，所以赔偿 2 000 元。

所以 A 车交强险赔偿金额 = 10 000 + 2 000 = 12 000（元）

A 车车上人员死亡伤残费用 = 20 000（元）

A 车车上人员医疗费用 = 10 000（元）

因为超过限额 8 000 元，所以只赔偿 8 000 元。

A 车车身损失 = 40 000 - 1 000 = 39 000（元）

因为超过限额 2 000 元，所以只赔偿 2 000 元。

所以 B 车交强险赔偿 = 20 000 + 8 000 + 2 000 = 30 000（元）

（2）商业三者险赔偿计算：

A 车三者险赔偿金额 =（50 000 - 2 000）× 70% ×（1 - 15%）= 28 560（元）

B 车三者险赔偿 =（40 000 - 1 000 - 2 000 + 10 000 - 8 000）× 30% ×（1 - 5%）
= 11 115（元）

（3）车损险赔偿计算：

B 车车损险赔偿 =（50 000 - 2 000 - 28 560）×（1 - 5%）= 18 468（元）

A 车车损险赔偿 = [40 000 - 1 000 - 2 000 - (40 000 - 1 000 - 2 000) × 30% × (1 - 5%)] × (1 - 10%) = 23 809.5（元）

A 车承保人赔款金额 = 28 560 + 23 809.5 = 52 369.5（元）

B 车承保人赔款金额 = 11 115 + 18 468 = 29 583（元）

（资料来源：相关资料整理改编）

案例 3-13　船舶碰撞如何赔

一、案情简介

某年 10 月 15 日，H 市水运公司为其拥有的一艘新购置机帆船投保了国内沿海内河船舶保险，保险金额按照投保时的重置价值确定为 18 万元。12 月 25 日，该船在航行中与 M 市水运公司一艘轮船相撞，H 市水运公司机帆船自身船体损坏损失 10 万元，M 市水运公司轮船船体损坏损失 12 万元。经航管部门裁定，H 市水运公司应对这次碰撞事故负主要责任，负责赔偿 M 市水运公司轮船船体损坏损失的 80%。H 市水运公司向保险公司提出索赔 17.2 万元的要求，并提供了有关单证和材料。有人认为保险公司应该赔付 18 万元，有人认为应该赔付 10 万元，有人认为应赔 19.6 万元。保险公司应该赔付多少呢（不考虑免赔额和残余）？

二、点评与思考

沿海内河船舶保险主险承保的标的是中华人民共和国境内合法登记注册从事沿海、内河航行的船舶，包括船体、机器、设备、仪器和索具。船上燃料、物料、给养、淡水等财产和渔船不属于本保险标的范围。其赔偿计算方式为：

（1）全损险的赔偿。船舶全损按照保险金额赔偿，但保险金额高于保险价值时，以不超过出险当时的保险价值计算赔偿。

（2）一切险的赔偿。发生全部损失时，按前述全损险规定计算赔偿；发生部分损失时，按实际发生的损失、费用赔偿，但保险金额低于保险价值时，按保险金额与该保险价值的比例计算赔偿；部分损失的赔偿金额以不超过保险金额或实际价值为限，两者以低者为准，但无论一次或多次累计的赔款等于保险金额的全数时（含免赔额），则保险责任即行终止。

（3）船舶碰撞、触碰责任赔偿的规定。保险人对每次碰撞、触碰责任仅负责赔偿金额的 3/4，保险期内一次或累计最高赔偿额以船舶保险金额为限。

（4）共同海损、施救及救助的赔偿规定。保险船舶发生海损事故时，凡涉及船舶、货物和运费方共同安全的，对施救、救助费用、救助报酬的赔偿，保险人只负责获救船舶价值与获救的船、货、运费总价值的比例分摊部分。共同海损、救助及施救三项之和的最高赔偿额以保险金额为限。

本案中投保人以新船足额投保，本船发生部分损失 10 万元，低于保险金额，应该赔付 10 万元；碰撞责任应该另行计算赔偿，本船负 80% 的责任，就是 9.6 万元，按照保险条款关于赔付 3/4 的规定计算,就是 7.2 万元,共计 17.2 万元。

(资料来源:相关资料整理改编)

案例 3-14 船舶沉没 保险公司拒赔怎么办

一、案情简介

被告中国某保险公司上海市分公司(以下简称上海人保)就"仲宇"号轮船的保险向原告上海某轮船公司(以下简称某轮船)开具定期"沿海内河船舶保险单",载明:被保险人为某轮船;险别为一切险。保单"一切险"条款约定,保险人承保因碰撞、触碰等事故引起船舶倾覆、沉没,造成的船舶全损或部分损失;但对于船舶不适航造成的损失不赔偿;被保险人应当确保船舶的适航性,否则保险人有权终止合同或拒绝赔偿。某轮船是"仲宇"号轮船的船舶经营人。该轮船载重 1 300 吨,核定舱载量为前货舱 655 吨,后货舱 645 吨。

"仲宇"号轮船装载 1 260 吨货物(前货舱约 510 吨,后货舱约 750 吨)从宁波北仑港出发驶往上海港,宁波海事局签发了出港签证。次日,该轮行至乌龟岛附近水域时沉没。此时船舶国籍证书、船舶检验证书、船舶营运证书均在有效期内。吴淞海事处的"水上交通事故责任认定书"认定,"由于瞭望疏忽,对流压估计不足及操纵不当,船舶右舷中后部触碰水下障碍物,导致二舱破损进水,致使船舶沉没。"但上海人保认为,"仲宇"号轮船后货舱超载约 105 吨,船舶沉没是其本身不适航所致,且某轮船不是该轮所有人无可保利益。双方争执诉至法院。

二、法院审理与判决

法院经审理认为:(1)某轮船为"仲宇"号轮船的船舶经营人,对该轮具有可保利益;(2)该轮沉没原因系触碰水下障碍物,属保险合同约定的一切险承保范围;(3)该轮开航时的吃水情况与核定设计要求的差距极小,属正常范围,总体上并未超载。前货舱载货约 510 吨,后货舱载货约 750 吨,为配载严重不当。但在未超载情况下,仅以货物配载不当认为船舶不适航,依据不足。上海人保不能证明自己符合免责条件,依法应承担保险赔偿责任。据此,判决上海人保赔偿某轮船船舶全损 279.50 万元及其利息。

三、点评与思考

1. 船舶经营人对船舶具有保险利益

我国保险法规定:"投保人对保险标的应当具有保险利益。""保险利益是指投保人对保险标的具有法律上承认的利益。"因为,如果允许被保险人或投保人就与自己没有利害关系的财物进行投保,并以保险事故的发生来预测自己获得保险金的概率,这无异于以他人财物上的风险作"赌博"。所以,法律规定具有保险利益是被保险人获得保险赔偿的前提。

如何认定有保险利益呢?一般而言,船舶的所有权人对该船舶当然有保险利益,但保险利益不限于所有权,它泛指被保险人与保险标的有法律上的利害关系。以船舶为例,如果某人在有一定风险的船舶营运过程中因船舶的保存而获利,或相反因船舶的灭失、损坏而受到损失,或因此对他人承担赔偿责任,则他与该船舶之间具有利害关系。某轮船作为船舶经营人,即是与船舶具有这种利害关系之人。某轮船有权以自己的名义经营管理船舶,对船舶进行占有、使用、收益;同时也要承担经营管理船舶过程中产生的法律义务、责任和风险。船舶是其实现经营目的,获得预期利润的物质基础。船舶之损毁将阻碍其权益的实现,影响其法律上的地位,亦有可能使其对船舶所有人产生法律责任。所以,某轮船与"仲宇"号轮船的保存或损毁有密切的、法律上的利害关系即保险利益。

2. 船舶不适航与保险人的责任免除

在一切险的情形下,碰撞、触碰事故致船舶沉没,即使船长或船员对此有过失,保险人仍应按照保险合同约定进行赔偿。这是因为被保险人是船舶所有人或船舶经营人,而船长、船员不是被保险人,也不是其代表,船长、船员的过失行为不是被保险人的过失行为,故由此造成的船舶损失仍属于保险人承保的责任范围。所以,虽然涉案航行中船长或船员"由于瞭望疏忽,对流压估计不足及操纵不当",使船舶触碰水下障碍物而沉没,保险人仍应负赔偿责任。

当然,如果船舶不适航,保险人可以免除赔偿责任。依据我国海商法第四十七条规定,承运人应当谨慎处理使船舶处于适航状态,包括船体、船机的结构和性能,船员的配备,雷达、海图等装备和资料,燃料等供应品,可以使船舶正常航行及作业,并抵御航程中通常或能合理预见的风险。如果船舶因不符合上述条件而受损,则保险人有权拒绝赔偿。有时,船舶适航性也与货物装载情况有关。当货物超载,或积载、配载不当,影响到船舶的稳性和操纵性,导致船舶发生事故时,保险人亦有权以船舶不适航为由拒赔。但如果货物超载或积载、配载不当只影响货物而不影响船舶的安全,则不构成船舶保险中的船舶不适航性。而且,"仲宇"号轮船沉没是因船长或船员过失致触碰水下障碍物造成的。即使保险人主张的船舶不适航有据,但该不适航与船舶沉没之间也没有因果关系。所以,保险人仍应承担赔偿之责。

(资料来源:法律快车网)

案例 3-15 鸟撞飞机

一、案情简介

某国某航空公司一架飞机在飞行途中与鸟相撞,造成机毁人亡的惨剧。据权威统计,全世界每年大约发生1万次鸟撞飞机事件,造成的损失有轻有重。当鸟与飞机相向飞行时,即使鸟飞行的速度不快,但由于飞机的飞行速度快,相对速度依然会非常大。例如鸟重1.8公斤,飞机速度700公里/小时,相撞将产生比炮弹还大的冲击力。鸟撞飞机之风险是否属于保险公司承保的风险?

二、点评与思考

飞机保险是以飞机及其相关责任、利益为保险标的的一种运输保险。机身险的保险责任包括飞机在飞行或滑行中以及在地面上,不论任何原因(不包括除外责任),造成飞机及其附件的意外损失或损坏,由保险公司负责赔偿。保险公司还负责因意外引起的飞机拆卸重装和运输的费用和清除残骸的费用。该案例中鸟撞飞机是属于意外事故,该事故未发生前作为一种可能性,是属于意外风险,而在飞机机身损失险、飞机第三者责任险、旅客法定责任险、飞机承运货物责任险中,意外风险是属于保险责任范围内的风险,所以鸟撞飞机风险在上述保险的责任范围内。

(资料来源:李国义,《保险概论(第三版)》,高等教育出版社,2014)

案例3-16　飞机航拍坠毁　3公司被判赔3 000万元

一、案情简介

2002年初,青岛直升机航空有限公司(以下简称青岛公司)代春兰(集团)公司(以下简称春兰公司)从欧洲进口了一架EC-135公务直升机,并负责对直升机进行执管。自2002年5月30日起,春兰公司就对飞机进行了连续投保。前两年,由人保财险独家承保。2004年6月21日,春兰公司第3年投保,此次由3家保险公司共同承保,人保财险、中华联合和太保产险3家保险公司的共保比例份额依次为50%、30%、20%。次日,3家保险公司向春兰公司联合签发了飞机保险单,保险险种涉及飞机机身一切险、法定责任险。其中飞机机身为定值保险,保险金额为人民币3 000万元;法定责任险分项投保旅客座位险和地面第三者责任险,旅客责任险按飞机5座旅客座位每名旅客责任限额50万元,地面第三者责任险为每次事故赔偿限额500万元。

2004年9月2日,浙江省宁波电视台因举办"活力宁波"宣传活动,在报经有关部门批准后,向春兰公司租用直升机进行空中拍摄。2004年9月16日,青岛公司驾驶员夏某、王某驾驶直升机,搭载宁波电视台五名航拍人员执行航拍任务。不幸的是,当天下午3时前后,飞机在宁波失事坠毁,除机尾外机身全部烧毁。机上5名航拍人员3人死亡、2人重伤;机组人员中副驾驶王某死亡,机长夏某重伤。

事故发生当日,春兰公司向保险公司提交了《事故情况报告》,要求保险公司启动理赔并预付保险金。可是,让春兰公司意想不到的是,保险公司既不作理赔,也不明确表示拒赔。针对保险公司的消极行为,2004年12月24日,春兰公司一纸诉状将3家保险公司推上了被告席,请求法院判令3家保险公司共同给付各项经济损失共计3 860余万元。

二、争议及处理

3家保险公司与春兰公司对于双方存在保险合同关系,以及保险标的EC-135公务直升机在保险期间发生了坠毁事故并无争议,但对于因事故所造成的损失是否应当由保险人赔偿,双方发生了争执。

保险公司提出,保单一览表载明的用途为"公务",飞机适航证的使用范围是"公务飞行",但"9·16"事故飞行执行的是"空中拍摄",按照《通用航空经营许可管理规定》,

"空中拍摄"与"公务飞行"是两种不同的经营项目，因此春兰公司飞机的用途不符合保单一览表的规定，所发生的坠机事故不在保单保障范围。

保险公司还认为，春兰公司在本次投保前曾多次将飞机用于空中拍摄，但填写投保单时却故意隐瞒这一事实，仍将用途设定为公务飞行，从保险公司获取最低的保险费率，属于故意不履行如实告知义务。春兰公司在保险期限内改变飞机用途，将飞机租给宁波电视台执行危险程度高于公务飞行的空中拍摄，在此之前也有类似情况，这明显加大了保险标的危险程度，但春兰公司从未及时履行书面通知义务，对于所发生的保险事故，保险公司不承担赔偿责任。

此外，保险公司还提出，"9·16"事故飞行时飞机不适航。春兰公司将飞机用于空中拍摄，改变了适航证核定的"公务飞行"的使用范围，使飞机处于不适航状态。而且，宁波电视台进行空中拍摄期间，在飞机右前部加装机身外固定座椅，未经民航管理部门批准，造成飞机操纵难度加大，使飞机处于不适航状态。

在诉讼中，春兰公司提出请求保险公司支付旅客责任险、第三者责任险在内的法定责任险保险金750万元。对于这一诉讼请求，保险公司表示不能接受。他们认为，责任险是以被保险人对第三者依法应负的赔偿责任为保险标的保险，只有在被保险人依据法律对第三者负有法律赔偿责任时，保险人才履行保险责任，且均为限额赔偿。春兰公司未提供任何证据证明地面第三人提出索赔请求，这方面的损失不存在，春兰公司要求保险公司支付750万元的责任险保险金于法无据。

三、法院审理与判决

泰州中院经审理后认为，在当事人双方未以书面形式约定具体含义的情况下，保单中飞机的"公务"用途宜作宽泛理解，不应简单地等同于狭义的公务飞行，"空中拍摄"不应当被排除于保单用途"公务"范畴。保险公司关于"9·16"事故飞行不符合保单用途的观点，法院不予采纳。

由于双方是3年的续保关系，春兰公司在首次投保后不久，就将保险标的用于空中拍摄并被媒体广泛宣传，在所在区域内已成为众所周知的事实。作为对保险标的负有密切关注义务的保险公司来说，对此应属明知或应当知道，其如果认为空中拍摄不属其承保风险，或虽可承保但应当增加保费的，完全可以及时提出变更或解除合同，或者在下一个年度前就此提出，以做出调整费率或不予承保的决定。但在此后的两个年度里，保险公司又向春兰公司签发了内容条件完全一致的保单。该行为足以认定为弃权，对保险公司应发生禁止抗辩的法律后果。

保险公司指称EC-135直升机加装固定座椅，首先并无确凿证据证明；即便属实，按照1995年民航总局《民用航空器运行适航管理规定》，也不属于"改变航空器、发动机或螺旋桨型号设计"的重要改装，无须履行审批手续。

据此，法院判决3家保险公司按各自承保的比例给付春兰公司飞机险保险金3 000万元，并赔偿春兰公司已支付的事故伤亡人员人道主义慰问金25万元和律师代理费39.1万元。

四、点评与思考

飞机保险应避免恶性竞争。资料显示,失事飞机投保的险种涉及机身一切险和法定责任险,其中飞机机身为定值保险,保险金额3 000万元;法定责任险中分项投保旅客座位险和地面第三人责任险,旅客责任险按飞机5座旅客座位每名旅客责任赔偿限额为50万元,地面第三人责任险为每次事故赔偿限额500万元。保障很全,但总保费只有52.25万元。按此折算,此飞机的保险费率不足1.4%,而国际市场上飞机保险费率一般都在3%以上。

加强条款的管理,避免配给保险条款大而化之。飞机保险条款大而化之,为此案埋下隐患。飞机保险是一种高风险业务,但目前国内各家公司的条款大同小异,不像汽车保险各险种分得很细。比如说,国内的机动车辆保险按用途就分为家用车、公务乘用车、商业运输车等。其中的商业运输车由于使用频度大、风险高,费率水平就比较高。有关人士介绍说,当时承保条件中如果对保险标的用途进行特别约定,就不会造成日后的诉讼纠纷了。此案也正说明了我国的保险发展还处于初级阶段,还有很长的道路要走。3 000多万元的赔款得到的应不仅仅是教训,而是各家保险公司对风险管理和认知程度、对保险资源如何进行保护和开发的长远思考。

(资料来源:网络资料汇总)

案例3-17 重大过失还是一般过失

一、案情简介

某建设单位某大楼建设工程由某建筑公司承包,建筑公司根据业主提供的设计和施工方案进行施工,在没有做维护工程的情况下,进行敞开式开挖并大量抽排地下水,导致施工现场附近地面下沉,结果引起邻近施工现场的一家工厂地面和厂房开裂,进口的精密机器受损,后来建设单位赔偿了工厂各种损失900多万元人民币。建设单位已投保了建筑工程一切险中的第三者责任险,所以建设单位向保险公司索赔。保险公司认为其损失是由其重大过失导致,拒赔。保险公司拒赔对吗?

二、点评与思考

建筑工程一切险中第三者责任险的责任范围规定:"在本保险期限内,因发生与本保险单所承保工程直接相关的意外事故引起工地内及邻近区域的第三者人身伤亡、疾病或财产损失,依法应由被保险人承担的经济赔偿责任,本公司按下列条款的规定负责赔偿。"本案中,工厂的损失不是意外事故所致,而是施工单位和建设单位过失所致。过失是指行为人应注意、能注意而不注意的一种心理状态,表现为行为人应当预见自己行为的后果但由于过于自信而轻信不会发生或疏忽大意,没有采取措施,致使损害发生。在建筑工程一切险的第三者责任险的责任免除中,没有把过失责任作为除外责任。在物质损失险与第三者责任险的共同的除外责任中,把"被保险人及其代表的故意行为和重大过失引起的任何损失、费用和责任"作为除外责任。就是说，一般过失责任应在保险责任范围内，重大过失导致的损失，保险公司不赔。所谓一般过失是指行为人对于通常应当注意并能够注意的事项给予了注意，但没有按照法律规范规定的较高要求去做。重大过失是指行为人不但没有按照法律规范的要求去做，而且连人们应当注意并能注意的一般标准也达不到。施工单位作为具有相当资质等级和专业经验的企业，对在施工现场大量抽取地下水，其可能引起的附近地面的沉降是应该有预见的，但施工单位没有采取必要的防护措施，导致邻近第三者重大的财产损失，这是连一般没有专业知识的人都应当注意的问题，业主和施工单位都没有注意到，因此说业主和施工单位有重大过失。保险公司对此重大过失引起的工厂损失不予赔偿。

（资料来源：李国义，《保险概论（第三版）》，高等教育出版社，2014）

案例 3-18 安装工程险拒赔案

一、案情简介

某包装材料公司有一套进口的聚丙烯薄膜生产线设备安装工程，保险人承保了其安装工程一切险及第三者责任险。2006 年 4 月，被保险人报案，聚丙烯薄膜生产线控制系统发生电压升高导致部分电路板和仪表烧损，284 件集成电路板报全损，报损金额 150 万美元。

调查中发现，在安装过程中，业主方的工程技术人员为赶工期，在生产线配套的变压器未安装就绪的情况下，在工地 315KVA 的临时电源变压器线路中再串联了两个自绕的临时升压变压器（有 380V 升压至 415V 和由 380V 升压至 433V），以便计算机提前对生产线控制系统的子系统进行操作程序加载测试。2006 年 4 月 19 日上午 8 时，工程技术人员再次进行加载测试时，由于安装公司接线工将自绕的临时升压变压器输出线误接入生产线配套的变压器上，致使控制系统的电压，从 433V 再升压至 482V，在超电压的作用下，控制系统部分集成电路板及仪表被损坏。

另外经保险公司调查和审核生产线设备的进口报关单，该全套生产线设备（包括机械、电子控制系统）为旧设备，最早产品生产记录是 1998 年。

二、点评与思考

（1）按照安装工程一切险条款的规定："若保险设备是本次安装前已被使用过的设备或转手设备。则自其试车之时起，本公司对该设备的保险责任即行终止。"本案关键是确认被保险设备为二手设备的前提下，事故损失是因进行试车所致。控制系统对子系统加载就是进行高电压通电向各子系统输入 EWS（工程师工作站）的控制程序调试，电子设备组装完毕后通电进行软件安装，该电子设备就处于功能调试阶段，应归属试车定义范畴。同时，该工程保险单的保险期限为 8 个月，从 2005 年 10 月 15 日至 2006 年 6 月 14 日，其中包括 90 天的试车期，而事故发生在 2006 年 4 月 19 日，已进入投保单确定的试车期间内。保险公司按条款的规定对本起索赔予以拒赔处理。

（2）按照安装工程一切险保险条款的规定，保险人对因超负荷、超电压、碰线、电户、漏电、短路、大气放电及其他电气原因造成电气设备或电气用具本身的损失不负责赔偿责任。被保险人在加载过程中因提供的电源电压超过额定电压的11%以上，且通电时间接近20分钟，结果导致控制系统的部分电路板及仪表因超压损坏。本事故原因是超电压损坏电器设备的典型案例，责任同样属于安装工程一切险的除外责任，保险公司亦不负责赔偿。

（资料来源：中国风险管理网，2012年3月12日）

案例3-19　海上货物运输一切险案例

一、案情简介

A进出口公司曾就一批进口大米在B保险公司投保货物运输一切险。保险单背面印制的海洋货物保险条款规定"一切险"保险责任范围为："除包括上列平安险和水渍险的各项责任外，本保险还负责被保险货物在运输途中又遇外来原因所致的全部或部分损失。"货到后发现部分大米变质，经了解，航行途中没有遇到恶劣天气，货轮舱底及舱壁也没有发现异常情况，鉴定认为上述货物变质是货物撞船后在运输过程中发生的。A公司向B保险公司提出保险理赔申请，B保险公司认为A公司应举证证明保险事故发生的具体性质、原因符合中国人民银行《关于〈海洋货物运输保险"一切险"条款解释的请示〉的复函》中所列明的风险，才能赔付，双方因此发生争议。

二、法院审理与判决

双方争议的焦点：大米在运输过程中发生变质，是不是属于"一切险"的承保范围。

由于在保险单背面印制的海洋运输货物保险条款规定的一切险保险责任范围为"除包括上列平安险和水渍险的各项责任外，本保险还负责被保险货物在运输途中又遇外来原因所致的全部或部分损失。"并未对一切险进行解释、限定，也未附加任何其他说明，因此，根据《保险法》第三十条的规定，从保护被保险人或受益人的利益出发，法院判决A公司胜诉，要求B保险公司按照合同约定予以赔偿。

三、点评与思考

一切险是海洋运输货物保险的主要险别之一，其负责的范围很广泛。它除了承保"平安险"和"水渍险"的各项责任外，还负责承保货物在运输途中由于外来原因所致全部或部分损失。外来原因通常所致的损失有：偷窃、提货不着、淡水、雨淋、短量、混杂、玷污、渗漏、碰损、破碎、串味、受潮受热、钩损、包装破裂、锈损等。

我国保险业的行政主管机关——中国人民银行在关于《海洋运输货物保险"一切险"条款解释的请示》的复函中对一切险承保范围解释如下："海洋运输保险'一切险'是中国人民银行在《关于下发外币保险业务类保险条款的通知》中批准执行的。'一切险'承保的范围是平安险、水渍险及被保险货物在运输途中由于外来原因所致的全部或部分损失。外来原因仅指偷窃、提货不着、淡水雨淋、短量、混杂、玷污、渗漏、碰损、串味、受潮受热、钩损、包装破裂、锈损。"

在具体事务中，一切险的承保责任范围根据当事人之间的约定来确定。本案例中，由于 B 保险公司出具的保险单中对保险责任范围仅规定为"除包括上列平安险和水渍险的各项责任外，本保险还负责被保险货物在运输途中又遇外来原因所致的全部或部分损失。"并未对一切险进行解释、限定，也未附加任何其他说明。根据我国《合同法》第四十一条规定："对格式条款的理解发生争议的，应当按照通常理解予以解释。对格式条款有两种以上解释的，应当作出不利于提供格式条款一方的解释。格式条款和非格式条款不一致的，应当采用非格式条款。"因此，应当按照通常理解来界定"一切险"的性质。

虽然中国人民银行在关于《海洋运输货物保险"一切险"条款解释的请示》的复函对"外来原因"做了解释，但是，关于复函的效力，相关人士存在质疑。首先，央行的复函既不是行政法规，也不是部门规章，只是行政部门的一个意见，并非属人民法院办案时必须要依据或参照之列；其次，作为保险业的行政主管机关，央行只能对其所属的保险公司从事保险业务起指导作用，却并不能干预保险合同的约束力，更不能强制地自动生成为保险单中的一项保险条款；再次，作为保险行业的行政主管机关，央行本身并不具备对保险人与被保险人的争议具体条款进行解释的权力。综上，央行的复函并不能成为保险正确理解海运保险中的"一切险"人肆意解释"一切险"承保范围的依据。因此双方对保险条款中一切险条款的理解发生争议时，应根据《保险法》第三十条规定："采用保险人提供的格式条款订立的保险合同，保险人与投保人、被保险人或者受益人对合同条款有争议的，应当按照通常理解予以解释。对合同条款有两种以上解释的，人民法院或者仲裁机构应当做出有利于被保险人和受益人的解释。"对一切险只能依靠保险单条款和一般概念常识来做界定。B 保险公司主张 A 公司应首先举证证明被保险货物遭受了中国人民银行《关于〈海洋货物运输保险一切险条款解释的请示〉的复函》中所列明的风险理由不能成立。

但如果 B 保险公司的保险单中除了上述内容外，明确提示投保人该一切险属于列明风险，或者将中国人民银行对该条款的解释附于保险单并进行说明和解释，则可以拒赔。

对于海上货物运输保险合同，由于可能遇到的风险情形极其复杂，为避免日后纠纷，要求保险双方当事人必须要对保险合同的重要因素尽可能地实现约定清楚，以保障风险的合理转嫁。

（资料来源：孙阿凡、张建深，《保险学案例分析》，中国社会科学出版社，2013）

案例 3-20　海洋货物运输保险金额和保险费计算

一、案情简介

我国某公司以每箱 50 美元 CIF 向悉尼出口某商品共一万箱，货物出口前，由我公司向中国人民保险公司某分公司投保了水渍险、串味险及淡水雨淋险，其保险费率分别为 0.7%、0.3% 和 0.2%，按发票金额 110% 投保。试计算该批货物的投保金额和保险费各是多少？

二、案例分析

根据规定,保险金额,也称投保金额,是指被保险人向保险公司投保的金额,也是保险公司承担的最高赔偿金额,还是计算保险费的基础。按照国际保险市场的习惯做法,出口货物的保险金额一般按 CIF 价或 CIP 价再加上一定的百分比。此项保险加成率,主要是作为买方的预期利润。按国际贸易惯例,预期利润一般按 CIF 价的 10% 估算,因此,如果买卖合同中未规定保险金额时,习惯上是按 CIF 价或 CIP 价的 110% 投保。保险金额计算的公式是:保险金额 = CIF 货值 × (1 + 加成率)。保险费是被保险人向保险人缴纳的费用。保险费率是指由保险公司根据一定时期、不同种类的货物的赔付率,按不同险别和目的地确定的。保险费则根据保险费率表按保险金计算,其计算公式是:保险费 = 保险金额 × 保险费率。

在本案中,保险总金额 = CIF 货值 × (1 + 加成率) × 10 000 箱 = 50 × (1 + 10%)
= 550 000 (美元)

总保险费 = 保险金额 × 保险费率 = 550 000 × (0.7% + 0.3% + 0.2%) = 6 600 (美元)

(资料来源:相关资料整理改编)

案例 3-21 单独海损与共同海损

一、案情简介

2008 年 10 月,澳大利亚达通贸易有限公司向我国华东吉发有限责任公司订购饲料用玉米 10 000 吨。货船在厦门装船以后直接驶向达尔文港。途中船舶货舱起火,大火蔓延到机舱。船长为了船货的共同安全,命令采取紧急措施,往舱中灌水灭火。火虽然被扑灭,但由于主机受损,无法继续航行。为使货轮继续航行,船长发出求救信号,船被拖至就近的维佳港口修理,检修后重新将货物运往达尔文港。事后经过统计,事故总共造成如下损失:(1) 2 500 吨玉米被火烧毁;(2) 1 300 吨玉米由于灌水不能食用;(3) 主机和部分甲板被火烧坏;(4) 雇用拖船支付费用若干;(5) 因为船舶维修,延误船期,额外增加了船员工资以及船舶的燃料。试问:在上述各项损失中,哪些属于单独海损?哪些属于共同海损?在投保了平安险的情况下,被保险人有权向保险公司提出哪些赔偿要求?为什么?

二、案例分析

共同海损是指当船、货及其他利益方处于共同危险时,为了共同的安全而由船长人为地采取合理的措施所引起的特殊牺牲和额外的费用,这种损失则由受益各方按其财产价值进行分摊。例如,船舶在海上航行时遇到特大风浪,船长不得不抛弃甲板上的部分货物,以确保船货的安全,所抛弃的货物称为共同海损牺牲。而单独海损是指保险标的物在海上遭受承保范围内的风险所造成的部分灭失或损害,即指除共同海损以外的部分损失。这种损失只能由标的物所有人单独负担。在投保了平安险的情况下,被保险人有权向保险公司提出赔偿的有 2 500 吨玉米被火烧毁;1 300 吨玉米由于灌水不能食用;雇用拖船支付费用若干;因为船舶维修,延误船期,额外增加了船员工资以及船舶的燃料。

(资料来源:相关资料整理改编)

案例3-22 责任保险赔偿构成的5个要件

一、案情简介

2001年6月13日,成某将其自有的一辆货车投保了车损险、第三者险、车上人员责任险。

2001年11月23日,成某聘用的驾驶员何某在送货途中,由于车速过快,与正常行驶的一辆货车发生追尾碰撞,何某当场死亡。经交警部门认定,何某负此起事故的全部责任。成某以自己损失较大为由未对驾驶员何某亲属作任何赔偿,随后不久成某向保险公司请求赔偿车上人员责任险赔偿金4万元。保险公司审核后认为此起事故属于车上人员责任险保险责任,随即赔偿被保险人成某4万元。

二、点评与思考

这是一起被保险人由于发生保险事故而产生不当得利的责任保险错赔案。

《保险法》规定:"责任保险是指以被保险人对第三者依法应负的赔偿责任为保险标的的保险。"在我国保险市场中,责任险的快速发展已成为财产保险业务一个新的增长亮点。但在实际的责任保险赔偿工作中,由于多方面的原因,存在诸多错误做法。如本案例,被保险人没有对受害者做出赔偿,保险人却向被保险人赔偿责任赔偿金,致使被保险人得到不当获利。

责任保险赔偿构成5个要件缺一不可:

(1)被保险人发生属于责任保险范围内的保险事故。这是保险人履行赔偿义务的基础。本案例中,成某事前投保了车上人员责任险,后来所发生的交通事故属该保险合同的责任范围。

(2)被保险人对受害者依法应负担损害赔偿责任。这是保险人履行赔偿义务的前提条件。被保险人承担的损害赔偿责任产生的原因有两方面:一是被保险人主观上有过错,即由于被保险人主观过错导致受害者遭受物质上和精神上的损害;二是被保险人根据法律规定的无过错行为产生的损害赔偿责任,此类行为法律有明确的规定,凡属法律明确规定的无过错行为,被保险人必须承担赔偿责任。本案例中的成某对该保险事故没有主观上的过失,但由于他是车辆的所有者,对该保险事故要承担损害赔偿责任,当然,该责任是由无过错行为产生的。

(3)受害者向致害者(被保险人)提出损害赔偿要求。这是保险人履行赔偿义务的必要条件。责任保险的标的是一种无形的民事损害赔偿责任,即被保险人对受害者的损害赔偿责任。如果被保险人有侵权行为,而受害者基于多方面的原因,并没有向致害者提出赔偿要求,根据财产保险补偿原则,被保险人无损失,保险人无须承担赔偿责任。可见,缺乏这一要件，保险人就可以不承担赔偿责任。本案例正是缺少了这一要件，致使被保险人在没有对受害者做出赔偿的情况下获得保险赔偿，从而获得不正当得利。

（4）保险人在责任保险赔偿限额内对被保险人损失予以补偿。这是保险人履行赔偿义务的限制条件。责任保险的保险标的是被保险人在法律上的损害赔偿责任，不是可以用价值衡量的具体的财产，所以责任保险合同中没有保险金额的规定，只有赔偿限额。赔偿限额是保险人履行赔偿义务的最高额。

（5）保险人直接向受害者支付赔偿金应符合法律规定。这是保险人直接向受害者履行赔偿义务的法律条件。《保险法》第五十条规定："保险人对责任保险的被保险人给第三者造成的损害，可以依照法律的规定或者合同的约定，直接向该第三者赔偿保险金。"保险人直接向受害者支付的赔偿金不超过保险合同的赔偿限额。

补偿原则是保险的基本原则之一，这一原则要求保险赔偿金额不可以超过被保险人的损失金额，被保险人不可以从保险中获得额外收益。责任保险是以被保险人对第三者依法应负的赔偿责任为保险标的的保险，因此保险赔偿也必须以被保险人对第三者依法赔偿为前提。

责任保险在我国发展迅速但是依然很不完善，在实际操作中存在许多问题。公众对责任保险的了解非常有限，甚至有的保险公司从业人员也未具备足够的专业水平。因此，加强对责任保险的宣传工作和加强对从业人员的专业培训，是加快我国责任保险发展的重要工作。

（资料来源：相关资料整理改编）

案例3-23 索赔金额不能超过有效保险金额

一、案情简介

2008年7月31日，某货运公司与保险公司订立雇主责任保险合同。保险对象为货运公司所雇用的全部驾驶员，每人死亡赔偿限额是60个月工资，永久性伤残赔偿限额为72个月工资（每人每月工资按1 500元计算）。保险期限自2008年8月1日至2009年7月31日。

2009年7月28日，货运公司驾驶员王某驾车途中出事，造成车辆损坏、货物损失、王某本人受伤及乘坐在驾驶室内的另一名驾驶员张某当场死亡的重大交通事故。经交警部门现场查勘认定，王某违规操作是造成本起事故的原因。根据《道路交通事故处理办法》（以下简称《办法》）第十九条，王某应负本起事故全部责任。交警部门进行事故调解处理，根据《办法》规定由货运公司赔偿王某误工费、住院伙食补助费、护理费、医疗费、8级伤残生活补助费共计37 027元；由货运公司一次性赔偿张某家属72 000元，作为张某死亡补偿费、丧葬费、被抚养人生活费、交通费、住宿费。

之后，货运公司向保险公司提出索赔金额127 027元（其中张某死亡金额90 000元，王某伤残37 027元）。保险公司在审理案件时，获知并查实货运公司曾在另一保险公司投保机动车辆保险附加第三者责任保险、车上人员责任保险、承运货物保险等，并从该保险公司得到赔偿（包括张某死亡、王某伤残的上述交警部门调解处理认定的全部赔款金额）。因此保险公司做出拒赔决定。货运公司不服，于2009年12月向法院起诉，请求法院判令保险公司支付保险金及利息、诉讼费用。

法院判决驳回原告诉讼请求。

二、案例分析

货运公司在两家保险公司分别投保了雇主责任保险及车上人员责任保险，这两个责任保险对张某、王某的赔偿责任是相同的，也就是说货运公司就同一保险标的、同一可保利益、同一事故分别向两家保险公司订立了责任保险合同，属重复保险。

货运公司已从一保险公司获得赔偿，另一保险公司应予拒赔。但后者应根据其承保的雇主责任保险的赔偿限额与另一保险公司承保的车上人员责任保险赔偿限额之总和按比例承担赔偿责任。

投保人不能通过保险获得额外利益，这是损失赔偿原则的基本内容之一。保险实务中，由于各保险公司之间并没有实现完全的信息流通，这给少数人购买重复保险以获取不当利益提供了可能。

（资料来源：网络资料整理汇总）

案例 3-24 路灯不亮导致 80 岁老太太摔成骨折，保险公司是否理赔

一、案情简介

某年，杭州某物业公司给旗下所有小区都投保了公众责任险，一年保险费共计两万余元。当年夏天的某日晚九点，该物业公司管理的一个小区中，一位 80 多岁的老太太在小区楼梯上摔了一跤，造成股骨颈骨折，经及时治疗，共花去医疗费用等 7.5 万元。事后，老太太提出，要物业赔付全部损失 7.5 万元。

该物业公司向投保的保险公司提出赔付请求，保险公司接到理赔请求后进行了现场查看，发现国家规定每级楼梯高度应为 17~18 厘米，而这个小区每级楼梯高度超出国家规定范围 3 厘米以上。此外，由于事件发生在晚上，附近的路灯坏了，物业没有及时修缮，再加上物业未摆放提示性标语，才导致老太太摔成骨折。

二、法院审理与判决

由于案情发生后，物业公司及时向保险公司报案，并经过保险公司的实地察看，认定物业公司确实存在管理疏忽，对此造成的老太太的损失适用于公众责任人保险赔付范围。因老太太的医疗费大部分都由医保报销，最后经过协商，保险公司赔付了 2.67 万元。

三、点评与思考

本案例属于公众责任险中的场所责任险之一，即物业管理公众责任险。近年来，随着居民生活水平的提高，大家越来越重视生活环境质量，而物业管理则是应此需求产生的一个新

行业。物业管理具有以下几个特色：一是管理的业务种类繁、多样，包括小区内的环境、公共设施、保安、人员和其他相关事宜；二是各项业务涉及面多、人广；三是管理对象处于动态之中，可控性低；四是管理对象的金额巨大；五是物业管理是个微利行业。因此物业管理是一个高风险行业，如何使管理中出现的不必要赔偿降到最少、不必要损失降到最低，合理的风险转移是必不可少的，物业管理公众责任保险恰好可以满足这一需求。

物业管理公众责任险主要承保被保险人——物业管理公司在小区内进行物业管理服务时，由于疏忽或意外事件造成第三者人身伤亡或者财产损失后，依法应由被保险人承担的经济赔偿责任，该责任将在合同约定的范围内由保险公司承担。这就使物业管理公众责任险在赔付时必须具备一个重要前提，即其管理对象——业主或访客必须在小区内产生人身、财务损失，而这损失又是因为小区物业管理不善、治理不到位而造成的。

本案中，老太太摔倒的外在原因有两个：一是，该小区每级楼梯高度超出国家规定范围3厘米以上，间接增加了老太太上下楼梯的不方便与不安全；二是附近路灯坏了，物业管理公司却没有及时修缮，也没有摆放提示性标语，导致老太太在不知情的情况下外出，并因为没有路灯而在楼梯上摔伤。由此可见，该小区物业管理公司存在一定的管理疏忽。

同时，物业公司作为小区管理服务的提供者，还需遵守《消费者保护权益法》的规定，对居民在物业管理服务消费中出现的侵权行为、违约行为予以责任承担。本案例中，老太太作为业主，有权合理、安全地享受物业公司提供的管理服务，导致老太太受伤的两项原因，损害了老太太的权益。因此物业公司应该对老太太的摔倒致伤承担完全责任，而这项责任属于物业管理公众责任保险的承保范围，保险公司应该按照合同约定予以理赔。

（资料来源：孙阿凡、张建深，《保险学案例分析》，中国社会科学出版社，2013）

案例3-25　雇员忠诚保证保险拒赔案

一、案情简介

2008年初，广州某公司策划在上海某百货商场举办某产品专柜特卖活动月。该公司通过某人才市场的招聘，雇用了5人担任此次活动的推销员。

某天，该公司急需将价值五万多元人民币的货物从公司驻沪办事处运往商场。公司专用送货车辆均外出未归，负责这次活动的业务员便安排推销员A叫一辆出租车送货，同时联系商场派人在商场门口接货。后推销员及此笔货物失踪。

该公司立即向当地派出所报了案。公安部门对所有线索作了追查，但没有结果。该公司事后根据投保的雇员忠诚保证保险向保险公司提出了索赔申请。

保险公司向该公司的有关人员进行了调查取证，并根据保险单所列明的条款，要求被保险人提供对雇佣推销员A受雇前情况进行查询所获得的证明资料。但事实表明，该公司在雇佣A时未对其受雇前情况作必要的查询。由于被保险人在使用其雇员前，未通过必要的查询来防范其雇员在忠诚信用方面所潜在的风险，因此，保险公司依据保单条款对此案做出了拒赔的决定。

二、点评与思考

雇员忠诚保证保险是诚实保证保险的一种,以被保险人的雇员在受雇期间,因欺骗或不忠诚行为(贪污、挪用款项、伪造账目、偷窃钱财等)而导致其直接经济损失为保障内容的一种保险。雇员的忠诚信用是保障的基础。被保险人转嫁给保险公司的是其雇员在被雇佣期间可能发生不忠诚行为的潜在风险。

参照国际上的习惯做法,我国保险公司现行使用的雇员忠诚保证保险条款都列明,被保险人必须对其雇员受雇前的情况进行查询,并保存查询资料,在索赔时,如有必要应提供给保险公司。通过对其雇员受雇前情况的必要查询来防范被雇佣者在忠诚信用方面潜在的风险,这是被保险人的义务之一,也是保险公司提供雇员忠诚保证保障的前提。

本案中的投保公司对其雇员受雇前的情况没有作必要的查询来防范雇员在忠诚信用方面的潜在风险,不应得到赔偿,保险公司的拒赔理由是充分的。

保险的目的是在被保险人遭受损失后给予经济补偿,使其恢复受损失前的状态。保险给予被保险人的是经济上的保障,而不是对保险事故一定不发生的保证。保险双方当事人都有责任把发生保险事故的可能性降到最低。显然,本案的投保人(被保险人)在投保前没有尽可能地防范雇员的信用风险。由于对保险合同过度依赖,投保人(被保险人)产生了心理风险,但最终仍是遭受损失,而且因其本身的过失得不到保险补偿。

(资料来源:豆丁网资料)

案例 3-26　中化辽宁公司获赔 1 850 万元

一、案情简介

2002 年 8 月 9 日,中国出口信用保险公司对中化辽宁进出口公司签署赔款文件及交付赔款仪式在大连举行。至此,中化辽宁进出口公司(以下简称中化公司)在对古巴出口尿素拖欠案中,因很好地运用了国家政策性工具——出口信用保险,而免除了总计 1 850 万元的企业贸易风险。

中化公司在 2000 年底与古巴化工进出口公司签订了 10 万吨尿素的出口合同,总合同金额为 1 944 万美元,支付条件为 LC360 天。中化公司在中国出口信用保险公司投保。2000 年 12 月 19 日至 2001 年 3 月 22 日期间,按照合同约定分 7 船出运了 9.6 万吨尿素,货值 1 874 万美元。古巴方对中化公司装运的尿素的质量、数量、包装等各方面的履约都很满意,并全部投入使用。但是 2001 年,受种种因素影响,古巴的对外支付面临严重的困难。至此合同的最终付款期 2002 年 3 月,中化公司实际收汇 1 624 万美元,古巴的逾期未付的款项为 250 万美元。

中国出口信用保险公司在收到中化公司的索赔申请后,进行了索赔文件的审核和案情的核实。鉴于拖欠款的责任已认定,该公司决定立即进行赔付,赔偿金额为 224 万美元,合计 1 850 万元人民币。赔偿后,中国出口信用保险公司将行使追偿权,向古巴方追讨欠款。

二、点评与思考

出口信用保险是为出口方提供收汇风险保障的保险，是信用保险的重要险种。

出口信用保险提供收汇风险保障。这样可以直接提高本国出口商品在国际市场上的竞争能力。投保出口信用保险后，出口企业在国际贸易竞争中，可以更放心地使用非信用证方式结算，促成交易。出口企业通过缴纳一定的保险费，换取保险人的赔偿保障，免除由于进口商不付款所遭受的经济损失，并有利于发展新客户，开拓新市场，提高竞争力。

本案例中，出口信用保险为中化公司提供了出口收汇保障，在古巴进口方拖欠款的时候，一方面对中化公司做出赔付，使出口方（被保险人）遭受的损失降到最低（进口方欠款250万美元，保险人赔付224万美元，出口方净损失为26万美元），履行了出口信用保险合同的义务；另一方面向古巴进口方行使追偿权，减少了国家外汇损失。出口信用保险的作用和功能得到充分体现。

出口信用保险在促进出口贸易方面能起到收汇风险保障作用、信息库作用和担保作用等，在外贸业务中有重要的应用。

（资料来源：www.qd.sd.cn）

案例3-27　不足额投保赔偿纠纷案

一、案情简介

2009年12月29日，某公司以2万美元免税购置进口轿车一辆，办理牌照后，即日向某保险公司投保车辆损失险。保险公司承保并出具了"机动车辆保险单"。保险单载明：投保汽车重置价值30万元；保险金额30万元；保险期限自2009年12月29日至2010年12月28日。因国内未进口过此种车，市价不明。经有关汽车经销部门估价国内购置该种车新车最低市价至少应在60万元以上。后该车发生交通事故。某公司立即向保险公司报告了出险情况。在出险地，该公司与保险公司商定先将汽车拖回工厂所在地修理，由公司先垫付施救费、差旅费5 152元。后承修单位、保险公司、某公司三方确定：汽车为部分损坏，部分修理，修理费初步定为22.5万元（含配件18万元），配件由保险公司从国外进口。因提供配件迟延，致修复延期约3个月。实际修理费共计294 099元（含配件23万元）。

为了赔偿问题，某公司经与保险公司协商未果，遂向法院起诉。

原告诉称：所购汽车投保时按重置价值确定保险金额，请求被告履行保险合同，赔偿投保汽车出险后其已支付的全部修理费，并赔偿其已支付的差旅费、施救费和租车费等3万元。

被告保险公司答辩称：保险车辆重置价值约60万元，该公司申报为30万元，属于不足额投保。依照《机动车辆保险条款》规定，投保时保险金额低于重置价值的车辆，应按保险金额与重置价值比例赔偿。如果投保人要求全部赔偿，赔偿金（即修理费）已经等同于保险金额和重置价值，保险公司则有权要求收回出险的汽车。

二、法院审理与判决

法院认为，出险车辆修理费共计应为 294 099 元。承修单位确定修理费为 22.5 万元，被告进口配件迟延，扩大经济损失约 7 万元，应由被告负责。投保汽车重置价值在 60 万元以上，被告要求确认为 60 万元，予以确认。保险金额登记为 30 万元，属于保险范围，应为有效。投保时保险的汽车投保金额低于重置价值，被告请求按保险金额与重置价值之比例赔偿损失，承担修理费用，符合《机动车辆保险条款》规定，应予支持。保险汽车重置价值为 60 万元，登记为 30 万元，属于双方当事人的重大误解，不足额部分的民事行为无效。致使保险合同部分无效，主要是被告未将投保有关事项告知原告以及对原告申请保险的内容审查不严，应负主要责任；原告投保不足，也有一定的责任。

三、点评与思考

本案涉及不足额投保的赔付问题。可以从两个方面分析：

1. 不足额保险的效力认定问题

不足额保险是指投保时确定的保险金额低于保险标的的实际价值。本案作为保险标的的汽车重置价值应为 60 万元，但保险单载明保险金额 30 万元，显然属于不足额投保。对于 30 万元的保险金额，保险公司和某公司做出了一致的意思表示，符合法律规定，认定为有效。而对于重置价值与保险金额的差额部分，即不足额投保部分，是由于当事人双方对保险标的的重置价值做出错误判断而造成的，是错误的意思表示。根据《民法通则》的规定，行为人对行为内容有重大误解的，属可撤销的民事行为，被撤销的民事行为从行为开始起就无效。因此，本案例中保险合同部分内容无效。

2. 本案法律责任的分担问题

《保险法》规定："保险金额低于保险价值的，除合同另有约定外，保险人按照保险金额与保险价值的比例承担赔偿责任。"由于保险合同中保险金额为 30 万元，而重置价值为 60 万元，保险金额与保险价值的比例为 1∶2，所以保险公司应负责修理费的一半。但是，本案中保险公司要负提供配件迟延而导致修复期延长的责任。本案的实际修理费为 29 万元，对于其中的 22 万元，其一半应由保险公司承担比例责任赔偿义务，即赔偿某公司 11 万元；另一半则应该根据对造成合同无效所负的责任的大小，由双方按一定比例分担，余下的 7 万元是保险公司的过失。根据《民法通则》的规定："当事人一方因另一方违反合同受到损失的，应当及时采取措施防止损失的扩大，没有及时采取措施致使损失扩大的，无权就扩大的损失要求赔偿。"保险公司对扩大损失的 7 万元应自己承担。

保险金额的确定有时候是一件艰难的事情，很容易造成不足额保险或者超额保险。当出现不足额保险时，保险人按照保险金额与保险价值的比例承担赔付责任，这可能使得被保险人得不到应有的保障。因此，在保险金额确定的问题上，投保人应该慎重。

（资料来源：根据道客巴巴网站资料整理改编）

第四章

人身保险篇

基本理论

人身保险是以人的寿命和身体为保险标的，当被保险人在保险期限内发生死亡、伤残、疾病等事故，或生存至规定时点保险人给付被保险人或其受益人保险金的保险。

人身保险的种类主要包括：人寿保险、人身意外伤害保险和健康保险。人寿保险是以被保险人的寿命为保险标的，以被保险人的生存或死亡为保险事故（即给付保险金的条件）的一种人身保险；人身意外伤害保险是指以意外伤害而致身故或残疾为给付保险金条件的人身保险；健康保险是指以被保险人的身体为保险标的，使被保险人在疾病或意外事故所致伤害时发生的医疗费用或收入损失获得补偿的一种人身保险。

人寿保险的种类包括普通型人寿保险和创新型人寿保险。普通型人寿保险包括死亡保险、生存保险和两全保险；创新型人寿保险包括分红保险、投资连结保险和万能寿险。

人寿保险的常用条款包括不可抗辩条款、年龄误告条款、宽限期条款、复效条款、自杀条款、不丧失价值条款、保单贷款条款和自动垫缴保费条款等。

作为现代保险业的重要组成部分，人身保险已成个人和家庭不可或缺的保障方式。由于人身保险不受保单份数限制，可以重复购买，体现了投保人对经济保障的需求程度，已经成为弥补社会保险不足的重要方式。而新型寿险产品作为一种重要的投资方式，也已经为越来越多的客户所熟悉的产品而在市场上占有重要的地位。熟悉人身保险的相关业务内容，明确人身保险相关主体的权利和义务关系，可以有效的避免保险纠纷的发生，保障保险主体的合法权益，有利于保护人身保险市场的良好运行。

相关案例

案例 4-1 被保险人未签字的合同是否有效

一、案情简介

江苏南通市丁某常年在外地务工,其妻姜某在家干家务活兼做点小本生意(开一小店)。2010年1月,姜某在某保险公司业务员刘某的劝说下,为其本人及丈夫各购买了一份分红型两全保险。其中,以丁某为被保险人的保单、标准保费20 000元,缴费期间5年,保险期间31年。业务员刘某在引导姜某投保时告知姜某该保险合同只要缴费3年,到第4年就可以还本付息。2013年春节前,丁某的儿子丁小某拿着保单到保险公司营业网点去领本付息时,才知道该保险还要缴费2年,现在退保连本金也拿不全。此时,姜某才将购买保险的情况告知了丁某。丁某听了之后很生气,认为妻子被保险公司业务员骗了。于是向当地的律师进行了咨询。律师告知丁某,案涉保险合同内容中以被保险人丁某死亡为给付条件,丁某从未表示过同意,该合同约定违反相关法律规定,可以此为切入点向法院提起诉讼,请求法院确认该保险合同无效。丁某遂向法院提起诉讼,要求法院确认该保险合同无效。

二、法院审理与判决

经法院审理查明,丁某与姜某系夫妻关系。2010年1月29日,姜某以丁某为被保险人与某人寿保险公司签订了两全保险(B款)(分红型)保险合同一份,保险合同约定保险金额为35 398.23元,保险期间31年,缴费期满日2015年1月28日,标准保费每年20 000元。该保险合同第二条约定,凡出生30日以上、57周岁以下,身体健康者均可以作为被保险人,由本人或对其具有保险利益的人作为投保人向某人寿保险股份有限公司投保本保险。第四条约定,本合同的保险期间为本合同生效之日起至被保险人年满80周岁的年生效对应日止。第五条约定,在本合同保险期间内,本公司负以下责任:一、生存保险金与满期保险金。自本合同生效之日起,被保险人生存至每满三个保单年度的年生效日,本公司按照基本保险金额的9%给付生存保险金。被保险人生存至年满65周岁的年生效对应日,本公司按照基本保险金额的100%给付生存保险金。被保险人生存至保险期间届满,本公司按照基本保险金额的180%给付满期保险金,本合同终止。二、身故保险金。被保险人于本合同生效之日起1年内因疾病身故,本公司按所缴保险费(不计利息)给付身故保险金,本合同终止。被保险人于年满65周岁的年生效对应日前因意外伤害身故,或者被保险人于本合同生效之日起1年后、年满65周岁的年生效对应日前因疾病身故,本公司按基本保险金额的300%给付身故保险金,本合同终止。被保险人于年满65周岁的年生效对应日后身故,本公司按基本保险金额的200%给付身故保险金，本合同终止。保险合同还对红利事项、保险费等其他事项作出了约定。

在该保险合同投保单声明与授权部分投保人栏姜某签名，丁某否认被保险人处签名系其本人所签，姜某陈述被保险人处所签的丁某的名字系人寿保险公司业务员代签，人寿保险公司对此予以否认，但无法确认丁某签名是否为其本人所签。

一审法院审理中，丁某陈述，一直到2013年，其儿子拿着保单到人寿保险公司领本付息时，才知道妻子姜某办理了涉案保险。姜某陈述其自己也办理了和丁某一样的保险，2010年至2012年合计每年缴付40 000元保险费的事情，均未告知丁某。以上事实，有当事人陈述、保险合同、户口簿、缴费单等证据佐证。

一审法院根据上述事实和证据认为：本案合同不是丁某所称的单纯以死亡为给付保险金条件的保险合同，即使丁某没有签字，只是说合同中所涉以死亡为给付保险金的条款不具有约束力，并不导致整份合同无效。相关法律规定，人身保险的投保人在保险合同订立时，对被保险人应当具有保险利益。姜某与丁某夫妻关系，其对被保险人丁某具有保险利益。姜某可以丁某为被保险人投保本案保险合同。姜某投保时的身份系普通家庭妇女做点小本生意。姜某同时办理两份保险合同，年缴费40 000元，对于一个普通家庭来说，确是一笔较大开支，对这种重大支出，姜某不可能不告知其丈夫丁某。丁某说，两份保险已办理了3年他都不知道，这违背常理，令人难以置信。姜某陈述，办理保险时，保险公司业务员说该保险缴费3年就可以还本付息，因业务员未出庭作证，无法确认此陈述是否是事实，但保险公司的回访录音中，姜某的答复是，已收到保单，保险合同的内容已知道了。这说明姜某已阅知了保险合同的内容。

2009年修订的《保险法》规定，以死亡为给付保险金条件的合同，未经被保险人同意并认可保险金额的，合同无效。本案争议的保险合同，保险人给付保险金的条件并不单纯以死亡为给付保险金条件，还包括生存保险金与满期保险金，所以即使双方争议的保险合同中发生死亡事故给付保险金部分条款未经丁某认可，也只能导致该部分无效，丁某要求确认整份保险合同无效依据不足。故此，依据《保险法》第十二条、第三十一条、第三十四条之规定，判决如下：

驳回丁某要求确认保险合同无效的诉讼请求。

案件受理费80元，由丁某负担。

丁某不服一审判决，向中级人民法院提起上诉。

中级人民法院经审理，确认了一审法院认定的事实、证据与适用的《保险法》条文。依据《民事诉讼法》规定，驳回上诉，维持原判。

三、点评与思考

2009年修订的《保险法》第十二条第一款规定：人身保险的投保人在订立保险合同时，对被保险人应当具有保险利益。第三十一条规定：投保人对下列人员具有保险利益：（一）本人；（二）配偶、子女、父母……第三十四条第一款规定：以死亡为给付保险金条件的合同，未经被保险人同意并认可保险金额的，合同无效。第三十四条第一款的规定是本案争议的焦点。该条规定在2009年前的《保险法》中规定：以死亡为给付保险金条件的合同，未经被保险人书面同意并认可保险金额的，合同无效。从该条内容修订前后的变化得知，修订后的《保险法》将上述情形导致合同无效的条件，由被保险人的书面同意并认可更改为被保险人同意并认可，即2009年修订后的《保险法》并不苛求被保险人必须以书面方式同意，只要被保险人同意即可。本案可以认定丁某同意并认可保险金额的事实存在。即使按照姜某的说法，因将缴费期间5年误解成了3年，现在没钱再交保险费用。由此可以判断，丁某及其家人主观上并非拒绝继续履行合同，而是生活状况有了变化（没钱再交保险费用）形成本案讼争，但家庭经济状况的变化无法掩盖也不能代替丁某对姜某办理保险合同应该知道的事实。应当说，根据2009年新修订的《保险法》的相关规定，本案的判决有理有据。

（资料来源：程太和，《中国保险报》，2015年8月13日）

案例4-2 受益人身份无法确定情形下的保险金给付

一、案情简介

2000年4月6日，王某为自己向保险公司投保了1万元终身寿险附加意外伤害保险，身故受益人指定为"王军"。同年6月3日，王某因车祸身故。保险公司经调查，确定属于保险责任。7月4日，王某的父母及妻子、女儿向保险公司提出理赔申请，保险公司经审核发现他们不是保单上指定的受益人，不具有申请资格。但是，申请人称保单上指定的受益人，不具有申请资格。但是，申请人称保险金应作为被保险人的遗产处理，由保险公司支付给法定继承人。

根据保单上显示的资料，受益人"王军"，与被保险人系父子关系。投保书上同时记载了确定受益人"王军"身份的证件是出生证，但投保书未附出生证的复印件，投保书由王某亲笔签字。通过调查，王某所在地的公安局、村委会、计划生育办公室均证明张某只有一个女儿，无二胎指标和超生资料，但是仍然不能完全排除王军的存在。

鉴于本案受益人无法确定其是否存在，如保险公司应申请人的要求按没有受益人处理，将保险金给付法定继承人，则如果受益人确实存在，并向保险公司申请给付保险金，保险公司将承担双重给付的风险。但如果不予受理法定继承人的申请，法定继承人又反映强烈，可能导致与保险公司的诉讼纠纷。

二、点评与思考

本案涉及受益权的纠纷问题，在保险实务中，类似保险公司无法确定受益人的身份、监护人或者范围的案件已不断出现并逐渐增多。保险公司稍有不慎，就可能卷入纠纷的漩涡，遭受经济上或信誉上的损失。此种情况，经常使保险公司处于两难境地：如果给付，但一旦给付错误，保险公司将承担多重给付的风险；如果不给付，又可能卷入诉讼纠纷，平白无故地承担诉讼费等经济上的损失或信誉上的损失。可是事实上，保险公司只是商业性组织，并非国家权力机关，其主要义务就是发生属于保险责任范围内的保险事故后，按照合同的约定赔付保险金。保险公司无权确定受益人存在与否、未成年受益人监护权的归属等问题，并且其判定的结果亦不具备法律效力。如将处理此类受益权纠纷的责任加于保险公司，既对保险公司不公平，也不利于纠纷的妥善解决。

那么，遇到此类情况时，保险公司应当怎么办？我国保险法规并无相应规定。根据美国的保险法例，保险公司在遇到此类情况时，可以"法庭提存"，即可以依照法律程序将理赔案件提交法庭，由法庭去认定索赔人的资格并主持保险金的给付分配。当保险公司将案件提交法庭后，就视为已经履行了给付保险金的义务。此种做法，颇值得在我国的保险立法中借鉴。

目前情况下，保险公司遇到此类情况，可以选择提存公证的方式履行给付保险金的义务。所谓提存公证，是公证处依照法定条件和程序，对债务人或担保人为债权人的利益而交付的债的标的物或担保物进行寄托、保管，并在条件成就时交付债权人。根据1995年6月2日司法部颁布的《提存公证规则》的第五条规定，债务清偿期限届至，有下列情况之一使债务人无法按时给付的，可以办理提存：（一）债权人无正当理由拒绝或延迟受领债之标的的；（二）债权人不在债务履行地又不能到履行地受领的；（三）债权人不清、地址不详或失踪、死亡其继承人不清、或无行为能力其法定代理人不清的。提存公证所产生的法律后果是自提存之日起，债务人的给付义务归于消灭。

保险人基于保险合同所产生的给付保险金的义务为合同之债，保险人无法履行给付保险金的义务既无法履行保险合同之债务，同样可以适用提存公证。保险人办理提存后，即视为已经履行了给付保险金的义务。本案保险金的给付，就是以提存公证的方式结案的。

在保险实务中，当发生受益人因特殊情况不能受领保险金或受益人不清、地址不详或失踪、死亡其继承人不清或无行为能力其法定代理人不清等情形时，均可采取提存公证的方式以避免卷入纠纷。

根据《提存公证规则》的第九条的规定，保险人办理提存公证必须填写公证申请表，并提交以下材料：

（1）保险人的身份证明，包括营业执照副本和法定代表人身份证明，如委托代理，须提供授权委托书；

（2）保险合同及相关给付材料；

（3）证明符合提存公证条件的材料；

（4）提存受领人的姓名、地址、邮编、联系电话等；

（5）保险金的数额、币种等明细表。

（资料来源：董雪梅，《投资与保险案例选编》，黑龙江教育出版社，2004年）

案例4-3 死亡顺序对保险金受益权的影响

一、案情简介

被保险人王某（小学生）于2008年6月由母亲为其投保了儿童平安健康保险，保险金额为3万元（意外死亡情况下），投保时未指定受益人。王某的父母于2006年离异，王某与母亲一起生活在外公家里。

2008年10月20日王某与母亲乘车途中发生车祸，母子二人双双身亡。根据少儿平安健康险条款的规定，属于保险责任，应给付平安保险金3万元。几乎同时，被保险人王某的外公与其生父各自向保险公司申请领取该笔保险金，遂引起争议，诉至法院。

二、点评与思考

这是一起由于夫妻离婚、投保时又未指定受益人而导致出险后受益人如何确定的纠纷案。要合理确定谁具有保险金领取权，需要运用到《保险法》、《婚姻法》和《继承法》等法规。

我国《保险法》规定："（人寿保险）……没有指定受益人的，保险金作为被保险人的遗产，由保险人向被保险人的继承人履行给付保险金的责任。"《继承法》第十条则规定："……被继承人的父母为第一顺序的继承人"，而《婚姻法》第二十九条规定："父母与子女间的关系，不因父母离婚而消除。离婚后，子女无论由父方或母方抚养，仍是父母双方的子女。"也就是说，夫妻之间的权利、义务关系消失之后，他们与子女间的权利、义务关系并不因此而消失。因此，本案中王某之父才是唯一的第一顺序继承人，享受保险金的领取权。保险金应给付王某之父。

值得一提的是，本案中母子二人的死亡顺序是影响保险金转化为遗产后分割的重要情节。由于按寿险理赔中"多人同时出险（无法确查）即假定为年幼者后死亡"的基本原则，保险公司认定王某后死亡，王母先死亡而不能做为继承人，王父才可以全额领取保险金。由此可以得出结论：未指定受益人的情况下，夫妻离婚后，在对子女的保险金受益权上双方都不受影响，享有平等的受益权。本案中王某之父可领取3万元保险金。

本例是关于多人同时出险而致保险金受益权的确定问题。由于本案在合同签订时没有指定受益人，因此可以肯定的是，当被保险人死亡后，保险金肯定转化为其遗产处理。本例中，由于被保险人和其母（其第一顺序继承人之一）同时出险，因此死亡顺序的不同，将导致遗产分割的不同。若儿子先于母亲死亡，那么父亲和母亲将平分保险金，母亲随后死亡，母亲所得的保险金就作为母亲的遗产再由被保险人的外公继承；若母亲先于儿子死亡，那么由于被保险人只有唯一的一个第一顺序继承人——王某之父（根据法律规定，父母离异后，双方仍有对其子女遗产的继承权），因此父亲将领取全额保险金。而王某的外公，则没有继承权。

然而，本案有个值得深思的问题是，如果按照通常在理赔中遵循多人同时出险（无法确查）又无继承人时即假定为年幼者后死亡的基本原则，因此，在此案中就会出现其父全额领取保险金的结果。事实上，王某的父母离婚后，王某随母一直生活在外公家，母子受到外公的关爱。现在如果假定王某之父在离婚后就根本不管王某母子两人。这种假定年幼者后死亡的基本原则带来的结果，对日常为王某母子辛苦操劳的外公而言，失去了女儿和外孙，还分文不得。对啥事不管的王父而言，却合法得到一笔钱财。当然，法律大于情理，但是，就本案来讲，判决结果实在让人难以心安。

（资料来源：蒲成毅，《保险案例评析与思考》，机械工业出版社，2003年）

案例 4-4 受益人与被保险人同时死亡如何给付保险金

一、案情简介

2008年5月，女儿赵某为母亲田氏投保了终身寿险，经母亲同意，受益人为赵某自己。赵某有一个哥哥叫赵刚，好吃懒做，四处游荡，赵某正是考虑到这一点，怕母亲年老无人赡养才为她买了保险。2009年9月，赵某回娘家看望母亲，不料因煤气泄漏，赵某和母亲田氏双双中毒身亡。远在外地的赵刚得此消息后，赶回家里办了丧事。当他知道母亲投保后，认为自己是母亲的亲生儿子，是法定继承人，有权领取保险金，于是向保险公司提出申请。

二、争议及处理

本案的争议在于受益人和被保险人同时死亡时谁有权向保险公司申请受领保险金，赵某的丈夫和赵刚都认为自己应该受领保险金。

在保险公司内部也产生了分歧，一种意见认为，被保险人田氏年长于受益人赵某，故应认定她先于赵某死亡，即受益权已转化为现实的财产权，保险金理应作为受益人赵某的遗产，由其继承人继承；另一种意见认为，根据人身保险理论，习惯上往往认定被保险人是为自己的利益而订立人身保险合同的，故本案中保险金应作为被保险人田氏的遗产处理，由其尚生存的法定继承人赵刚领取。最后保险公司认定被保险人田某的身故保险金应由被保险人的儿子赵刚领取。

三、点评与思考

本案中保险公司究竟应向谁给付保险金，关键在于确定赵某与其母田氏的死亡顺序。

本案中，投保人赵某以其母田氏为被保险人办理保险，在征得被保险人同意后，指定受益人为赵某自己，该寿险合同成立合法有效。本保险单的保险金应当受到法律保护。在人身保险理论上，通常将造成受益人与被保险人在同次死亡的保险事故称之为"共同灾难"。共同灾难的发生导致被保险人和受益人死亡的情况在时间上可能确定，也可能不能够确定。

本案如果受益人赵某（田某之女儿）先于被保险人田某死亡，合同又没有其他受益人，则该受益权因此而丧失，受益权一般不能作为受益人的遗产由受益人的继承人予以继承，保险金的请求权仍归被保险人，被保险人可以重新指定新的受益人；如果被保险人还未及指定新的受益人而死亡，则该保险金应作为被保险人的遗产由其继承人继承。对此我国《保险法》第四十二条规定："被保险人死亡后，遇有下列情形之一的，保险金作为被保险人的遗产，由保险人依照《继承法》的规定履行给付保险金的义务：（一）没有指定受益人的，或者受益人指定不明无法确定的；（二）受益人先于被保险人死亡，没有其他受益人的；（三）受益人依法丧失受益权或者放弃受益权，没有其他受益人的。"

相反，如果被保险人先死亡，受益人在未及受领保险金在被保险人之后死亡，那么，受益人的期待权已经转化为现实的财产权——债权，这种债权应由受益人的继承人继承，受益人的继承人可以向保险公司请求受领保险金。亦即受益人的保险金请求权利是以受益人尚生存者为限。

假如本案被保险人田某与其女儿赵某（受益人）同时死亡，或者无法判定谁先死亡，此时就产生谁有权受领保险金的问题。为了解决这一问题，基于被保险人是为自己的利益而投保，寿险合同首先应保障被保险人及其近亲属的利益的思想。在人身保险实践逐渐形成了一个较为一致性的做法——"共同灾难条款"，即当受益人与被保险人死于同一灾难且无法分清先后时，则推定受益人先于被保险人死亡，保险金由被保险人的继承人领取。目前，我国保险法和人身保险合同虽然对此并没有明确规定，但是在实践中都是按照这一规定精神处理类似问题。因此，本案被保险人田某的身故保险金应由被保险人的儿子赵刚领取，而不是受益人（田某之女）的继承人——田某女儿的丈夫、被保险人田某之女婿领取。

（资料来源：曾国城，《受益人与被保险人同时死亡索赔案》，2012年）

案例4-5 如何认识不丧失现金价值条款

一、案情简介

2009年1月5日，韦某经某人寿保险公司营销员李某介绍，向人寿保险公司投保主险康泰终身保险及附加险"意外伤害"险和"住院安心"险各5份。合同订立后，韦某于2009年1月5日、2010年1月9日各交保险费1 384元。2010年9月，韦某向人寿保险公司提出退保申请并交付了有关材料，但人寿保险公司仅同意退还现金价值725元。韦某认为解除保险合同后，保险公司扣除手续费过高，于2011年1月7日向当地人民法院提起诉讼，请求法院判令被告返还多扣除的保险费2 043元。

二、争议及处理

本案涉及对人身保险合同中"不丧失价值条款"，也就是对保险条款中"现金价值"一词的理解。一审法院经审理后认为，原告韦某在自愿的情况下，交纳了保险金，购买了人寿保险，在投保时，被告已向韦某明确说明了不丧失价值条款等内容，并书面声明中途退保会带来经济损失，而原告在投保时间满2年的情况下申请解除保险合同，被告同意解除，双方意思表示一致，至此，原、被告之间的保险合同关系解除。原告诉称在退保时被告扣除手续费过高，因未能提供相关证据证明被告扣除的手续费过高，故其诉讼请求本院不予支持。据此，一审法院判决驳回原告韦某的诉讼请求。一审后，双方均未上诉。

三、点评与思考

不丧失价值条款，又称为不丧失价值任选条款。除定期保险外，一般人身保险合同在交付保险费一定期间后都有现金价值。这种价值一般称之为不没收价值或不没收给付。也就是说，人身保险费交给保险人后，其中一部分用于支付保险人的费用，剩下的大部分没有用出去，积存了一定的责任准备金。保险事故发生前，投保人也可以利用这部分现金价值。如果发生保险事故，投保人可以取回全部保险金，即使投保人不愿继续投保而致使保险合同失效时，也不能剥夺投保人应享有的现金价值的权利，因此称为不丧失价值条款。投保人有权任意选择有利于自己的方式来处理这种现金价值。

（1）可以借款。保险合同满一定期限后，投保人可以将保险合同交给保险人作质押，向保险人借款。质押借款所借数目一般不得超过保险合同的现金价值，并须支付利息。如果借款本息等于或超过保险合同的现金价值时，投保人应予以清偿，否则保险合同即为失效。

（2）保险合同具有现金价值后，如投保人停交保险费，即可将此现金价值作为一次交纳的保险费，仍可享受保险保障，仅仅是减少保险金额，或保险金额不变而将原来的终身保险改为定期保险而已。

（3）投保人也可以放弃保险，办理退保手续，领回这部分现金价值。我国《保险法》第四十七条规定："投保人解除合同，保险人应当自接到解除合同通知之日起三十天内，按照合同约定退还保险单的现金价值。"

本案中，韦某在投保时，人寿保险公司在保险合同签订前已向韦某明确说明了不丧失价值条款等内容，不存在保险公司未履行如实告知义务的问题，并且韦某是在已交足两年保险费后向人寿保险公司提出退保申请，根据我国《保险法》及保险条款对不丧失价值条款及现金价值的规定，保险公司按现金价值支付退保金并无不妥。

（资料来源：张洪涛，《人身保险案例分析》，中国人民大学出版社，2012年）

案例4-6　超过宽限期未缴费，保险公司是否承担保险责任

一、案情简介

2003年12月2日，林某在某保险公司营销员王某的动员下向保险公司投保了"鸿寿养老保险"，基本保额为3万元，意外保额为6万元。2005年2月7日深夜，被保险人林某驾驶一辆三轮摩托车在郊区的一条公路上正常行驶时，一部东风牌卡车从其后部违章超车时，因车速过快，将林某连车带人撞倒在路旁水沟里，林某头部受重伤，送医院抢救无效于2005年2月8日死亡。事故发生后，受益人林某的妻子王某持鸿寿养老保险单等资料来到保险公司，以林某意外死亡属保险责任范围为由申请给付意外伤害保险金6万元。

保险公司接到报案及索赔申请时，进行了认真调查。经调查发现，投保人林某本应于2004年12月2日交付第二期保险费，但其并未及时交付，直至60天宽限期满（2005年2月2日）日，投保人仍未交付保险费。保险公司据此认为，被保险人林某2005年2月8日死亡时，由于保险合同效力已经中止，且未及时复效，保险公司对该次事故不承担保险责任。因此，拒付意外伤害保险金。

二、争议及处理

本案是一起因合同效力中止后未及时复效导致的拒付案。主要涉及人身保险合同中的宽

限期条款。本案中,林某在宽限期内没有及时交纳保险费,保险合同效力中止。

三、点评与思考

宽限期条款,又称交付保险费的宽限期间,或优惠期间。人身保险合同规定宽限期条款,一方面是为了方便投保人,另一方面是为了不使保险合同轻易失效,巩固保险人的已有业务。因为一般人身保险合同都是长期性合同,需要投保人几年、几十年地按期交纳保险费。有时难免会因投保人的疏忽或经济困难等原因,不能按时缴费。如果因此而导致保险合同无效,则对投保人、保险人双方都不利。有了宽限期,即使投保人未按约定的期限交付保险费,但只要未超过宽限期,保险合同仍然继续有效。但在宽限期内发生保险事故时,保险人可以在应给付的保险金中扣除欠缴的保险费。投保人超过宽限期未缴保险费,将导致保险合同效力中止或失效。除非被保险人要求复效,否则保险人不能要求投保人补交保险费。

宽限期可以是 15 天、20 天、30 天不等,但大多数国家和地区一般规定为 30 天。我国《保险法》第三十六条则规定:"合同约定分期支付保险费,投保人支付首期保险费后,除合同另有约定外,投保人自保险人催告之日起超过 30 日未支付当期保险费,或者超过约定的期限 60 日未支付当期保险费的,合同效力中止,或者由保险人按照合同约定的条件减少保险金额。"因此,我国的法定宽限期较长,为 60 天。本案中,保险合同双方所使用的"鸿寿养老保险"条款第四条也规定:"第二期及第二期以后的分期保险费到期未交付时,自保险单所载交付日期的次日起 60 日为宽限期;逾宽限期仍未交付且无保险费垫交的,本合同自宽限期间终了的次日起效力中止。"

被保险人在规定的宽限期内发生保险事故的,保险人应当按照合同约定给付保险金,但可以扣减欠交的保险费。被保险人在宽限期后发生保险事故的,则保险公司可根据《保险法》及保险合同条款规定,认定该合同效力中止,对宽限期后的保险事故不承担保险责任。本案中,林某在宽限期内没有及时交纳保险费,保险合同效力中止。

(资料来源:欧阳天娜,《人寿保险理赔概论》,中国金融出版社,2005 年)

案例 4-7 被保险人畏罪自杀保险人是否承担责任

一、案情简介

2009 年 4 月,刘某以其儿子张甲为被保险人,投保某保险公司某款分红型两全保险产品,保额为 10 万元,受益人为刘某和张甲的父亲张某。保险合同订立后,投保人刘某缴纳了三期的保险费。2012 年 2 月,被保险人张甲在自家将妻子高某杀死,后畏罪自杀。张甲父母以被保险人自杀为由,向某保险公司提出索赔申请,要求保险公司按照被保险人自杀给付保险金 10 万元。某保险公司认为被保险人的该种身故情形并不符合《保险法》中关于被保险人自杀的规定,应当按照《保险法》的相关规定退还保险单的现金价值。考虑到该案情况特殊,某保险公司对该份保单的保险费予以全额退还,返还金额为 7 125 元。张甲的父母不服,遂起诉至法院。

二、法院审理与判决

一审法院认为，被保险人张甲在自家将妻子高某杀死，后畏罪自杀，其行为符合《保险法》第四十五条关于被保险人故意犯罪导致其死亡的情形。关于张甲父母张某、刘某提出依据《保险法》第四十四条规定，在合同生效之日起 2 年之后自杀的，保险公司有义务理赔的观点。因被保险人张甲故意杀人，其故意犯罪行为是该款两全保险（分红型）条款约定的责任免除范围，虽保险合同已满 2 年，但被保险人张甲之前的故意犯罪行为与之后的畏罪自杀死亡后果之间存在直接的因果关系。因此，不能适用《保险法》第四十四条规定，刘某、张某的诉讼请不能成立，本院不予支持。

二审法院认为，一审法院认定的被保险人张甲之前的故意犯罪行为与之后的畏罪自杀死亡后果之间存在直接的因果关系的结论是有相关材料证明的。经查，公安机关的出警证明以及某机关出具的鉴定文书，能够证明被保险人张甲实施杀妻与自杀之间存在必然的因果关系。因此，一审法院认定事实清楚，适用法律正确，作出维持一审判决的决定。

三、点评与思考

保险合同成立已满 2 年的，被保险人在杀害他人之后自杀的，是否适用《保险法》第四十四条关于自杀的规定，受益人是否有权要求保险人给付保险金。

（1）《保险法》第四十四条、第四十五条的规定。《保险法》第四十四条规定："以被保险人死亡为给付保险金条件的合同，自合同成立或者合同效力恢复之日起 2 年内，被保险人自杀的，保险人不承担给付保险金的责任，但被保险人自杀时为无民事行为能力人的除外。保险人依照前款规定不承担给付保险金责任的，应当按照合同约定退还保险单的现金价值。"

《保险法》第四十五条规定："因被保险人故意犯罪或者抗拒依法采，取的刑事强制措施导致其伤残或者死亡的，保险人不承担给付保险金的责任。投保人已交足 2 年以上保险费的，保险人应当按照合同约定退还保险单的现金价值。"保险法将故意犯罪行为和两年内自杀行为列为免除保险人赔偿责任的目的是避免道德危险的发生，遏制被保险人通过保险获得不当经济利益的企图。

（2）自杀与犯罪条款之冲突。对照《保险法》第四十四条和第四十五条的规定，会发现两者存在矛盾之处。拿本案来说，如果按照《保险法》第四十四条规定，被保险人张甲属于自杀，且合同成立已超过两年，所以，保险公司应该给付保险金。但如果按照《保险法》第四十五条规定，被保险人张甲属于故意犯罪行为，保险人不承担给付保险金的责任。由于其已交足 2 年以上保险费，所以保险人应当按照合同约定退还保险单的现金价值。那么，本案到底是适用《保险法》第四十四条还是第四十五条的规定呢？

（3）畏罪自杀是否等同于故意犯罪导致死亡。由最高人民法院保险法司法解释起草小组编写的《中华人民共和国保险法保险合同章条文理解与适用》一书中指出，被保险人故意犯罪导致其伤残或者死亡，是指犯罪实施阶段发生的死亡或伤残，而不是在犯罪预备阶段、犯罪中止阶段或者犯罪行为结束后发生的死亡或伤残。

故意犯罪过程包括发生、发展和完成 3 个阶段。被保险人张甲杀死妻子并离开现场，犯罪行为已经结束。张甲畏罪自杀，我国刑法没有禁止，所以不构成犯罪。而《保险法》第四十五条规定的因被保险人故意犯罪或者抗拒依法采取的刑事强制措施导致其伤残或者死亡的，保险人不承担给付保险金的责任，是指被保险人在犯罪过程中死亡。而张甲犯罪完成之后服毒自杀，不是在犯罪过程中死亡的，因此，他的行为不属故意犯罪。在判定保险人是否因被保险人故意犯罪而免除保险责任时，尤其要强调被保险人实施的犯罪行为与其自身伤亡结果之间因果关系的直接性和必然性。

结合本案，公安机关已经认定张甲的杀妻行为与自杀行为具有直接的因果关系。那么，公安机关的结论是否具有证据效力，也就是说，法院能否认可呢？

（4）被保险人已经死亡，无法追究其刑事责任，如何认定被保险人因故意犯罪而死亡。《刑事诉讼法》第十二条规定："未经人民法院依法判决，对任何人都不得确定有罪。"在很多情况下，受控人往往以"无罪推定"、"未经审判程序不得认定被保险人有罪"为由，否认被保险人具有故意犯罪的行为。

针对这种情况，最高人民法院的倾向性意见是，公安机关作为行使侦查权的行政机关，其在侦查过程中收集到的各种证据以及依据这些证据所作出的侦查结论，就其性质而言，虽然不是生效的刑事判决，但是公安机关的侦查结论以及刑事侦查案卷中的其他证据，同样可以作为民事诉讼中的证据使用，审理保险合同纠纷这一民事案件的法院虽然不能凭借上述证据作出被保险人有罪的结论，但可以凭借这些证据认定被保险人实施了故意犯罪的行为。

结合本案，公安机关的出警证明以及某机关出具的鉴定文书，能够证明被保险人张甲实施杀妻与自杀之间存在必然的因果关系。

故被保险人张甲的行为属于故意犯罪。可见，刑法上的故意犯罪与保险法上的故意犯罪有时可能存在差异，但不影响法律适用的统一性，而是追求立法原意的需要。

（5）自杀与故意犯罪的竞合。对照《保险法》第四十四条和第四十五条的规定后，会发现在某些情况下，被保险人自杀与被保险人因故意犯罪而造成其自身死亡存在竞合现象。例如，被保险人因对生活失去信心而决定自杀，为扩大影响，被保险人乘坐公共汽车过程中引燃汽油自焚，除导致自身死亡外还造成大量人员伤亡。一般而言，被保险人的自杀行为，虽然不符合社会道德的通常要求，但尚不构成犯罪。不过，如果被保险人在实施自杀时造成其他严重危害社会的后果，该自杀行为即构成犯罪。在此情形下，不能认定被保险人死于自杀，进而根据该自杀行为是否发生在保险合同成立或者效力恢复之日起两年内，判断保险人是否应当承担保险责任。此时应当认定该被保险人因故意犯罪导致其自身死亡，进而判定保险人免除保险责任。

综上所述，应适用《保险法》第四十五条，认定被保险人张甲属于故意犯罪行为，保险人不承担给付保险金的责任。由于其已交足 2 年以上保险费，所以保险人应当按照合同约定退还保险单的现金价值。

（资料来源：王睿，《中国保险报》，2015 年 9 月 8 日）

案例 4-8 投保 3 年后退保如何计算保单现金价值

一、案情简介

罗某于某年 9 月在某保险公司投保了 6 份终身寿险。第 3 年 9 月，罗某因家庭收入锐减要求退保。保险公司按《保险法》及合同条款规定，投保两年以上的保险业务退保，应退还保单现金价值，于是根据该险种现金价值表确定退保金为 2 723 元。但是，罗某声称自己的保单中无现金价值表，签订合同时保险公司及其代理人也未解释条款中现金价值的意义，自己对保单现金价值的理解为已交全部保费，因此主张保险公司退还已交的全部保费 7 300 元。双方由此发生纠纷。罗某不服，在第 4 年 3 月，将保险公司告上法庭。

二、法院审理与判决

法院做出的判决是：该合同应予以撤销，因投保人在订立合同时存在重大误解。造成重大误解的直接原因是保险公司未尽如实告知义务，因此，保险公司负有过错责任，应退还其所交的全部保费 7 300 元。

三、点评与思考

分析认为，法院的判决值得商榷。

(1) 对该合同是否应以重大误解予以撤销尚存疑问。一般说来，构成重大误解合同要求具备以下条件：第一，合同一方误解了与合同双方当事人的主要权利和义务相关的合同内容，如标的、价款数额、履行方式和地点、违约责任以及其他的合同重要条款等。第二，合同一方对该内容理解的正确与否足以影响其签订合同的意愿，即重大误解合同的订立违背了当事人意思表示真实、意思自治的原则。本案中现金价值是在发生退保时保险人应退还给投保人的利益，并非保险人承担的主要合同义务，投保人将现金价值理解为已交的全部保费并非影响其决定是否投保的关键因素，所以投保人对现金价值含义的误解不能算是"重大"，合同不应撤销。

(2) 即使合同予以撤销，根据《合同法》第五十八条规定："合同无效或被撤销后，因该合同取得的财产，应当予以返还；不能返还或没有必要返还的，应当作价补偿。有过错的一方应当赔偿对方因此所受的损失"。据此，本案中保险合同双方首先应相互返还对方给予的利益，保险公司应返还所收的保费及利息；对于投保人，在合同订立后的两年多期间，保险公司确实履行了保险合同的义务，投保方享受了保险公司提供的保险服务。（如果发生保险责任事故，保险人应予给付。）该服务虽为无形，投保方却也取得了实际利益，对该利益，投保人也应返还或作价补偿。补偿的额度为保险人在这两年期间内承担的保险责任所对应的自然保费。法院的判决结果违背了公平原则，法院只判保险公司退还保费，执行结果无疑是投保人获得了额外利益，有失法律的公正，有悖于公平原则。

我国寿险业现在还处于起步阶段，公众对保险缺乏了解，存在认识误区在所难免。寿险保单的现金价值概念涉及到寿险操作的内在本质，具有相当的专业性技术性，一般投保人若非保险公司予以解释，是很难理解它的含义的。我国寿险业发展早期，精算技术落后和业务操作不规范带来许多遗留问题，如许多老保单都没有附上现金价值表。保险公司应在售后服务时予以弥补，今后杜绝此类事件发生。

（资料来源：董雪梅，《投资与保险案例选编》，黑龙江教育出版社，2004年）

案例 4-9　人身保险如何认定不可抗辩期

一、案情简介

2012年8月25日，李某为其父亲李某某投保人身保险（保额8万元），附加重大疾病保险（3万元）。2012年3月28日至5月3日，被保险人李某某经医院诊断为"右肺腺癌脑转移"，2014年9月11日（合同成立已满两年），被保险人向保险公司申请重大疾病保险金理赔。经保险公司调查核实：2013年8月10日至8月24日（8月25日投保），被保险人在某医院住院治疗，诊断为"右肺腺癌"；后续，被保险人在该医院内连续因"右肺腺癌"住院9次，但均未申请理赔。2014年9月17日，保险公司作出解约、拒付的理赔决定，2014年10月25日，被保险人李某某以超过两年抗辩期为由诉至法院，要求给付3万元重大疾病保险金。后自行撤诉。

二、争议及处理

被保险人投保后两年内出险、争论点集中在两年后申请理赔是否适用"两年不可抗辩条款"？

保险公司认为事故是在合同签订以前发生的，投保人未履行如实告知义务，因此保险公司不应该承担责任，对于隐瞒的保险事故，保险人不负责赔偿或给付保险金。

而投保人认为投保两年后保险公司不能解除合同，应承担给付保险期内保险事故的给付责任。此案中保险合同解除的时间为2014年9月17日，已经超过两年，应该承担理赔责任。

三、法院审理与判决

2014年11月20日，法院根据《保险法》第十六条第三款"自合同成立之日起超过两年的，保险人不得解除合同；发生保险事故的，保险人应当承担赔偿或者给付保险金的责任。"保险人不得解除合同的前提是自合同成立之日起超过两年后新发生的保险事故。本案中保险合同成立时保险事故已经发生，受益人、被保险人在合同成立时未说明"右肺腺癌脑转移"的真实情况，未履行如实告知义务，而之后诊断为"右肺腺癌"先后住院也未尽到及时通知的义务，有保险欺诈的嫌疑。运用不可抗辩条款进行索赔，不能得到支持。

而保险公司在签订合同时也未履行认真核保的责任，可能诱发被保险人或投保人发生道德风险，保险公司也应承担一定责任。另外，投保期间保险公司一直收取保费，对于被保险人也是一种经济支出。

因此，综合两方面的考虑，法院做出如下判决：保险公司退还所有保费给投保人，撤销保险合同，被保险人及受益人不能获得保险金的给付。

四、点评与思考

通过对本案例的梳理，我们再仔细阅读一下《保险法》第十六条第三款的规定："自合同成立之日起超过两年的，保险人不得解除合同；发生保险事故的，保险人应当承担赔偿或者给付保险金的责任。"从该条条文分析，"自合同成立之日起超过两年保险人不得解除合同"是指保险人不得解除合同的前提是自合同成立之日起超过两年后新发生的保险事故，即：保险人仅对两年后"新发事故"赔付。本案中保险合同成立时保险事故已经发生。受益人、被保险人在合同成立两年后请求支付保险金，并以保险法第十六条第三款进行抗辩，是对该条文的断章取义，不应得到支持。

目前，审判实践中对于"两年不可抗辩条款"的理解与适用存在争议。对于两年内出险但两年后才申请理赔的情形，保险合同能否解除，保险人是否立赔付意见并不统一。

另一方面，社会上一些人员在沟通交流时传授一种"理赔技巧"，即利用"两年不可抗辩"规则获得不当赔付，主张所谓："投保时不告知，只要两年内坚持不理赔，挺过两年都可以得到赔付"。对此行为，从立法本意、最高人民法院观点及其他审判指导意见来看，都不应得到支持。

（1）投保后两年内发生了保险事故，两年后才申请理赔的，保险人可以拒付解约。保险事故发生在保险合同成立后两年期间之内，被保险人或者受益人在两年后申请理赔，存在解除保险合同事由的，保险人可以解除保险合同。或者，保险合同成立之日起两年内发生保险事故，投保人、被保险人或者受益人未依照保险法第二十一条的规定及时通知保险人，致使保险人根据保险法第十六条第二款解除保险合同时已超过保险合同成立后两年，被保险人、受益人以保险法第十六条第三款进行抗辩的，人民法院不予支持。

（2）投保前，保险事故已发生，保险人可以拒付解约。订立保险合同时，保险合同约定的事故已经发生或者确定不发生的，保险合同无效，但当事人双方均不知道的除外。保险合同无效，投保人请求保险人返还其已经支付的保险费的，人民法院应予支持，但投保人订立保险合同时明知事故已经发生的除外。

保险合同订立时事故已发生，投保人就此向保险人作了不实告知，保险合同成立两年后，被保险人或者受益人以可抗辩期已过为由，要求保险人对该隐瞒的保险事故赔偿或者给付保险金的，人民法院不予支持。或者，保险合同订立时事故已经发生，投保人就此向保险人作了不实告知，保险合同成立两年后，被保险人或者受益人以可抗辩期已过为由，要求保险人对该项隐瞒的事故赔偿或者给付保险金的，人民法院不予支持。

从此案的审理结果可以看出，保险案件的审理一定是有法可依，有证可循，对于保险条款的理解，广大消费者也要尽量了解清楚，以免造成自身的损失。

（资料来源：白敏，《中国保险报》，2015年3月31日）

案例 4-10 未激活的保险卡是否有效

一、案情简介

2014年夏天,某人寿保险公司代理人王某向周某宣传面值为100元的"安享人生C款"激活式保险卡,称只需花100元保费在受到意外伤害后可得到50 000元的意外伤害保险金和6 000元的意外伤害医疗保险金。周某随即购买了保险卡一张,王某在保险卡上粘贴周某的签名。后由于周某本人文化水平有限,便委托王某代其激活保险卡。王某回到公司为周某激活保险卡时,发现自己所持保险卡上标注的投保年龄范围为1周岁至65周岁,而公司系统内的投保年龄范围为1周岁至60周岁。所以周某的年龄已超出投保年龄范围,无法激活,应当退还其保费。后因王某疏忽,忘记告知周某且并未退还其保费。2015年1月,周某因意外去世。其家属找到保险公司要求按照保险合同进行赔偿,保险公司核查后发现周某不符合投保条件且保险卡未激活,以此为由拒绝赔偿。周某家属遂找到保险业务员王某了解情况,此时王某虽已离职,但其证实由于自己的疏忽大意忘记告知周某并退还其保费。几经协商无果后,周某家属一纸诉状将保险代理人王某及某人寿保险公司告上法庭,要求按照保险合同给付保险金。

二、争议及处理

保险卡未激活,保险公司是否应承担赔偿责任?

1. 该保险合同是否成立?

对于合同是否成立有两种观点:第一种观点认为:周某在投保时其年龄已超出保险卡准确的投保年龄范围1岁至60岁,不符合投保条件,其与保险公司的保险合同不成立,保险公司可以拒赔。第二种观点认为:周某购买保险卡时其年龄符合保险卡标注的投保年龄范围1岁至65岁,在王某同意承保并同意为周某激活保险卡时,保险合同成立并生效,保险公司不得拒赔。

我们认为第二种观点是正确的。首先,投保人(同时也是被保险人)周某在合同订立过程中不存在任何过错,已经缴纳了保费,而且委托王某代为激活保险卡,在近半年的时间内,王某并没有告知其不符合投保条件。所以,就周某而言,毫无疑问,合同已经成立并生效。

2. 保险卡上标注的年龄与公司内部的规定冲突,以哪一个为准?

王某所持保险卡上标注的投保年龄范围为1周岁至65周岁,而公司系统内的投保年龄范围是1周岁至60周岁,这也是为什么周某的保险卡无法激活的原因。那么,两者冲突以哪一个为准呢?很显然,以保险卡标准的年龄段为准。

保险卡是代理人或业务员展业时使用的合同,如果投保人当场激活,那么合同即生效。公司内部系统设定的年龄范围对外没有法律效力。投保人无法知晓公司内部的规定,保险卡是保险公司印制的,上面的内容就是条款。投保人是基于保险卡标注的内容,决定是否订立合同的，所以，应以保险卡标准的年龄段为准。

另外，《保险法》第三十条规定："采用保险人提供的格式条款订立的保险合同，保险人与投保人、被保险人或者受益人对合同条款有争议的，应当按照通常理解予以解释。对合同条款有两种以上解释的，人民法院或者仲裁机构应当作出有利于被保险人和受益人的解释。"根据上述规定，法院也会作出保险合同成立的结论。

3. 周某家属可否向保险代理人王某追偿？

《保险法》第一百一十七条规定："保险代理人是根据保险人的委托，向保险人收取佣金，并在保险人授权的范围内代为办理保险业务的机构或者个人"。由此可知，保险代理人与保险公司之间的关系为代理关系。代理人在合同授权的范围内，以保险公司的名义在市场上从事与保险产品销售有关的保险活动，其所产生的一切法律后果均由保险公司承担。故周某家属不可向保险代理人王某追偿。

在本案中，保险代理人王某接受委托激活保险卡，并在激活时发现周某不符合投保条件的情况下，因自身原因未及时告知并退还保费，其对周某造成的损失，由保险公司承担。当然，公司可以追究王某的责任，但与周某无关。

因此，本案结论是保险卡虽然未激活，但合同成立并生效了，保险公司应承担给付保险金责任。

（资料来源：王卫国，《中国保险报》，2015年8月4日）

案例 4-11 被保险人自杀欺诈案的启示

一、案情简介

被保险人沙某，女，45岁，某保洁公司保洁员，于2009年10月10日投保保险公司《人身意外伤害保险》，身故保额60万元。一周后保险公司接到其家属报案：沙某于10月13日14时意外遭遇车祸，不幸当场死亡，申请意外伤害保险身故理赔金。

二、案件疑点

为何刚刚投保3天，沙某就遇到"意外发生"的车祸呢？以上案件涉及赔付金额巨大，对此调查员迅速展开核实工作。首先，调查员前往受理沙某交通事故的交警大队。查到《交通事故认定书》记录：根据《中华人民共和国道路交通安全法》第四十二条（机动车上道路行驶，不得超过限速标志标明的最高时速。在没有限速标志的路段，应当保持安全车速）、第六十二条（……行人通过没有交通信号灯、人行横道的路口，或者在没有过街设施的路段横过道路，应当在确认安全后通过），在此交通事故中，肇事司机驾驶机动车超速行驶、未能及时采取避让行人的措施，导致行人沙某当场死亡负主要责任；沙某在非人行横道路段未确认安全横过马路，对于事件发生负次要责任。经交警与双方调解达成协议，由肇事司机一次性赔偿沙某家属25万元，赔偿协议于10日内履行，双方就此无异议结案。

随后，调查员走访肇事司机。司机谈到发生此次交通事故，驾驶车速过快是部分原因，但已提前注意到一行人要"横过马路",同时感觉其是故意伺机被撞的,由于事发路段未有监控装置(电子眼),无奈只能按照协议赔偿对方。

调查员关注到此"交通事故"事发蹊跷,应有必要对沙某生前家庭情况作一了解。调查员得知沙某家中共有4人:丈夫因脑血栓一直偏瘫在床,多年来已花费近30万元;大儿子24岁,大学专科毕业后一直待业;二儿子20岁,在一次车祸中造成脑震荡后遗症,生活也需有人照料;沙某为某保洁公司保洁员,月收入仅1 000余元,是家中唯一的经济来源。当调查员问及对沙某车祸身故经过有何看法时,大儿子默不作声,倒是二儿子突然冒出一句话:"我妈妈出事当天给我们写了一封信"。调查员抓住话题深入调查,果真在沙某遗像后面找到一封信件。信件正为沙某所写,内容大意为感觉生活经济压力大,失去了活下去的意义和信心……,2009年10月10日向保险公司投保《人身意外伤害保险》,身故保额60万元。内容还提及将通过车祸实施"真自杀假意外"获取身故赔偿金的事宜。信件最后写到:"命运不公,10月13日8时诀别。"

调查员对信件拍照取证后,又走访沙某生前工作单位。同事均表示:沙某曾谈论家中困境,且近期多次说过厌世的话语。

根据以上掌握的证据资料,调查员会同理赔医生分析后,决定拒绝赔付身故保险金。在与沙某家人沟通后,家属接受拒赔结论。考虑到沙某家中现状,保险公司本着人道主义精神出发,募集捐款一万元留其家用。

三、点评与思考

沙某以生命的代价诠释了作为妻子、母亲对家人的热爱之情,但通过投保保险实施"真自杀假意外"欺诈骗取理赔金实为不妥。此案例也暴露出保险公司未开展承保调查工作存在着的理赔风险,倘若在投保前对沙某家庭情况、经济状况进行深入了解,显然其投保60万元身故保险金存在很大的道德风险。由本案意外险推广开来,保险公司在售卖其他保险产品(寿险、重疾、医疗险等)时应适时开展承保调查工作。目前《保险法》首次纳入了"不可抗辩"条款,抗辩期为两年,内容为:"投保人不履行如实告知义务,即使其后果足以影响保险人决定是否同意承保或者提高保险费率的,但经过两年期限后,保险公司不得据此解除合同。"这就迫使保险公司现应着手开展承保调查工作,树立风险在源头把控的理念,在面见投保人被保险人的基础上,全面询问引导他们如实告知,系统分析提升保单承保质量,这样才能有效规避理赔风险。

(资料来源:《中国保险报》,2010年1月21日)

案例4-12 单位对团体人身意外险保险金是否享有请求权

一、案情简介

2011年2月12日,原告某航信公司作为投保人向保险公司投保了团体人身意外伤害综合保险，包括团体人身意外伤害保险、团体意外伤害医疗保险。保险单载明：被保险人人数为32人，团体人身意外伤害伤残保险金额为32万元，意外伤害医疗费用险保险金额为16万元，保险期间自2011年2月12日零时起至2012年2月11日24时止。团体人身意外伤害保险条款第四条载明：在本合同的保险期间内，被保险人因遭受意外伤害事故导致身故、残疾或住院医疗的，保险人承担下列保险金给付责任，且给付各项保险金之和不超过保险金额。意外伤害医疗费用：被保险人因遭受意外伤害在二级以上（含二级）或保险人指定或认可的医疗机构治疗所支出的符合本保险单签发地政府社会医疗保险主管部门规定可以报销的医疗费用，保险人按下列规定承担给付责任：保险人对一次事故中100元以内（含100元）的医疗费用不承担给付责任，对于一次事故中100元以上部分的医疗费用按80%的比例在意外伤害医疗保险金额内予以补偿。顾某为原告航信公司员工，团体险承保人员清单序号第21位为顾某，其所享有的意外伤害保险金额为10 000元，意外伤害医疗费保险金额为5 000元。2011年8月19日，顾某上班时在操作压膜机过程中因机械故障致左手受伤，后入院治疗，于同年10月2日出院，期间共花费医疗费13 098.3元，医疗费全部由航信公司支付。后航信公司向保险公司理赔未果，遂将保险公司诉至法院。

二、法院审理与判决

原告航信公司认为：被保险人顾某与航信公司存在劳动关系，顾某受伤后航信公司已经承担了医疗费，航信公司为自身利益投保了商业保险，应享有保险金请求权，因此，保险公司应在意外伤害医疗保险金额范围内向航信公司赔付保险金5 000元。

被告保险公司辩称：原告航信公司并不是本案适格主体，享有保险金理赔请求权的是被保险人顾某，而原告航信公司作为团体人身意外伤害保险的投保人，并不享有保险金请求权。

江苏省淮安市清浦区人民法院经审理认为，根据《保险法》第十二条的规定，被保险人是指其财产或者人身受保险合同保障，享有保险金请求权的人。团体人身意外伤害保险以投保单位中的在职人员为保险对象，被保险人是单位的在职人员。本案中团体人身意外伤害保险合同的被保险人为顾某，而并非原告航信公司，故原告航信公司不享有保险金请求权，原告主体不适格。据此，依照《保险法》第十二条、《最高人民法院关于适用中华人民共和国民事诉讼法的若干问题的意见》第一百三十九条的规定，裁定驳回原告航信公司的起诉。一审宣判后，双方当事人未在法定期限内提起上诉，上述裁定已经发生法律效力。

三、点评与思考

本案是一起因对保险金请求权享有主体认识不同而引起的保险合同诉讼。

保险金请求权是指保险事故发生后，要求保险人赔偿或给付保险金的权利。在人身保险合同中，保险金请求权的享有主体为被保险人与受益人，被保险人是指其人身受保险合同保障，享有保险金请求权的人，受益人是由被保险人或者投保人指定的享有保险金请求权的人。此外，保险事故发生后，如果被保险人死亡并且未指定受益人的，保险金请求权由被保险人的继承人继承。团体人身意外伤害保险是人身保险的一种，是指以机关、团体、企事业单位中的在职人员为保险对象，当被保险人在保险期间内，因意外事故造成伤残或死亡，由保险人给付保险金的一种保险，其投保人是机关、团体或企事业单位，被保险人则是单位的在职人员。该类保险的保险金请求权享有主体为被保险人即单位员工，作为投保人的机关、团体或企事业单位并不享有保险金请求权。

本案中，原告航信公司为其职工投保了团体人身意外伤害保险，作为职工之一的顾某在工作过程中发生保险事故，享有保险金请求权的是被保险人顾某本人，而原告航信公司作为投保人并不是享有保险金请求权的合法主体，因此，原告航信公司并不是本案的适格主体。

（资料来源：刘强，《中国保险报》，2013年2月6日）

案例4-13 保险金应如何分配

一、案情简介

张先生于2009年8月10日向某保险公司为自己投保"重大疾病保险"，重大疾病保额10万元，身故保险责任仅为退还保险费，保单身故受益人指定为其儿子张小。2011年8月5日，被保险人张先生突发胸痛，20分钟后送到广州市某医院就诊，1小时后院方宣告抢救无效死亡。该院急诊科出具了诊断证明书，诊断为"（1）心源性猝死；（2）急性心肌梗塞"，同时该院医务科开具了居民医学死亡证明，死亡原因为"猝死"。

张先生现有家庭成员包括：母亲吴氏，妻子张太，儿子张小未成年、女儿张花已成年，哥哥张大，妹妹张五。在张先生身故10日后，其母亲吴氏也身故。2012年5月，张先生妻子向保险公司申请理赔。

本案如有理赔给付保险金，保险金应如何给付分配？

二、点评与分析

本案张先生身患重大疾病于2011年8月5日身故，在其患疾符合重大疾病保险责任的前提下，张先生本应在确诊患重大疾病之日起，生存期间由其本人向保险公司申请重大疾病保险理赔金，重大疾病保险本质上是一种生存给付，目的是及时给付被保险人以作医疗之急用，但张先生死亡后其妻子才向保险公司申请理赔，且本案保单约定被保险人身故保险责任仅为退还保险费，其妻子虽然在张先生死亡后申请理赔，但其目的显然还是要申请重大疾病保险理赔金，即保险金额10万元。由于保单仅指定了身故受益人为儿子张小，则可以认为张先生的重大疾病保险金没有指定受益人，根据《保险法》相关规定，被保险人死亡后，遇到没有指定受益人，或者受益人指定无法确定的，保险金可作为被保险人的遗产，由保险人向被保险人的继承人履行给付保险金的义务。现重大疾病理赔金性质上便成了被保险人张先生的遗产，这笔遗产不能由保单身故受益人领取，只能由张先生的继承人按照《继承法》继承。

首先，根据《继承法》第十条规定，遗产按照下列顺序继承，第一顺序：配偶、子女、父母，第二顺序：兄弟姐妹、祖父母、外祖父母。本案张先生的第一顺序继承人为母亲吴氏、妻子张太、儿子张孝女儿张花。同时根据《继承法》第十三条规定，同一顺序继承人继承遗产的份额，一般应当均等。所以，母亲吴氏、妻子张太、儿子张孝女儿张花作为第一顺序继承人可分别继承重大疾病保险理赔金额的 1/4。

其次，在张先生身故 10 日后，其母亲吴氏也身故。母亲吴氏继承了被保险人张先生的 1/4 保额后身故，这笔金额又成为了母亲吴氏的遗产。同样根据《继承法》第十条及第十三条规定，吴氏遗产的第一顺序继承人为被保险人张先生、张大和张五，被保险人张先生、张大和张五各继承母亲吴氏遗产的 1/3，即重大疾病保险理赔金额的 1/12（1/4×1/3）。

再次，因被保险人张先生已于母亲吴氏身故前死亡，则张先生获得母亲吴氏的遗产 1/12 保险金额应进一步分配。再依据《继承法》第十一条规定，被继承人的子女先于被继承人死亡的，由被继承人的子女的晚辈直系血亲代位继承。代位继承人一般只能继承他的父亲或者母亲有权继承的遗产份额。本案被继承人母亲吴氏的儿子被保险人张先生先于其死亡，则目前 1/12 保险金额应由被保险人张先生的直系血亲代位继承，即应由被保险人张先生的儿子张孝女儿张花代位继承，具体代位继承金额平均分配，即每人分得重大疾病保险理赔金额的 1/24（1/12×1/2）。

综上，本案例保险理赔金额最终分配比例如下：妻子张太 1/4，儿子张小 1/4＋1/24，女儿张花 1/4＋1/24，哥哥张大 1/12，妹妹张五 1/12，合计 100%。

（资料来源：《中国保险报》，2013 年 8 月 12 日）

案例 4-14　死亡赔偿金该如何赔付

一、案情简介

为了转移工伤赔偿的经济风险，某矿厂主丁某为矿工于某投保了人身意外伤害保险，有效期 1 年，死亡保险保额 5 万元。为了达到转嫁风险的目的，投保人在投保时向业务员提出以自己为保单受益人。当时保险公司核保部门审核严格，不允许雇主作为受益人，因此业务员私自向投保人承诺：在书面上不指定受益人，且不将保险单交给被保险人，在发生保险事故时直接将保险金支付给投保人。之后，业务员代替投保人填写了投保单，又代替投保人、被保险人在保险单上签名。在投保 5 个月后的一天，于某在工作中因意外死亡。事故发生后，丁某向于某妻子朴某支付了 15 万元的死亡赔偿金，之后持保险单向保险公司申请理赔。朴某知悉此事后，认为自己是合法的保险金继承人，也向保险公司提出理赔。由于被保险人本人未作过同意的表示，保险公司认定该保险合同应属无效合同，拒绝了两方的理赔申请。丁某和朴某分别向同一法院提起诉讼，要求法院判决保险公司支付保险金。

二、争议焦点

（1）人身意外伤害保险合同是否有效？
（2）保险公司是否存在过错，是否应当承担民事赔偿责任？
（3）如果保险公司应当承担赔偿责任，应如何赔偿？

三、法院审理与判决

（1）对于第一个争议焦点，一审法院认为该合同违反了旧《保险法》第五十六条之规定,应属无效合同。此认定在后续审理中无争议。

(2) 对于第二个争议焦点,一审法院认为:保险公司在签订合同时未履行明确说明义务,未尽到提醒对方在保险单上亲笔签名的义务,且在核保时未尽到职责,致使保险合同不完善,应承担导致合同无效的责任。此认定在后续审理中无争议。

(3) 对于应向投保人还是被保险人继承人承担民事赔偿责任的问题,一审、二审法院则做出了不同的认定,主要归纳如下:

一审法院认为:权利人应以书面合同的约定为准,保险合同上未指定受益人,所以保险公司应赔偿继承人朴某的可得利益损失。而雇主丁某虽与保险公司口头约定以自己作为受益人,但并未取得被保险人的同意,因此不是合法受益人,其诉讼请求于法无据,不予支持,予以驳回。

一审结束后丁某提出上诉。

二审法院经审理后认为:原审法院对丁某提出的因合同无效而主张赔偿的诉讼请求未予审理,裁定撤销判决,发回重审。

原审法院对朴某诉求重审后认为:保险合同是投保人与保险人约定保险权利义务关系的协议。受益人只有在合同有效、被保险人发生保险事故时才有对损害要求补偿的请求权。在合同无效的情况下,保险公司与受益人之间不产生权利义务关系,因此本案中的受益人朴某不具备主张合同权利的主体资格,只有投保人丁某才具备此资格,并判决驳回朴某的诉讼请求,支持丁某的诉讼请求。

朴某对此不服也提起上诉。

由于此案关系复杂,二审法院在审理过程中重新对全案法律关系进行了分析探讨并就处理方案征询了三方当事人的意见,之后做出了最终认定:

(1) 关于法定继承人朴某是否享有请求权的问题。本案中,在合同有效的情况下,保险金应作为被保险人的遗产,由被保险人的法定继承人朴某继承。现保险合同无效,于某的法定继承人丧失了本应获得的保险金,可得利益遭受损失,其有权向责任人提出赔偿请求。原审法院认为无效保险合同的相对人是投保人,在无效保险合同中,只有投保人才具备对保险人主张自己权利的主体资格的判决是错误的。

(2) 关于保险合同无效的责任及赔偿数额。保险公司在缔约过程中未向投保人提出取得被保险人书面同意的要求,以便促成合同有效,其不仅不作为,也违背了诚实信用原则,对合同的无效应负主要责任。投保人未主动取得被保险人的书面同意,对合同的无效也负有一定责任,即责任在于缔约双方。保险公司应赔偿朴某的经济损失,赔偿额度为保险金的70%,赔偿3.5万元。同时丁某主动撤诉,以和解形式接受了保险公司1.5万元的经济赔偿。

四、点评与思考

1. 关于合同效力问题

为了预防道德风险,我国《保险法》特别规定了保险利益原则,要求人身保险的投保人在订立合同时应对被保险人具有保险利益。为此,新、旧《保险法》均规定:以死亡为给付保险金条件的合同,未经被保险人(书面)同意并认可保险金额的,合同无效。其立法目的是为了通过授予被保险人"同意权"以确保投保人投保目的的诚实和善意,从而使人寿保险合同符合保险利益原则。本案当事人在订立保险合同的过程中，从未获得过被保险人的同意，已经违反了《保险法》的强制性法律规定，该合同应属无效合同。

2. 保险公司是否应承担民事赔偿责任

本案中，业务员与保险公司之间存在代理关系，保险公司应对业务员的违规行为承担责任。新、旧《保险法》均规定，保险代理人根据保险人的授权代为办理保险业务的行为，由保险人承担责任。本案中业务员实施代签名的行为是在展业过程中，其目的是为了销售保险，属于"代为办理保险业务的行为"。业务员没有向投保人说明被保险人未作出同意表示会造成的法律后果，并且主动实施了代签名行为，是导致保险合同无效的直接原因，因此保险公司应为合同无效承担缔约过失责任。

3. 赔偿对象及赔偿金额的确定

此案中，投保人和被保险人的继承人都主张对合同享有预期利益，要求保险公司支付保险金，所以确定赔偿责任的关键在于判定哪一方享有合法的预期利益。

预期利益也称履行利益，根据《合同法》第一百一十三条的规定，它是指"当事人一方不履行合同义务或者履行合同义务不符合约定，给对方造成损失的，损失赔偿额应当相当于因违约所造成的损失，包括合同履行后可以获得的利益，但不得超过违反合同一方订立合同时预见到或者应当预见到的因违反合同可能造成的损失。"根据上述规定，预期利益存在的前提条件是合同有效，且损害行为发生在履行阶段而非缔约过程中。本案的合同因违反《保险法》的强制性规定而无效，当事人期待的都是不法利益，所以不应受到法律保护。同时，业务员的违规行为发生在缔约过程中而非履约过程中，属于《合同法》第四十二条规定的违背诚实信用原则的行为，应当根据《合同法》第四十二条和第五十八条的规定，由缔约过失责任方返还财产并赔偿对方因此所受到的损失。由于受损害方不享有合法的预期利益，所以赔偿范围应该是投保人为签订和履行合同实际支出的费用，即保险费及相应的银行利息。

遗憾的是，在司法实践中，"预期利益"的赔偿标准完全由法官自由裁量。由于《合同法》没有对缔约过失责任的赔偿范围做出具体的规定，很多法院直接参照《合同法》第一百一十三条的规定，将缔约过失赔偿责任由缔约损失扩大到预期利益，并通过逻辑推理确定权利人，本案中的法院即是如此。本案法院认为，如将雇主定为受益人，则违背了《保险法》中关于受益人必须由被保险人指定的强制性规定，所以推理出应由被保险人的妻子作为权利人，对保险金进行法定继承。这种推理的真正目的并不是对合法的预期利益的保护，而是对保险公司违法行为的一种经济性惩罚。在法院看来，无论哪一方获得了保险金，只要判决保险公司必须支付，就履行了法院捍卫社会正义公平的社会职能。

对于此类案件，我们应得到如下启示：

1. 加强核保关和客户回访关是减少纠纷的关键

此案中保险合同的瑕疵其实是比较明显的，投保单上所有的填写笔迹和签名笔迹全部相同，如果核保人员仔细审校，就能够发现蛛丝马迹，本来是能够避免案件的发生的。因此，在核保时应尽量对投保单、业务员报告书、体检报告等进行笔迹对照，尽到谨慎注意义务。新《保险法》实施后，书面同意不再成为合同生效的必经程序，只要能够证明被保险人知晓且没有异议，合同就可以生效，这使得加强新单客户回访并保留录音证据变得更加重要。加强核保和客户回访是现阶段比较有效的风险防范措施，当然也要依靠工作人员在技术上和经验上要有更多的提升和积累才能充分发挥作用。

2. 在投保单上加注关于代签名法律风险的提示必不可少

由于证明被保险人同意的最直接证据就是在投保单上的签名，所以很多法官、仲裁员都认为，保险公司在投保过程中应提示投保人和被保险人在投保单上亲笔签名，尤其应当提示不亲笔签名的法律后果，甚至应当尽可能现场监督被保险人亲笔签名。部分案例显示，即使业务员已经尽到提示义务，法院仍将被保险人未亲笔签名的过错归责于保险公司未尽审核或监督职责，判决保险公司应全部或部分赔偿受益人或被保险人继承人损失的保险金。这些案例提醒我们，在客户投保时最好书面提示客户必须本人亲笔签名。这不仅可以减少代签名的发生，还利于我们举证证明公司已经尽到了提示、说明的义务。

（资料来源：苏欣，《中国保险报》，2013 年 5 月 27 日）

案例 4-15 受益份额应如何处理

一、案情简介

1998 年 7 月 8 日，投保人程某某以自己为被保险人向保险公司投保了一份 A 重大疾病终身保险，身故保险金额为 3 万元，指定受益人分别为被保险人程某某本人和其儿子程小某，受益份额各为 50%。2011 年 7 月 26 日，被保险人程某某因病死亡，经保险公司核查属于保险责任，但在保险金给付对象问题上产生了争议。经查，程某某生前已离异，与前妻林某育有儿子程小某（未成年，由林某抚养监护）；此外，程某某父亲已于 2012 年 1 月病故，母亲蔡某某健在。

程小某的监护人林某认为，程某某死亡后，其作为保险合同指定受益人之一所享有的份额应由保险合同另一指定受益人程小某享有，即程小某应享有并领取被保险人程某某身故保险金 3 万元。

程某某的母亲蔡某某则认为，程某某死亡后，其作为保险合同指定受益人之一所享有的份额应作为遗产处理，即被保险人程某某身故保险金 3 万元的 50% 由程某某的第一顺序法定继承人蔡某某和程小某继承。

二、点评与思考

本案的争议焦点是保险合同指定受益人之一（亦为被保险人）程某某死亡后，其 50% 受益份额应如何处理？

1. 关于受益人保险金请求权指向的对象

《保险法》规定，受益人是指人身保险合同中由被保险人或者投保人指定的享有保险金请求权的人。由此可见，保险合同受益人的确定方式是经被保险人或者投保人指定，而其享有的权利是向保险公司行使保险金请求权。保险实践中，受益人主要存在于含有死亡给付责任的人身保险合同中，受益人享有请求权的对象为被保险人的身故保险金。而对于满期保险金、生存保险金以及被保险人伤残、患病等产生的残疾、疾病保险金，保险合同大多约定其请求权归于被保险人本人，保险公司不接受其他指定。

具体到本案，A 重大疾病终身保险的保险金分为重大疾病保险金和被保险人身故保险金。被保险人诊断患保险合同所指的重大疾病（无论一种或多种），保险公司给付重大疾病保险金，这一重大疾病保险金一般由被保险人享有，因为该保险金能及时为被保险人解危济困，符合订立保险合同的初衷。而如果在保险责任期间，被保险人未患保险合同所指的重大疾病，一旦被保险人身故（因意外伤害、其他疾病或者自然死亡等），保险公司给付身故保险金，保险合同终止。此时，被保险人身故保险金的享有人即为保险合同受益人。

2. 关于本案的处理意见

《保险法》规定，投保人、被保险人可以为受益人。《保险法》第四十条规定，被保险人或者投保人可以指定一人或者数人为受益人。受益人为数人的，被保险人或者投保人可以确定受益顺序和受益份额；未确定受益份额的，受益人按照相等份额享有受益权。

本案中，保险合同分别指定被保险人程某某本人和其儿子程小某为受益人，且确定了受益份额各为 50%。程某某将自己指定为保险合同受益人，并无法律上的障碍。问题在于被保险人程某某将自己指定为本人身故保险金受益人，在逻辑上引发了矛盾，即被保险人程某某一旦死亡，他就不再是民事主体了，不享有民事权利能力，亦即他无法主张依据保险合同作为指定受益人所能享有的保险金请求权。那么，程某某身故后，其作为保单指定受益人之一的 50% 受益份额应如何处理呢？我们认为，既然程某某的受益资格因其死亡归于消灭，那么该部分受益份额应依据《继承法》和《保险法》的有关规定，作为被保险人的遗产，按照法定继承顺序进行分配。而保险合同另一受益人程小某确定的受益份额为被保险人身故保险金的 50%，其要求 100% 享有被保险人身故保险金的要求没有事实和法律依据。

综上，保险公司应先向受益人程小某给付被保险人程某某身故保险金 3 万元的 50% 即 1.5 万元，剩下 1.5 万元作为被保险人程某某的遗产，由其第一顺序法定继承人即母亲蔡某某和儿子程小某各得一半。

（资料来源：邱伟，《中国保险报》，2013 年 6 月 6 日）

案例 4-16　观察期内出险保险公司是否承担给付责任

一、案情简介

2010 年 10 月 9 日，赖某某以其儿子赖小某为被保险人向某保险公司投保了 A 重大疾病保险，基本保险金额为 20 000 元，缴费年限为 10 年，每年标准保费为 1 780 元，未指定受益人。该保险合同自 2010 年 10 月 9 日起生效。2012 年 2 月 9 日，被保险人赖小某因急性白血病医治无效身故。而后，被保险人法定继承人向保险公司提出理赔申请。经保险公司调查，被保险人赖小某在投保前，曾因发烧等症状经村卫生所、县人民医院治疗，于 2010 年 10 月 8 日，在江西省赣州市肿瘤医院确诊患急性粒细胞白血病。2010 年 10 月 11 日，入赣南医学院第一附属医院治疗，亦确诊患急性白血病。保险公司调查审核后以被保险人在保险合同生效之日起 180 日内患本合同所指重大疾病不属于保险合同约定的保险责任范围为由，下达了《拒绝给付保险金通知书》。

被保险人法定继承人遂向法院提起诉讼,请求判令保险公司按照 A 重大疾病保险条款中关于"被保险人身故,本公司按基本保险金额的 300% 给付身故保险金"的约定,向被保险人法定继承人给付被保险人身故保险金 60 000 元。

二、法院审理与判决

人民法院审理认为,原告赖某某以其子为被保险人与保险公司订立了 A 重大疾病保险合同,保险合同关系合法有效,应受法律保护。被保险人赖小某于 2010 年 10 月 8 日在赣州市肿瘤医院确诊患急性粒细胞白血病。而投保人赖某某于 2010 年 10 月 9 日为其子投保 A 重大疾病保险时,没有如实告知被保险人已患急性粒细胞白血病的事实,根据《保险法》和 A 重大疾病保险条款的有关规定,投保人故意不履行如实告知义务的,保险公司对于合同解除前发生的保险事故,不承担给付保险金的责任,并不退还保险费。同时,A 重大疾病保险合同利益条款"第六条 责任免除"还约定,被保险人在本合同生效之日起 180 天内,患本合同所指重大疾病属于责任免除情形,保险公司不承担给付保险金的责任。人民法院从而认定原告要求被告给付保险金和退回保险费的诉讼请求,不符合《保险法》的规定和保险合同的约定,遂判决驳回原告的诉讼请求。

三、点评与思考

1. 投保人故意不履行如实告知义务的法律后果

在人身保险实践中,保险人评估保险事故发生的可能性,从而决定是否同意承保或者以怎样的保险费率承保,往往依赖于投保人对于被保险人现存以及既往健康状况的真实陈述。因此,基于保险合同的最大诚信原则,在订立保险合同过程中,保险人应履行明确说明义务,投保人应履行如实告知义务。这在我国《保险法》中得到了体现,该法第五条规定,保险活动当事人行使权利、履行义务应当遵循诚实信用原则;第十六条第一款规定,订立保险合同,保险人就保险标的或者被保险人的有关情况提出询问的,投保人应当如实告知。关于投保人故意不履行如实告知义务的法律后果,我国《保险法》第十六条规定,投保人故意未履行如实告知义务,足以影响保险人决定是否同意承保或者提高保险费率的,保险人有权解除合同。投保人故意不履行如实告知义务的,保险人对于合同解除前发生的保险事故,不承担赔偿或者给付保险金的责任,并不退还保险费。

本案中,投保人的赖某某明知其子于 2010 年 10 月 8 日在赣州市肿瘤医院确诊患急性粒细胞白血病 M2a,但在 2010 年 10 月 9 日投保时却故意未作如实陈述,违反了《保险法》第十六条第一款的规定,且 A 重大疾病保险合同自成立之日起至被保险人赖小某身故未超过 2 年,保险公司依法有权解除保险合同,不承担给付保险金的责任,并不退还保险费。

2. 保险人不承担被保险人观察期内因疾病身故的保险责任

保险是对未知风险的分散,保险公司对已知风险是不承保的。因为疾病的发展是有一个过程的,有些投保人在获知被保险人患有疾病时,出于获利的心理,始向保险公司进行投保,这无疑损害了其他诚信投保人的利益。为此,保险公司针对医疗保险和重大疾病保险一般会设置观察期，其目的就是为了有效防范"带病投保"现象的发生。观察期是指在医疗保险和重大疾病保险中，从保险合同生效日开始的一段时期内，保险公司对被保险人患病的情况可根据约定不予赔付。这意味着保险合同虽已生效，但被保险人并不能马上获得某一类保险保障（如因疾病身故），只有观察期届满后，保险公司的该类保险责任才开始生效。

本案中，A重大疾病保险合同利益条款"第六条　责任免除"约定，"因下列情形之一导致被保险人身故或患本合同所指重大疾病，本公司不承担给付保险金的责任：……六、被保险人在本合同生效（或最后复效）之日起180天内，患本合同所指重大疾病或因疾病而身故。"被保险人赖小某所患急性白血病属于A重大疾病保险合同所指的重大疾病，但其确诊的时间分别为2010年10月8日和2010年10月11日，该时间均在保险合同生效之日起180天内。因此，被告保险公司依法不承担被保险人赖小某身故保险金的给付责任。

（资料来源：《中国保险报》，2012年8月27日）

案例4-17　患有先天性疾病投保　保险公司是否理赔

一、案情简介

2007年8月26日暴某之父与被告保险公司签订终身保险合同，被保险人为暴某。保险合同中约定因下列情形之一导致被保险人身故、身体高度残疾或患重大疾病，保险人不负保险责任：……六、被保险人感染艾滋病毒（HIV呈阳性）或患艾滋病（AIDS）期间，或因先天性疾病身故。七、被保险人在合同生效（或复效）之日起180天内患重大疾病……2009年12月15日，暴某发病，经县、市、省三级医院确诊为先天性心脏病（房间隔缺损，二、三尖瓣关闭不全），手术花医疗费37 220.7元。被告拒赔付，起诉至法院。原告起诉后，被告保险公司要求解除合同。

二、法院审理与判决

法院经审理认为，《保险法》第十六条规定，保险人自知道解除合同事由之日起，超过30日不行使解除权该权利消灭。自合同订立之日起超过2年的，保险人不得解除合同。最高人民法院关于《中华人民共和国保险法》解释（一）第五条第二项规定，保险法实施前，保险人知道解除合同事由，在保险法实施后行使解除权的，适用保险法第十六条30日的规定。第三项规定，保险法实施后，保险人请求解除合同的，适用保险法第十六条2年的规定。被告（保险人）在庭审时提出解除合同，自知道之日起明显超过30日，自合同订立之日起也明显超过2年，所以被告的主张本院不予支持。

两份合同是双方自愿签订的，且不违反法律强制性规定，为有效合同。被保险人暴某患先天性心脏病，该病不是在合同履行期间产生，不属于合同约定的重大疾病范围。被告不应承担赔偿责任。法院最终判决驳回原告的诉讼请求。

三、点评与思考

本案的争议焦点有两个问题，一个是保险合同的解除，一个是投保后发现患有先天性心脏病的情况下是否应理赔。这两个问题都是审判实务中有争议的问题。

1. 保险合同的解除

在审理过程中，保险公司认为投保人未履行如实告知义务，要求解除合同。按照《保险法》（2002 年）第十七条规定：投保人故意隐瞒事实，不履行如实告知义务的，或者因过失未履行如实告知义务，足以影响保险人决定是否同意承保或者提高保险费率的，保险人有权解除保险合同。根据该规定，投保人因为一般过失未告知就可以满足解除合同和拒赔的条件。

保险法后来进行了修订，根据《保险法》（2009 年版）第十六条规定：投保人故意或者因重大过失未履行前款规定的如实告知义务，足以影响保险人决定是否同意承保或者提高保险费率的，保险人有权解除合同。前款规定的合同解除权，自保险人知道有解除事由之日起，超过 30 日不行使而消灭。自合同成立之日起超过 2 年的，保险人不得解除合同。该规定将解除合同的条件限定为故意或重大过失，体现了对保险人的解除权予以限制的精神。这是立法的进步，从长远来讲，也有利于保险业的健康发展。

本案中保险合同签订的时间是在 2007 年，是否适用新的保险法呢？最高人民法院关于适用《中华人民共和国保险法》若干问题的解释（一）第四条规定，保险合同成立于保险法施行前，保险法施行后，保险人以投保人未履行如实告知义务或者申报被保险人年龄不真实为由，主张解除合同的，适用保险法的规定。一般来说，法律以不溯及既往为原则，为何该条规定适用新保险法呢？我们认为《立法法》第八十四条规定，法律、行政法规、地方性法规、自治条例和单行条例、规章不溯及既往，但为了更好地保护公民、法人和其他组织的权利和利益而作的特别规定除外。所以，应适用新保险法的规定。

结合本案，原告暴某起诉时，保险人已经明显超过了 2 年的时间，没有行使解除权，保险合同不能予以解除。

2. 投保后发现先天性心脏病是否应当理赔

根据医院诊断，可以认定原告暴某的疾病为先天性疾病，是一出生就具有的疾病，是投保前就存在的风险，这明显违反了保险合同为射幸合同的原则。射幸合同，就是指合同当事人一方支付的代价所获得的只是一个机会，对投保人而言，他有可能获得远远大于所支付的保险费的效益，但也可能没有利益可获；对保险人而言，他所赔付的保险金可能远远大于其所收取的保险费，但也可能只收取保险费而不承担支付保险金的责任。即保险事故的发生应具备偶然性。

但本案中由于原告患有的是先天性心脏病，这就将偶然变成必然，将可能变成肯定，这显然对保险公司是不公平的。

综上所述，法院根据相关规定，最终判决驳回原告的诉讼请求。

（资料来源：河南省南乐县人民法院，2012 年 8 月 28 日）

案例 4-18 被保险人和受益人同时死亡保险该赔给谁

一、案情简介

2009年10月9日,王先生为自己投保了意外伤害保险,保险金额12万元,受益人为妻子薛某。2010年5月1日,王先生与薛某驾车外出旅游,途中因雨后路滑,车辆冲出桥面,坠入河中,二人当场死亡。后经司法鉴定,无法确定二人死亡先后顺序。王先生与妻子薛某尚无子女。二人死后,薛某的父母以受益人的继承人的身份要求保险公司给付12万元保险金;王先生的父母则以被保险人的继承人的身份要求保险公司给付12万元保险金。保险公司到底应该将这笔保险金支付给谁呢?

二、点评与思考

我国最高人民法院关于贯彻执行《中华人民共和国继承法》若干问题的意见(以下简称"《继承法意见》")第二条规定:"相互有继承关系的几个人在同一事件中死亡,如不能确定死亡先后时间的,推定没有继承人的人先死亡。死亡人各自都有继承人的,如几个死亡人辈份不同,推定长辈先死亡;几个死亡人辈份相同,推定同时死亡,彼此不发生继承,由他们各自的继承人分别继承。"在本次事故中,王先生和薛女士辈分相同且不能确定死亡先后时间,根据上述规定,他们彼此不发生继承,各自遗产分别由自己的继承人继承,所以,12万元保险金应该由受益人薛某的父母继承。

但是,我国2009年2月28日修订的《保险法》第四十二条增加了一款与继承有关的内容,该款规定:"受益人与被保险人在同一事件中死亡,且不能确定死亡先后顺序的,推定受益人死亡在先。"且该条第一款规定:"被保险人死亡后,有下列情形之一的,保险金作为被保险人的遗产,由保险人依照《继承法》的规定履行给付保险金的义务:……(二)受益人先于被保险人死亡,没有其他受益人的……"根据该规定,推定受益人薛某死亡在先,所以,12万元保险金应该由王先生的父母继承。

那么,本案到底是应该适用《继承法意见》的规定,还是应该适用《保险法》的规定呢?

1. 从法律的效力来看

根据《最高人民法院关于司法解释工作的规定》,最高人民法院发布的司法解释具有法律效力。又由于《继承法意见》第二条是针对继承法所作的解释,因此,应该将其看成与《继承法》同等的效力。而根据我国《立法法》中关于法的冲突解决原则,特别规定与一般规定不一致的,适用特别规定;新的规定与旧的规定不一致的,适用新的规定。《保险法》与《继承法》均属于全国人大制定的法律,且均属于特别法,应按照新法优于旧法的原则来解决二者之间的冲突,而《保险法》是最新修订的,显然依此规则应以《保险法》中的为准。

2. 从二者调整的范围来看

《继承法》主要是调整被继承人死亡后所引发的继承关系，《继承法意见》第二条是对有继承关系的多人同时死亡如何发生继承进行调整；《保险法》主要是对保险行业、保险公司及保险合同进行规范的一部商事行业法，《保险法》第四十二条第二款主要是对被保险人与受益人同时死亡时保险金如何继承进行规定。二者的调整范围有一定区别，同时，《保险法》第四十二条第二款又不能完全使继承法意见第二条失效，那么我们可以得出这样一个结论：被保险人与受益人同时死亡又不能确定死亡先后顺序的，对于保险金的继承依照《保险法》的规定来处理；对于其他财产的继承，依照《继承法》的规定来处理。

虽然上述法律规定存在冲突，但由于被保险人是以自己的生命和健康为标的投保人寿保险，一旦发生保险事故，该保险金应当用于救济与被保险人有密切关系的人，所以当发生受益人和被保险人同时死亡的情形，推定受益人先于被保险人死亡更符合保险合同设立的初衷。因此，在本案中，在无法确定谁先死亡的情况下，保险公司应按照《保险法》的规定，推断薛某先死亡，将保险金作为王先生的遗产，依照《继承法》的规定履行给付义务，将12万元保险金支付给王先生的父母。

（资料来源：《中国保险报》，2012年1月12日）

案例 4-19 未告知病情保险合同是否有效

一、案情简介

原告徐某诉称，2007年8月7日，丈夫张某和被告中国人寿保险公司签订一份康宁人身保险合同，合同约定：被保险人张某，保险金额10 000元，受益人为徐某，如被保险人在保险期内身故，被告按基本保额的3倍给付身故保险金。合同签订后，原告的丈夫张某缴纳两年的保险费。2008年5月27日，原告的丈夫因病身故，而被告却拒绝按照合同的约定给付保险金。特提起诉讼，要求被告给付保险金30 000元。

二、法院审理与判决

被告辩称，（1）投保人张某系带病投保，其隐瞒病情没有履行如实告知义务，被告不负给付保险金的义务；（2）投保人张某身故发生在保险合同生效后的180天缓冲期内，根据保险合同的约定，被告不负给付保险金的义务。综上，应驳回原告的诉讼请求。

经审理查明：徐某和张某原系夫妻关系。2007年8月7日，中国人寿保险股份有限公司正阳支公司的保险代理人胡某以被告中国人寿保险股份有限公司驻马店分公司的名义与张某签订一份康宁终身保险合同，保险单载明：合同生效日期：2007年8月15日，交费日期：每年的8月15日；个人保险投保单载明：投保人为张某，被保险人为张某，受益人：徐某，受益份额：100%，保险金额10 000元。

投保单客户保障声明栏载明：（1）请你在仔细阅读保险条款，充分理解保险责任、责任免除、解除合同等规定，权衡保险需求和交费能力后，再做出投保决定……（5）一切与本投保单各项内容及保险条款相违背或增减的业务员说明及解释均属无效，一切告知均以书面为准。

投保单声明与授权栏载明：贵公司已对保险合同的条款内容履行了说明义务，并对责任免除条款内容履行了明确说明义务。本人已仔细阅知、理解客户保障声明、产品说明书及保险条款尤其是责任免除、解除合同等规定，并同意遵守。所填投保单各项均属事实并确无欺瞒。上述一切陈述及本声明将成为贵公司承保的依据，并作为保险合同的一部分。如有不实告知，贵公司有权解除合同，并对解除欠发生的事故不负保险责任。投保单上告知事项栏显示被保险人和投保人无任何疾病。保险单上有原告的签名。康宁终身保险条款第四条保险责任约定，在本合同有效期内，本公司负下列保险责任：一、被保险人在本合同生效（或复效）之日起180天后初次发生、并经本公司指定或认可的医疗机构确诊患重大疾病（无论一种或多种）时，本公司按基本保额的2倍给付重大疾病保险金，本合同的重大疾病保险金给付责任即行终止。二、被保险人身故，本公司按基本保额的3倍给付身故保险金，但应扣除已给付的重大疾病保险金，本合同终止。三、被保险人身体高度残疾，本公司按疾病保额的三倍给付高度残疾保险金，但应扣除已给付的重大疾病保险金，本合同终止。第五条责任免除条款约定，因下列情形之一导致被保险人身故、身体高度残疾或患重大疾病，本公司不负保险责任：……七、被保险人在本合同生效（或复效）之日起180天内患重大疾病、或因疾病而身故或造成身体高度残疾。2007年10月25日，张某因病死亡，当原告向被告申请理赔时，被告以种种理由不予理赔。为此，双方成讼。

三、点评与思考

在审理中双方有两个争议焦点：（1）张某是否违反如实告知义务；（2）本案被告提供的康宁终身保险条款中的责任免除条款是否具有法律效力。

对于第一个焦点问题，被告认为张某系带病投保，其隐瞒病情没有履行如实告知义务，被告不负给付保险金的义务；原告认为被告的保险代理人没有对张某进行询问，张某不违反如实告知义务。法院认为：被告的保险代理人在向原告推销保险时，个人投保保险单上除投保人和被保险人的签名是张某书写外，其他内容均是保险代理人自行填写，对被保险人是否有不良嗜好及是否患病均填写"否"，这种情况明显是不真实的，而保险代理人和保险公司都认为被保险人符合投保条件并进行核保；却对被保险人是否患病及患什么病是持放任态度的，即无论被保险人是否患病、是否符合投保条件，保险人都进行承保；因此，个人投保保险单上载明的内容不能证明保险代理人对被保险人进行询问。《保险法》第十六条规定订立保险合同，保险人就保险标的或者被保险人的有关情况提出询问的，投保人应当如实告知；根据该条的规定，投保人的告知义务应以保险人的询问为限，既然被告没有证据证明对投保人进行询问，也就不存在要求投保人履行如实告知义务，且被告也没有就是否应当如实告知及不如实告知可能引发的法律后果明确向被保险人予以说明，因此，被保险人对未如实告知不存在故意或重大过失。故被告不得以被保险人未履行如实告知义务而予以拒赔。

关于第二个焦点问题，法院认为，《保险法》第十七条的规定，订立保险合同，采用保险人提供的格式条款的，保险人向投保人提供的投保单应当附格式条款，保险人应当向投保人说明合同的内容。对保险合同中免除保险人责任的条款，保险人在订立合同时应当在投保单、保险单或者其他保险凭证上作出足以引起投保人注意的提示，并对该条款的内容以书面或者口头形式向投保人作出明确说明；未作提示或者明确说明的，该条款不产生效力。所谓

"明确说明"是指"保险人在与投保人签订保险合同之前或签订保险合同之时,对于保险合同中所约定的免除条款除在保险单上提示投保人注意外,还应当对免除条款的概念、内容及其法律后果等向投保人或其代理人作出解释,以使投保人明了该条款的真实含义和法律后果。"中国人寿保险股份有限公司正阳支公司保险代理人胡某与张某签订保险合同时,应当向张某履行明确说明免责条款的义务,该义务不能通过保险单上载明已明确告知及被保险人自己阅读保险单予以免除,因为该免责条款是保险合同的主要条款,如同其他各类合同的主要条款一样,都会以书面形式体现在合同中。被告将"明确说明"解释为保险合同以保险条款的形式告知,那么保险合同与其他合同一样,无须再另外履行"明确说明"的义务,与《保险法》第十七条规定的保险人明确告知义务的规定相悖。综上,保险法第十七条规定的"明确告知",应为保险人向被保险人明确解释说明保险合同书面记载的免责条款的具体含义,虽然投保单声明与授权栏载明:贵公司已对保险合同的条款内容履行了说明义务,并对责任免除条款内容履行了明确说明义务,由于该条款系格式条款,而被告没有证据证明已向张某进行明确说明,因此,该免责条款第五条责任免除条款约定"被保险人在本合同生效(或复效)之日起180天内患重大疾病、或因疾病而身故或造成身体高度残疾的,本公司不负保险责任"的约定不产生效力。

综上,张某与被告所签订的康宁终身保险合同是双方真实意思表示,且不违反有关法律规定,应为有效合同。由于被告没有就是否如实告知可能引发的法律后果明确向被保险人予以说明,即责任免除条款约定被保险人在本合同生效(或复效)之日起180天内患重大疾病、或因疾病而身故或造成身体高度残疾的,本公司不负保险责任的约定没有尽到明确说明义务,因此,被告提供的康宁终身保险条款中的责任免责条款对张某不产生法律效力;故被告应当按照保险合同的约定给付保险金,由于投保单载明原告徐某系保险合同的受益人,现原告徐某依据康宁终身保险条款的约定,要求被告给付基本保额 10 000 元的 3 倍身故保险金 30 000 元,符合法律规定,法院予以支持。

(资料来源:中国法院网,2011 年 9 月 13 日)

案例 4-20 谁有权申请这笔保险金

一、案情简介

2010 年 9 月 10 日,某机械厂为其职工投保国寿绿洲团体意外伤害保险,保险金额 15 万元。2010 年 11 月 2 日,被保险人张某在工作中不慎被起重机挤伤,经抢救无效死亡,之后由单位报案并委托业务员提出理赔申请。

经核查,合同真实有效,案件事实清楚,保险公司应予以赔付无疑,问题关键是要确定谁应是该笔保险金的申请人。

二、点评与思考

保险金的受益人即应是保险金的申请人。该案在投保时未指定受益人(投保单受益人栏空白），根据《保险法》的规定，人身保险的受益人由被保险人或者投保人指定。投保人为与其有劳动关系的劳动者投保人身保险，不得指定被保险人及其近亲属以外的人为受益人，显然单位不能成为该保单的受益人，委托营销员申请保险金无法律依据。又根据新《保险法》的规定，在投保时没有指定受益人，或者受益人指定无法确定的，被保险人死后保险金应按照遗产处理。

经调查认定，被保险人第一顺序继承人中，其父母双亡，与妻子离异后未再婚，与前妻育有一子，年龄16岁，职业为学生，由被保险人抚养，由此确定该被保险人的孩子是唯一的法定继承人。

由于继承人年龄未满18周岁，根据我国《宪法》和《民事通则》的规定，16—18周岁，以自己的劳动收入为生活来源的视为完全民事行为能力人，现继承人年龄16岁，生活来源依靠父亲，所以应视为限制民事行为能力人，其民事行为应由其监护人代理，所以保险公司必须明确谁是其监护人。在本案中，被保险人还有一个大哥，那么继承人的伯父是否可以作其监护人呢？其母亲是否还具有监护权，从而来申请领取保险金呢？有人认为前妻与被保险人已无关系，由其前妻领取保险金有违被保险人的投保初衷，也不符合保险保护投保人和被保险人利益的宗旨，担心继承人利益会受到损害，主张由继承人的伯父作为申请人。

监护权是一项民事法律制度，是民法上规定的对无民事行为能力和限制行为能力人的人身权利和财产权益进行监督保护的法律制度。我国《民法通则》规定，对于未成年人，父母是他们的监护人，父母对子女的监护权是平等的，除死亡或父母子女关系的依法终止和剥夺，任何人不得加以限制剥夺父母任何一方的监护权，《妇女权益保障法》也规定，父母双方对未成年子女享有平等的监护权，父亲死亡、丧失行为能力或者有其他情形不能担任未成年子女的监护人的，母亲的监护权任何人不得干涉。所谓监护是为了监督保护无民事行为能力和限制民事行为能力人的人身、财产、和其他合法权益，同时对其负教育抚养而设置的一种法律制度，父母双方对未成年子女享有平等的监护权。本案中母子关系没有发生法律规定的终止的情形或被剥夺，所以，该案件继承人的母亲仍是继承人的法定监护人。根据我国《宪法》和《民法通则》的规定，无民事行为能力的人和限制民事行为能力的人的监护人是他的法定代理人，代理所有的民事行为。该保险金由其母亲（法定代理人）申请领取是符合这一规定的。

可以看出父母对子女的监护权具有排他性，根据《民法通则》第十六条的规定，只有在父母死亡或没有监护能力的情况下，才能由其他人（祖父母、外祖父母、兄、姐、关系密切的亲属）担任监护人。因此在本案中，由其伯父申请领取保险金是错误的。

在本案中，继承人已年满16岁，属于限制民事行为能力人，根据《民法通则》的规定，限制民事行为能力人可以独立进行与其年龄、智力相适应的民事活动。因此，保险公司理赔人员面见了继承人和申请人，并向他们讲明了有关法律制度及利害关系，大家一致同意由其母亲提出理赔申请，保险公司将理赔金打入继承人新开设的银行加密账户，由继承人和申请人共同保管。

（资料来源：《中国保险报》，2011年4月7日）

案例 4-21 宽限期内发生事故可否获得保险金

一、案情简介

2005年1月2日,赵先生在沪上某保险公司购买了定期人寿保险和附加住院补偿医疗保险,缴费至2006年1月1日。当第二期的缴费日临近时,保险公司向赵先生邮寄了一份缴费通知书。由于赵先生平时业务繁忙,所以在收到通知书后,始终未办理缴费。2006年1月18日,赵先生在骑摩托车外出时不慎发生意外,因手臂粉碎性骨折而住院治疗。经过近1个月的治疗,赵先生康复出院并在家静养,那时他才想起自己曾在去年买过保险,但第二年的保险费至今未交。想到这里,赵先生开始担心起这次的事故能否得到保险公司的理赔?

二、点评与思考

在这个案例中,引起赵先生担忧的主要原因是赵先生在第一年的保费到期后始终未缴下一年度的保费。在这样的情形下,保险事故究竟能否得到保险公司的理赔,首先就要取决于保险事故是否发生在"宽限期"内。所谓"宽限期",指在投保人首次支付保费以后,如果未按时缴纳以后分期保费的,按照合同的具体约定会给予一定的"宽限期",以缴付逾期的保费。宽限期一般为自投保人应缴纳续期保费之日起计算的30天或60天,具体长度视不同公司、不同险种而异。"宽限期"的规定,其目的是对保单所有人非故意的拖欠保费提供一些保护,此外也给经济陷入困境的保单所有人提供一个较为宽裕的筹款时间。

根据我们《保险法》中的规定:当投保人未按时缴纳第二期及以后各期保险费时,在宽限期内保险合同仍然有效,如发生保险事故,保险公司仍予以负责,但要从保险金中扣回所欠的保费。因此,在列入宽限期条款的寿险合同中,如果投保人停缴保费,保险合同并不是自应缴未缴之日起失效,而是自宽限期期满的当日24时起失效。

案例中,先前赵先生与保险公司签订的合同中确有宽限期这一条款,且宽限期为60天。由此可知,虽然赵先生由于工作繁忙而忘记缴纳第二年的保费,但因为保险事故的发生仍在第二年应缴保费日(1月2日)起的60天内,也就是说保险事故发生在宽限期内,所以保险公司在扣回赵先生欠缴的保险费的前提下,仍应承担相应的赔偿责任。

(资料来源:太平洋安泰人寿,2010年11月9日)

案例 4-22 急性阑尾炎是否属于意外伤害事故

一、案情简介

李先生给儿子买了一份意外伤害医疗保险。有一天,李先生的儿子在学校踢足球时被同学不小心踢了一脚,正好踢在肚子上,当时倒没觉得怎样,但当天晚上肚子疼痛不止,被连夜送到医院治疗。经医生诊断,为急性阑尾炎,当即就做了阑尾切除手术,花费了医疗费1 500元。出院后,李先生想起那份为儿子买的意外伤害医疗保险。李先生认为,既然手术治疗是因同学踢了一脚而导致,向保险公司提出理赔也就理所当然了。然而,保险公司认为急性阑尾炎不属于这份保单所应承担的保险责任,没有进行理赔。对此,李先生非常生气,明明是孩子被踢了一脚意外住院,怎么就不属于保险责任呢?

二、点评与思考

保险公司判定在上述事件中是否需要承担保险责任,关键在于急性阑尾炎是否属于意外伤害。按照保险合同,意外伤害必须要符合4个条件:(1)非本意的,不是由被保险人的故意行为造成的,被保险人事先不能预见,客观上不能采取措施避免的;(2)外来的,是指由于被保险人身体外部原因造成的事故,如车祸、被歹徒袭击、溺水、食物中毒等;(3)突发的,指在瞬间造成的事故,没有较长的过程,如落水、触电、跌落等,而如慢性劳损、骨质增生等渐进型的损害则不属于突发的范畴;(4)非疾病的,疾病所致伤害,虽不是本人事先所能预料的,但它是人体自身产生的结果,不属于意外事故。

李先生儿子所患的急性阑尾炎从表面上看符合前3个条件,但它不符合最后一个条件,即"非疾病的"。导致李先生儿子住院手术的直接原因并不是同学踢的那一脚造成的伤害,而是阑尾炎,但阑尾炎属于身体内部组织的感染病变,并不在意外伤害保险的保障范围之内。所以,保险公司的解释和处理应该是合理的。

另外,根据"近因原则",只有在引发保险事故的最直接、最主要原因属于保险责任时,才能进行理赔,如果本例中李先生的儿子纯粹是因被不慎踢伤内脏而住院,那么凭医院的证明完全可以获得赔偿。

(资料来源:太平洋安泰人寿,2010年11月9日)

案例4-23 手术中意外死亡的认定

一、案情简介

某客户为自己投保了意外伤害保险,保险金额5万元。半年后,该客户患了急性梗阻性化脓性胆管炎,在医院进行手术治疗的时候,突然出现了心跳加速、呼吸骤停等症状。经医生采取紧急措施使其复苏后,客户仍一直处于脑缺氧的状态中,半个月后便死亡。医疗事故鉴定委员会对这一事故进行了鉴定,结论是属于医疗意外死亡。

二、点评与思考

按照字面理解,手术中的意外是一种意外,为医疗意外之一。所谓医疗意外,是指由于病情或病员体质特殊而发生难以预料和防范的不良后果的。医疗意外的特征是难以预料和防范的,也可以说是不能抗拒或者不能预见的原因引起的。需要注意的是,医疗意外只是一种意外事故(有的称意外事件),但不是医疗事故。

那么，手术中的意外（事故或事件）是否构成人身意外伤害保险的保险责任呢？对于意外事故，在人身意外伤害保险条款中有其特定的含义，即专指外来的、突发的、非本意的、非疾病的使身体受到的伤害的客观事件。以上 4 个因素缺一不可，任何一个因素不符合，都不属于意外事故范畴。而医疗意外发生的原因是"病情或病员体质特殊"，根据因果关系、近因原则分析，客户"病情或病员体质特殊"不符合意外伤害保险中的意外事故的原因范畴。

我们再来看一个案例。某客户同时投保了寿险及意外险产品。半年后他接受了一次骨科手术，但术后发生了恶性高热，不幸身亡。家属同时申请了意外险及寿险理赔。寿险理赔没有问题，那么，意外险呢？

首先，导致被保险人死亡的原因非常明确，即恶性高热。我们来看看什么是恶性高热，恶性高热是目前所知的唯一可由常规麻醉用药引起围手术期死亡的遗传性疾病。因为是遗传性疾病，它不符合上述"人身意外伤害保险条款"的"非疾病的"要求，所以客户不能获得意外险理赔。

理赔实务以因果关系或近因原则来区分是否构成保险责任，但有时仍有一定困难。目前，委托专业机构进行因果关系的司法鉴定，已逐渐为业界所认同。另外，市面上已经推出了针对手术或麻醉导致病人身故的保险产品，算是对意外险无法涵盖此类事故的补充。

（资料来源：太平洋安泰人寿，2010 年 11 月 5 日）

案例 4-24　年龄误告被解除保险合同

一、案情简介

2005 年 11 月 12 日，某单位为全体职工投保了简易人身险，每个职工 150 份（5 年期），月交保险费 30 元。2007 年 5 月，该单位职工付某因交通事故不幸死亡，他的家人带着单位开出的介绍信及相关的证明资料，到保险公司申领保险金。保险公司在查验这些单证时，发现被保险人付某投保时所填写的年龄与其户口簿上所登记的不一致，投保单上所填写的 64 岁显然是不真实的。实际上，投保时付某已有 67 岁，超出了简易人身险条款规定的最高投保年龄（65 岁）。

于是，保险公司以单位投保时申报的被保险人的年龄已超出了保险合同约定的年龄限制为理由，拒付该笔保险金，并在扣除手续费后，向该单位退还了付某的保险费。

二、点评与思考

被保险人的年龄是决定保险费率的重要依据，也是在承保时测量危险程度，决定可否承保的依据。一般来说，年龄越大，危险也越大。但是在订立人身保险合同时，要逐个验明被保险人的实际年龄是有困难的，因此，往往是在发生保险事故或者在年金保险开始要发放年金时，才核实年龄。所以不可避免的就会产生许多年龄申报不实情形，这其中有些带有欺诈的成分，有些也许只是投保人的偶然疏忽或过失所致。但有一点很显然，这样对保险公司控制风险是非常不利的。所以《保险法》第五十三条第一款规定:"投保人申报的被保险人年龄不真实,并且其真实年龄不符合合同约定的年龄限制的,保险人可以解除合同,并在扣除手续费后,向投保人退还保险费,但是自合同成立之日起逾2年的除外。"在本案中付某的年龄申报不实将直接导致保险合同的被解除,尽管这种不实告知也许是出于疏忽或其他原因。

但是既然年龄误告构成了对最大诚信原则的违反,又为何要规定2年的解除期呢?因为,在众多的年龄申报不实的案例中,有许多并非是出于故意的,而保险公司如果注意到这一点,在投案人订立保险合同时故意放纵,而在出险时解除合同,不予赔付,则显然对被保险人是极不公平的。鉴于此,法律规定了一个选择期(在我国是2年),在此期间内保险公司有权选择是否执行选择权,但一旦该期间过去,保险公司就不能再以同样理由拒绝履行合同,就好像保险公司已经注意到了这种情况的存在并予以默认,这也就是人身保险合同中常常提到的不可抗辩条款。

所以,本案中保险公司的拒付理由是充足的,完全符合《保险法》的有关规定,并且自保险合同成立之日起未超过2年。

(资料来源:《证券时报》,2009年8月14日)

案例 4-25　合同解释不同引发的纠纷

一、案情简介

1998年5月14日,王某在中保人寿保险有限公司某市分公司业务员的动员下,为其女儿雯雯办理了一份鸿运保险(B)型的人身保险,作为女儿的周岁生日礼物,保险金额为1 000元,保险责任起止时间为1998年5月14日12时至2058年5月14日12时。仅3天后,雯雯在她1岁生日的当天下午突发高烧,并伴有剧烈抽搐,被家人送入市妇幼保健院救治,一周后痊愈出院,院方诊断意见为"急性上呼吸道感染伴高热惊厥,头小畸形"。王某遵医嘱,又到市正骨医院为女儿做了CT检查,被诊断患了脑瘫。5月29日,在市妇幼保健院大夫的建议下,王某又带女儿来到省妇幼保健院求医,被诊断为"脑发育不全,脑萎缩,脑性瘫痪",为保险条款规定的"身体高度残疾"。同时,该合同第八条第四款中又规定,在合同有效期内,被保险人因意外伤害造成身体高度残疾,或在本合同生效或复效1年后因疾病造成身体高度残疾时,本公司按投保单所载保险金额的20倍给付身体高度残疾保险金(但该项保险以给付一次为限)。王某认为女儿得了脑瘫造成身体高度残疾,而且女儿是在保险合同生效后得病的,保险公司应该承担保险责任。但保险公司却以王某对合同条款意思曲解为由拒绝赔偿,王某遂代女儿向人民法院提起诉讼。

保险公司提出,按保险合同中第八条第四款之规定,只有在合同生效或复效1年后,被保险人因疾病造成身体高度残疾时,公司才能予以赔偿,其中"合同生效或复效1年后"所指的含义为"生效1年后或复效1年后",而王雯雯在合同生效仅3天就发生保险事故,故不符合保险条款规定的情况,不应给予赔偿。但王某认为保险条款中的"1年",仅指复效并非指生效 1 年后,而应是"生效后或复效 1 年后"。

正是由于对此条款表达意思的理解有歧义,双方各执一词,争论不休。

二、法院审理与判决

人民法院做出一审判决,认为保险公司提出合同生效 1 年后,被保险人因病造成身体高度残疾时才予以赔偿的主张是对保险条款含义的曲解,判决保险公司一次性赔偿原告身体高度残疾保险金 2 万元。

三、点评与思考

格式条款是当事人为了重复使用而预先拟定,并在订立合同时未与对方协商的条款。《合同法》第四十一条规定:"对格式条款的理解发生争议的,应当按照通常理解予以解释。对格式条款有两种以上解释的,应当做出不利于提供格式条款一方的解释。格式条款和非格式条款不一致的,应当采用非格式条款。"保险合同是一种典型的格式条款合同。保险公司是格式条款的提供方。

《保险法》第三十条规定:"对于保险合同的条款,保险人与投保人、被保险人或者受益人有争议时,人民法院或者仲裁机关应当作有利于被保险人和受益人的解释。"

此案的核心问题是合同是否生效。我国原《经济合同法》(当时《合同法》还没有颁布,所以适用《经济合同法》)有明确规定:当事人双方就经济合同主要条款经协商一致,经济合同就成立了。《保险法》第十二条也规定:保险人按照约定时间开始承担保险责任。

而保险合同约定条款中"生效或复效 1 年后"中的复效又指什么?对比一下我国《保险法》中有关生效和复效的规定,可以看出第二十八条保险条款中"合同生效或复效 1 年后",不能理解为"生效 1 年后或复效 1 年后"。

同时,本案中保险合同条款是由保险公司单方面制定的,投保人同意则合同成立,不同意合同便不成立,这种合同在法律上称之为格式合同。根据原《经济合同法》有关原则,对格式合同中有关条款理解不统一时,应做出不利于提供格式合同一方的解释,这是出于对弱者的保护而规定的。据此,该条款应理解为"生效后或复效 1 年后"。

我国现有的保险合同条款存在着歧义、遗漏、逻辑错误等现象,这些为保险纠纷的发生埋下了隐患。在处理这些纠纷的时候,保险公司因为是格式条款的提供者,处于明显的被动地位。因此,如何完善保险合同的条款,是摆在各保险公司面前的一个迫切要解决的问题。

(资料来源:法律教育网,2009 年 8 月 11 日)

案例 4-26 指定与法定受益人的区别

一、案情简介

2002 年,30 岁的郭先生于儿子诞生时在某保险公司投保了 50 万元定期寿险和 50 万元的意外伤害保险,自己若发生不幸可以给孩子一些保障,但投保时图省事将受益人指定为

"法定"。2003年1月郭先生与妻子产生矛盾并开始分居,儿子也交由郭先生的父母照顾。2003年3月郭先生在山区驾车时意外坠落导致死亡。保险公司认定属于保险责任,准备支付100万元的保险金。但在保险金的分配问题上郭先生的妻子和父母产生分歧。郭母认为未来郭妻肯定会改嫁,将来可能要自己赡养孩子,故受益人应为郭先生父母,而郭妻认为自己才是郭先生的法定继承人。后闹到法庭,法院裁决,郭先生的"法定"受益人属于不确定受益人,保险金作为其遗产来继承,由其妻子、父母和儿子按照《继承法》等额分割。

二、点评与思考

关于"法定",意思就是将"法定继承人"作为受益人。填写保单时,投保人在受益人栏中随便填写"法定"二字引起的家庭纠纷案例不在少数。这样填写,不仅逝者的意愿不能达成,而且活着的家人也为"法定"二字闹得对簿公堂。

在此提醒投保人在签署保单时,千万不能马虎,应明确写明受益人,如果未指定受益人,保险公司就会认为受益人为"法定"。

《继承法》第十条和第十二条对法定继承人的范围和继承顺序作了规定:第一顺序:配偶、子女、父母。丧偶儿媳对公、婆,丧偶女婿对其岳父、岳母尽了主要赡养义务的也作为第一顺序继承人。第二顺序:兄弟姐妹、祖父母、外祖父母。继承开始后,有第一顺序继承人的,第二顺序继承人不能继承。在没有第一顺序继承人继承的情况下,第二顺序继承人继承。子女包括婚生子女、非婚生子女和养子女和有扶养关系的继子女。父母包括生父母、养父母和有抚养关系的继父母。兄弟姐妹包括同父母的兄弟姐妹、同父异母或同母异父的兄弟姐妹、养兄弟姐妹、有扶养关系的继兄弟姐妹。

除了家庭纠纷,债务清偿和税收也是一个值得关注的问题。

最高人民法院《关于保险金能否作为被保险人遗产的批复》规定:"人身保险金能否列入被保险人的遗产,取决于被保险人是否指定了受益人。指定受益人的,被保险人死亡后,其人身保险金应付给受益人;未指定受益人的,被保险人死亡后,其人身保险金应作为遗产处理,可以用来清偿债务或者赔偿。"

从法院的规定上来看,如何指定收益人,结果完全不同。若指定为法定受益人,如果被保险人生前负有债务,人身保险身故金首先用于偿还其所负债务,剩余金额才由其法定继承人继承。

虽然在保险受益人的指定上两种方式从字面上解释都是将保险金支付给被保险人的继承人(配偶、子女、父母等)。但二者有本质的区别,后者是把保险金作为保险人的遗产来分割,而前者作为保险金的性质不会改变。

如果保险金作为遗产,还牵涉到给付被保险人生前应缴的税款和清偿生前债务的问题。受益人的指定关系到被保险人意愿和受益人的利益。仅填"法定"也会给保险公司的理赔带来麻烦。所以填写保单时,应该慎重考虑,明确填写受益人的名字。

目前遗嘱信托也成为理财规划的一个主要项目,作为保险的受益人指定是遗嘱信托的主要方法之一。指定保险受益人的方式具有保险功能同时还具有免税免除债务纠纷的特点,作为客户提前规划好自己的遗嘱信托是完善家庭资产配置的必要工作。

(资料来源:《证券时报》,2009年7月13日)

案例 4-27　保险金可否作为遗产偿还债务

一、案情简介

张某于 2007 年 7 月借李某 5 万元钱用于经商。2008 年 10 月，他在某保险公司投保人身保险，保险金额为 6 万元，张某家只有三口人，故他指定其妻和女儿作为受益人，受益份额均等，各占一半。2009 年 3 月，张某夫妇外出购货时不幸遭遇车祸死亡，其女到保险公司领取了 6 万元的保险金，李某闻讯找到张女，要求她以该笔保险金清偿欠款，遭到拒绝后，李某提起诉讼。

二、点评与思考

《继承法》规定："继承遗产应当清偿被继承人依法应当缴纳的税款和债务，缴纳税款和清偿债务以他的遗产实际价值为限。"《保险法》第六十四条规定，"被保险人死亡后，遇有下列情形之一的，保险金作为被保险人的遗产，由保险人向被保险人的继承人履行给付保险金的义务：（一）没有指定受益人的；（二）受益人先于被保险人死亡，没有其他受益人的；（三）受益人依法丧失受益权或者放弃受益权，没有其他受益人的。"本案中，张某同时指定了其妻和女为受益人，而其妻又和他同时死亡，在这种情况下，如何确定身故保险金受益权，我国法律目前尚未有明确规定。不过，按照一般人身保险规定的原则，当受益人和被保险人谁先死亡无法确定或者同时死亡时，应推定受益人先于被保险人死亡，保险金作为被保险人的遗产处理，由被保险人的合法继承人继承。本案中，张妻享有的受益份额应作为张某的遗产由张女依法继承，她同时也必须履行为张某清偿债务的义务，但仅限于其所继承的遗产范围内。据此，经法院调解，张女偿还李某借款 3 万元。

（资料来源：《证券时报》，2009 年 6 月 8 日）

案例 4-28　健康状况误告是否适用"不可抗辩条款"

一、案情简介

2003 年 10 月，A 因患肺气肿无法正常上班，便办理了提前病退手续。2004 年 4 月，保险公司的业务员到 A 所在工厂的宿舍宣传保险，上门展业。A 在得知了有关保险内容后，便要求为自己投保简易人身保险（简身险），并当即填写了投保单，保险期限 15 年，每月保费 24 元，保额为 5 000 元，起保日期为 2004 年 4 月 14 日，A 还在健康询问栏中填写了"健康"字样。此后，A 一直按时交纳保险费。2007 年 9 月 4 日，A 之子携带被保险人的死亡证明，到保险公司报案登记，并填写了出险通知书，要求死亡给付。

保险公司接到报案后进行了调查，发现被保险人投保前患有严重肺气肿，并且是因患病而提前病退，这显然不符合简身险的投保条件：身体健康，能正常劳动和正常工作，即符合全勤工作和劳动条件的人。A 在"健康状况"一栏中故意隐瞒事实，不履行如实告知义务，违反了《保险法》第十七条的规定，而且 A 所隐瞒的事实，是足以影响保险人决定是否同意承保或者提高保险费率的重要事实。A 死于肺心病，这与其曾患的肺气肿有一定联系。对于这种情况，保险人是有权解除保险合同的，A 之子则提出保险合同订立已超过 2 年，适用不可抗争条款。对此案，保险合同当事人双方的分歧颇大。

二、点评与思考

本案争议的焦点在于该种情况是否适用"不可抗争条款"。不可抗争条款指的是在人寿保险的健康保险合同中，投保人未履行如实告知义务而订立合同，经过一定期限（一般为 2 年）后，保险人不得以投保人或被保险人违反最大诚信原则为由，解除保险合同或拒绝承担保险责任。也就是说，超过了 2 年，即使查明投保人采取合法但不道德的手段订立了保险合同，保险人也无权解除保险合同。

人寿保险和健康保险条款的费率设计是以一定的年龄、健康状况、所从事的职业为依据的，但在保险活动的实务中，如果是保额较低，往往不验体，不去调查核实，只要求投保人在投保时如实告知保险人所询问的内容即可。《保险法》关于保险人的说明义务和投保人的告知义务及违反告知义务的法律后果的规定表明，双方当事人的义务是法定义务而非约定义务，全面履行自己的义务是订立合法有效的保险合同的前提。

一般而言，不可抗争条款包括的范围，指的是年龄和健康。我国在不可抗争条款规定中，对年龄的误报是有明确说法的。《保险法》规定："投保人申报的被保险人年龄不真实，并且其真实年龄不符合合同约定的年龄限制的，保险人可以解除合同，并在扣除手续费后，向投保人退还保险费，但是自合同成立之日起逾 2 年的除外。"即年龄误报超过了 2 年，保险人不能行使合同解除权。

而对于保险实务中争议最多的"健康"情况不如实告知，我国的《保险法》则无相应规定，并在现有的寿险、健康险条款中，对健康均未有不可抗争的内容。

A 以保险合同的订立超过了 2 年为由，虽然有健康不如实告知的情节，但认为保险公司也不能因此行使合同解除权而提出拒赔。尽管在国外许多国家规定，对健康的未如实告知只要过了一定期限，保险人就将丧失保险合同解除权，但是，在我国的保险业实务中，还没有明确的法律依据。《保险法》规定："在中华人民共和国境内从事保险活动，适用本法。"由于我国《保险法》对此未作规定，便依条款约定，而条款中的除外责任明白无误地写着："投保人或被保险人对投保隐瞒或欺骗行为"属于除外责任，因此，保险公司对此案拒赔是有其法律依据的，因为在合同的条款中有明确的约定。

我国现行的《保险法》中只有对年龄未如实告知的行为适用不可抗争条款，还没有关于对健康的未如实告知的具体处理措施。因此，在实务中涉及健康未如实告知的行为是否也适用不可抗争条款还没有法律依据可循。这样可能就会导致投保人或者被保险人在投保前的逆向选择和投保后的道德风险。

如果在两年内保险人发现这种行为，就立即宣布合同自始无效。如果超过 2 年，则应视保险人自己管理风险的能力不足，不能在核保前后这 2 年内将这类有风险问题保单检查出来，因这种漏检风险而带来的给付，保险人不能拒绝。对保险人解除合同的权利应该有一定时间（一般为 2 年内）限制，一旦时间长了，则会在保险人单方宣布合同无效时，导致被保险人从其他保险人处购买同样险种的保障或更高保额的保障失效，从而使投保人丧失调整保险保障计划的机会。另外，要尽快完善《保险法》，使其中关于健康未如实告知的行为也适用不可抗争条款有具体的体现，以便在以后保险活动中，使得各项实务都有法可依。当然，在实务中，保险公司面对相关法律和实施细则的滞后，应该在设计条款时予以修正，明确特殊内容的约定，便可克服此种不足。

（资料来源：蒲成毅，《保险案例评析与思考》，机械工业出版社，2003 年）

案例 4-29 学生平安保险中免体检的影响与启示

一、案情简介

学生小李，1993 年 2 月出生，从 1998 年 11 月起，小李开始出现走路不稳、头疼等症状。1999 年 8 月，由于小李走路不稳加剧，摔跤次数增多，小李的父亲带其到医院的外科门诊，要求检查其腿部是否有问题。医院对其腿部进行拍片检查后，诊断其腿部正常。1999 年 9 月 1 日，小李上小学一年级，其学校为全体学生投保了学生团体住院医疗保险，每人的保险费为 20 元，保险条款中规定"因被保险人投保前已患有的疾病的治疗，造成被保险人发生医疗费用，保险公司不承担给付保险金的责任"。投保时投保书中"被保险人健康告知"栏未填写，并且被保险人免体检。但投保人在投保书中已声明被保险人皆全日制正常在校学生。1999 年 11 月 4 日，小李恶心、呕吐，其父亲再次带其到医院就诊，最终确诊为髓母细胞瘤。2000 年 3 月，小李的手术和放疗结束后，小李的父亲申请理赔，要求保险公司赔付 5 万余元的住院医疗费，保险公司拒绝赔付。学生小李的父亲诉至法院。

二、法院审理与判决

经法院调解，该案以保险公司通融赔付 2 万余元结案。

三、点评与思考

本案中保险公司是否应当承担赔付责任，存在 3 种意见。

第 1 种意见认为保险公司不应当承担赔付责任。理由是小李在投保前就出现了走路不稳、头疼等明显症状，而上述症状是髓母细胞瘤典型的临床表现，表明其在投保前就已经患有疾病。而保险条款中已经约定：因被保险人对投保前已患有的疾病进行治疗所发生的医疗费用，保险公司不承担给付保险金的责任。因此，保险公司不应当承担保险责任。

第 2 种意见认为保险公司应当承担部分赔付责任。理由是小李在投保前就出现了走路不稳、头疼等明显症状，但投保人并没有对被保险人的状况如实告知，却在投保书中声明所有被保险人均属正常，而保险公司并未对投保书进行认真审查，在投保人健康告知栏没有填写的情况下就签发了保险单。因此，原被告双方都有一定的过错责任。保险公司应当承担部分赔付责任。

第3种意见认为保险公司应当承担全部赔付责任。理由是：首先，投保人并没有故意或过失而不履行告知义务。小李在投保前虽然出现了走路不稳、头疼等症状，但学生小李投保前到医院就诊时并未查出任何疾病，因此不能说投保人存在故意或过失而来履行告知义务的情况。其次，学生小李在投保前出现了某些症状，但并没有任何医院确切的诊断，证明其在投保前就患有某种疾病。因此，不能仅凭A在投保前出现的某些症状就断定其投保前就患有某种疾病，以此而适用保险条款中约定的免责事由。

从各种观点的分析来看，显然，第3种意见是正确的，即保险公司应当全额赔付。因为该学生投保学平险之前虽然身体多次出现问题，但是医院检查后认为其身体正常。投保时该学生的行为是诚信的，保险人不能指责其未尽如实告知的义务。投保后学生出现"髓母细胞瘤"的腿病，属于不可预知的风险，保险公司应该赔偿。

从本例可知，保险公司对于这种免体检的学生平安保险的险种，追求的就是同质风险的群体规模来稀释群体中个体的风险，这种规模性的险种不可避免地会让一些对双方都有的潜在风险混进来，这种投保后突然发生疾病的潜在风险根本谈不上要追究哪一方的责任，遇上这类事件，保险公司只能积极理赔，否则只能影响声誉。因为，突发风险，属于不可预知的风险，只要条款中不是除外责任，保险公司就应该赔偿。

因为，像学生平安保险、团体人身险之类的简易人身保险，免体检可以成为成本控制的一个重要选择。如果每个被保险人都进行体检，保单成本势必会大幅上升，这会使得保险人在该类保单上出现承保不足情况，从而导致经营风险的增大。如果对免体检不进行合理控制，又会造成道德风险的横行无忌，如果一味依照以上方法执行《保险法》，保险人会面临较大风险。因此，有必要在《保险法》后续法规中作出相关规定，比如说，赋予保险人相应的事后监督权，如果保险人能够举证，证明投保人系带病投保，则保险人可免于赔偿。这样的规定似乎对保险人来讲更为公平合理。

（资料来源：蒲成毅，《保险案例评析与思考》，机械工业出版社，2003年）

案例 4-30 婚姻关系变化对保单的影响

一、案情简介

投保人龙先生于1997年8月为其妻吕女士投保了一份年交保费6 600元、保额为10万元的"为了明天"的生存保险，受益人是他们的儿子。1999年4月，龙先生与吕女士因感情破裂而离婚，儿子由龙先生抚养。2001年4月1日，儿子因车祸死亡。在此之前，龙先生一直没有停止交费。儿子死亡后，吕女士以被保险人的身份向龙先生索要该保险单，其理由是：

（1）自己作为保险标的，与投保人已不再具有保险利益，根据《保险法》，投保人对保险标的应当具有保险利益，否则保险合同无效。

（2）《保险法》和"为了明天"保险条款第二十条规定："受益人先于被保险人死亡，没有其他受益人的，被保险人死亡后，保险金作为被保险人的遗产，由保险公司向被保险人的继承人履行支付保险金的义务。"显然，法律规定前夫已不可能成为继承人。

（3）自己作为被保险人，保险的实质在于自己，否则保险合同就不能成立。

《保险法》规定："对于保险合同的条款，保险人与投保人、被保险人或受益人有争议时，人民法院或仲裁机关应作出有利于被保险人或受益人的解释。"可见被保险人是保险合同的主体，在受益人死亡之后直接享有保单受益权。《保险法》规定："人身保险的受益人由被保险人或者投保人指定。投保人指定受益人时须经被保险人同意。"被保险人则不受此条限制。《保险法》规定："被保险人或投保人可以变更受益人并书面通知保险人。投保人变更受益人时须经被保险人同意。"而被保险人不受此条限制。综上所述，吕女士认为，依据《保险法》和保险条款的有关规定，作为被保险人的自己，有权拥有此保单。

龙先生则认为此保单拥有权应归自己。理由也有3条：

（1）保险费一直由自己缴纳，自己投资岂能毫无收益。

（2）离婚时，儿子判归自己，即此保单的受益人判归了自己，受益人死后，保单的所有权、继承权当然也归自己。

（3）自己续交保费时，前妻并未产生异议，说明她已默许了自己继续作为被保险人。

二、法院审理与判决

法院认为，根据条款规定，凡已开始领取生存返还金者，不得解除保险合同。其前夫已于2000年8月从保险公司领取过一次1万元的生存返还金，此保险合同已经不能解除。龙先生虽与吕女士已无保险利益关系，按《保险法》第十二条之规定，此保险单可作无效处理。但是龙先生与吕女士离异后，吕女士对自己被保险人的身份一直没有提出异议，应视为默认。现在他俩共同的儿子死亡，吕女士主动提出双方之间已没有保险利益关系，此保险合同必须作出重大修改。

鉴于此保险合同仍为有效合同，按照《保险法》之规定，应作出对被保险人有利的解释。通过协商，双方达成一致意见。因此，将此保单判由吕女士所有，但吕女士必须将龙先生离婚后所交的1.32万元保费及夫妻共同生活时所交1.32万保费的1/2，共1.98万元返还给龙先生。而龙先生于2000年8月份领取的1万元生存返还金应归被保险人所有。

三、点评与思考

法院的以上判决值得商榷。

（1）《保险法》规定："投保人对保险标的不具有保险利益的，保险合同无效。"同时规定："除前款规定外，被保险人同意投保人为其订立合同的，视为投保人对被保险人具有保险利益。"本案在受益人死亡后，被保险人吕女士的默认行为使得龙先生在法律上对吕女士仍然拥有保险利益。因此，保险合同继续有效。

（2）在合同有效的情况下，保险受益人儿子死亡，其身故保险金转变为遗产。此时遗产的继承人应该是离了婚的父母两人，而不是法院判决的"显然，法律规定前夫已不可能成为继承人"。当然，这是以被保险人死亡为给付条件的。以生存为给付条件的保险，对于指定受益人在死亡前获得的生存年金，由受益人的监护人父亲取得生存年金，如果受益人死亡后，这笔已经领取的生存年金还没有用完，则作为遗产在死者已离了婚的父母间继承分割；如果已经用完则继承分割的事就不存在了。

更为重要的是本案此份保单的保险利益,此时如果死者之母要求收回,则保险利益就已不再为死者之父拥有。由此产生的生存年金的受益人就是死者之母,即使死者之父仍然继续交保费也不能改变这一性质。当然,死者之母要完整地取得此时的生存年金,就得首先补偿死者之父继续交的保费,并将交费义务由保险公司正式更改为死者之母。因此,由原受益人转化为吕女士(被保险人),保单受益权为吕女士所有的结果是正确的。

(3) 投保人在对受益权的误解之下继续缴纳保险费,这个民事行为并非其真实意思表示。《民法通则》对重大误解而为的民事行为赋予两种救济方法:一可以撤销,二可以更改。我们认为,原投保人在更改保单的当事人及关系人等合同内容时可以请求吕女士返还不当得利,即受益人死亡之后龙先生继续缴纳的保险费1.32万元。

综上所述,我们认为,投保人龙先生在儿子死亡前领取的生存保险金不予返还。而在受益人死后继续缴纳的保险费应由吕女士退还给龙先生,同时在保险公司更改保单的当事人及关系人等合同内容后,此后,保单的投保人、被保险人和受益人都合为一体,保单归吕女士所有。

此案至少暴露出以下几个方面的问题:

(1) 身为投保人的龙某作为受益人的监护人理应拥有被监护人包括财产在内的控制权和支配权,而在此案中,当受益人死亡后,作为受益人的监护人,投保人的利益与被保险人的利益发生冲突时,忽略了受益人的监护人的存在。

(2) 保单的实际归属是投保人、被保险人或受益人,在保险法规和保险条款中并没有明确的交待。

(3) 法院通过调解虽然解决了这一问题,但并没有提供充足的法律依据,而且理由十分牵强。

(4) 保险公司在实务操作中处理不够周到、缜密,一旦发生保险金给付,可能引起许多不必要的纠纷。

(5) 在保险合同成立时,投保人必须对被保险人具有保险利益,但是法律上并没有要求在合同成立后,投保人对被保险人一定要具有保险利益,因此,本案中不能因被保险人和投保人的离婚而判决该合同无效。

(6) 在生存年金中,受益人先于被保险人死亡,保险金是属于被保险人的财产还是属于已经死亡的受益人的遗产,在法律上并无特殊规定,在保险法中也只是规定了死亡给付条件的保险金的受益人先于被保险人死亡的,保险金才作为被保险人的遗产处理,而对生存年金在受益人先于被保险人死亡的情况下,保险金该作何处理就没有相应的规定。

此案比较复杂,相关法律条款又如此苍白,应该认为:受益人死亡后,龙先生有权收回其继续交的保费,此时,吕女士拥有对保险金的所有权。不难看出,本案属于保险实务中比较复杂的案例,涉及《保险法》和《民法通则》中的许多原理及法条。保险利益原则必须灵活运用,才能在实务中正确解决问题。

(资料来源:蒲成毅,《保险案例评析与思考》,机械工业出版社,2003年)

案例 4-31 保险金能否用来偿还债务

一、案情简介

2010年，刘先生为自己投保了20万元人身保险，并指定其刚出生的儿子小虎为受益人。前不久，刘先生因意外事故死亡，保险公司经过调查核实后决定赔付20万元保险金。消息传出，刘先生的债权人上门讨债，欲将这笔保险金用以偿还刘先生生前的债务。刘先生的妻子丁女士咨询，这笔保险金是否应像刘先生的遗产那样，必须先用来还债？

二、点评与思考

刘先生妻子丁女士所咨询的问题，涉及保险金作为指定受益人的个人财产和作为遗产由被保险人的法定继承人予以继承的区别。在人身保险中，受益人设立的初衷就是弥补因被保险人的死亡给他带来的经济损失和精神损失。在人身保险合同中，凡指定受益人的，受益人获得的保险金应属于受益人的个人财产，由受益人独立享有和支配，这和被保险人的遗产是有本质区别的。

《民法通则》和《继承法》规定，遗产必须先用于缴税和还债，剩下的部分才能进入继承程序。儿子自己的财产当然不能用来替父亲还债。

在本例中，受益人小虎是由被保险人指定的，并且被保险人对此并未做出变更，因此，小虎是该保单的合法有效受益人，这笔保险金全部归小虎所有，不应用于偿债。由于小虎尚未成年，该笔保险金应由监护人丁女士代为领取和保管。

受益人在保险合同中有着特殊地位，他在被保险人死亡之后享有领取保险金的权利，不承担任何义务。因此，受益人只有明确自己的法定权利义务，才能更好地保护自己的合法权益不受侵害。

值得一提的是，如果本案中刘先生未指定受益人的话，情况就大不相同了。根据《保险法》第六十四条规定，在以下3种情况下，保险金作为被保险人的遗产处理：

（1）没有指定受益人；

（2）受益人先于被保险人死亡，没有其他受益人的；

（3）受益人丧失受益权或者放弃受益权，并且没有其他受益人。

如果保险金作为被保险人的遗产，那么这笔保险金应先用于偿还刘先生的债务，如果还完债务还有剩余，则由丁女士和小虎继承。

（资料来源：蒲成毅，《保险案例评析与思考》，机械工业出版社，2003年）

案例 4-32 是保险金还是遗产

一、案情简介

2006年3月，王母以王某为被保险人投保某保险公司的终身寿险（含人身意外伤害致死责任），未指定受益人。保险公司工作人员就在保险单的"受益人"栏填写"法定"二字。2007年王某与赵女士结婚，后来生一男孩。2008年6月王某因遭意外伤害死亡。保险公司应付10万元身故保险金。但王母与赵女士为保险金归属问题发生争执，双方各执己见而对簿公堂。原告赵女士认为配偶是法定受益人，应该有保险金分割权。被告王母认为自己是投保人，保费是自己交的，投保时王某未婚，因而投保时的法定受益人是王某的父母。

二、法院审理与判决

一审法院认为变更受益人应书面通知保险人，但投保人、被保险人从未出具变更通知，因而判决受益人是王的父母。赵女士不服，上诉中级人民法院。中级人民法院认为核心问题是法定受益人在时间的界定上是指投保时，还是指王某婚后。因法律规定不明确而征求保险公司的意见。保险公司认为：

首先，投保人、被保险人在投保时未指定受益人的，保险公司在"受益人"栏填写"法定受益人"是符合规定的。本案法定受益人的涵盖内容在投保时与出险时确实发生了变化，但这不属于保险人的行为，应属于受益人范围的自然扩展，与投保人或被保险人是否出具通知无关。其次，受益人与投保人无必然关系，也与保费缴纳人无必然关系。购买保险（此处专指本案中的人身意外伤害保险）是对将来可能发生的伤残、死亡事故给被保险人造成损失时能够得到补偿的一种提前准备。在王某未出险的过程中，10万元保险金只是个数字概念，一种期得利益，王某因故身亡10万元保险金才成为实实在在的赔款。因此，保险金的法定受益人应以发生保险责任事故时的情况而定，赵女士享有保险金分割权。

因此，终审法院认为："本案给付的保险金转化为被保险人的个人遗产，赵女士享有保险金的分配权，应由双方当事人均等继承"。

三、点评与思考

本案是受益人在合同生效后发生了变化呢，还是根本就不是什么受益人问题，而是遗产的分割继承问题呢？

（1）中级法院的看法是："本案的核心问题是确定法定受益人在时间的界定上是指投保时，还是指王某婚后。"其实不然，这不能成为核心问题，这也不是问题。因为投保单的"受益人"栏没有指定受益人，就已明确了没有受益人。没必要再问"受益人是指投保时的还是出险时的"。《保险法》规定："被保险人或者投保人可以变更受益人但要书面通知保险人。保险人收到变更受益人的书面通知后，应当在保险单上批注。投保人变更受益人时须经被保险人同意。"由此可见，被保险人可在保险期间随时变更受益人。若没变更受益人，则以投保单"受益人"栏记录的受益人为准；若变更受益人，则以最后一次变更通知书记录的受益人为准。

（2）对终审法院的判决"被保险人的个人遗产，应由双方当事人均等继承。"其中"双方当事人"应该指的是诉讼当事人，即原告——被保险人之妻与被告——被保险人之母。她们俩"均等继承"是不正确的。因为被保险人的配偶、子女、父母同为第一顺序继承人，应该是被保险人的妻子、儿女、父母等人都参与其遗产的继承。

（3）保险公司认为："投保人、被保险人在投保时未指定受益人的，保险公司在'受益人'栏填写'法定受益人'是符合规定的"，这一看法是不对的。其实，《保险法》在针对该案中的被保险人死亡时具有法律效力的保险法规都没有这种规定。另外，根据《保险法》，受益人只能由被保险人或投保人指定，投保人指定受益人还必须经被保险人同意。由此可见，保险公司是没有权力在"受益人"栏里填写"法定继承人"的，保险公司的行为是不符合保险法规定的。而且，保险公司认为"本案法定受益人的涵盖内容在投保时与出险时确实发生了变化，但这不属于保险人的行为，应属于受益人范围的自然扩展，与投保人或被保险人是否出具通知无关"以及"保险金的法定受益人应以发生保险责任事故时的情况而定"的认识也是没有法律依据的，也就不对了。

另外，保险公司指出"赵女士享有保险金分割权"。则将赵女士视为受益人了，这是不对的。终审法院也跟着犯错从而判决"赵女士享有保险金的分配权"。其实，赵女士享有的不是保险金分割权或分配权，而是遗产继承权。

还有，保险公司意见中的某些概念也欠准确。首先，购买保险（此处专指人身意外伤害保险）是对将来可能发生的伤残、死亡事故给被保险人造成损失时能够得到补偿的一种提前准备，其实，对人的伤残、死亡造成的损失不可能得到"补偿"。因为人的身体和生命无法用货币来计量价值，无价的身体伤残了、无价的生命死亡了都是无法"补偿"的。其次，"王某因故身亡10万元保险金才成为实实在在的赔款。"其中"赔款"一词不合适。《保险法》有严格区分：对"补偿性保险合同"支付的保险金称"赔偿"；对"给付性保险合同"支付的保险金称"给付"。"受益人与投保人无必然关系，也与保费缴纳人无必然关系。"似乎将投保人与保费缴纳人完全割裂开了。其实，《保险法》第十条第二款规定："投保人是指与保险人订立保险合同，并按照保险合同负有支付保险费义务的人。"

（4）综上所述，投保人、被保险人均没有在投保单的"受益人"栏指定受益人。根据《保险法》规定："人身保险的受益人由被保险人或者投保人指定。投保人指定受益人时须经被保险人同意。"可见，受益人只能由被保险人或投保人指定，保险公司工作人员在"保险单"的"受益人"栏填写"法定"或"法定受益人"都不具有法律效力，只能认为被保险人、投保人没有指定受益人。退一步说，即使保险公司在"保险单"的"受益人"栏填写的"法定"或"法定受益人"具有法律效力，"法定"二字或"法定受益人"也起不到指定受益人的作用，它既不是人的姓名，又不能表示受益人与被保险人的特定关系，而且，在《保险法》中找不到这一术语，不具有指定受益人的实际意义，因为与被保险人具有法定关系的人不可胜数，如同事、同学、同乡等，显然具有这些法定关系的人不可能都是受益人，因而只能视为没有指定受益人。

《保险法》规定："被保险人死亡后，遇有下列情形之一的，保险金作为被保险人的遗产，由保险人向被保险人的继承人履行给付保险金的义务：一是没有指定受益人的；二是受益人先于被保险人死亡，没有其他受益人的；三是受益人依法丧失受益权或者放弃受益权，没有其他受益人的。"据此可知，本案的保险金就只能作为被保险人的遗产处理。

遗产的继承就要遵循我国《继承法》的规定：法定继承分为两个顺序：第一顺序继承人包括配偶、子女、父母；第二顺序继承人包括兄弟姐妹、祖父母、外祖父母。因此，此案保险金应由被保险人的妻子、儿女、父母继承被保险人的10万元遗产。

本案不是领取保险金问题，而是遗产继承问题。在法律中，只有"法定继承人"的概念，而没有"法定受益人"的概念。按保险法规定，被保险人在受益人栏中只填写"法定"两字，等于没有指定受益人。此时保险金只能作为被保险人的遗产。既然本案中保险金为被保险人的遗产，就要按照《继承法》相关规定在继承人之间进行分配。

领取保险金与继承遗产是有区别的。首先，遗产不同于保险金。若为遗产则必须偿还被继承人的债务并缴纳遗产税；若为保险金则不必偿还已故被保险人的债务，也没有缴纳遗产税的义务。其次，继承权不同于受益权。被保险人死亡之前，受益人只具有领取保险金的期待权。被保险人死亡时，受益人的期待权才转化为债权，保险人给付保险金后，此债权转化为遗产。期待权不能继承，债权遗产才能继承。若受益人先于被保险人死亡，受益人的法定继承人不能因继承而成为新的受益人。若被保险人死后，受益人没来得及领取保险金就死亡了，则其法定继承人可继承受益人的债权，继承受益人应得保险金转化而成的遗产。

由于在保险实务中，保险代理人往往在指导被保险人填写合同相关事项时存在代替被保险人填写的不规范行为。因此，保险公司对营销人员的培训应强化有关受益人的知识，应耐心指导客户理解受益人的含义以及正确填写"身故保险金受益人"栏的基本原则，以避免保险事故发生后出现不必要的纠纷。若被保险人、投保人坚持不指定受益人，保险公司也不能代为填写"受益人"栏。

（资料来源：蒲成毅，《保险案例评析与思考》，机械工业出版社，2003年）

第五章

保险公司业务经营篇

基本理论

保险公司是保险市场的供给者,保险公司的业务经营状况直接影响着保险市场的发展。

保险公司业务经营活动与其他公司相比,有着自身的特殊性,必须遵循以下原则:风险大量原则、风险选择原则和风险分散原则。在业务经营中应树立正确的经营理念,制定合理的经营目标,以保证保险公司经营的正常运作。

保险公司业务经营活动通常包括展业、承保、理赔、分保、防灾及资金运用等环节。这些经营活动均以实现保险经济保障为目的。因此,保险公司在注重保险业务的特殊性、安全性和效益性的同时,力求经营的各个环节连续、通畅。

相关案例

案例5-1 一起骗保案引发的思考

一、案情简介

投保人(被保险人)赵某,女,自2010年4月至2012年在4家寿险公司投保人身保险，保险金额合计 51 万元，年缴费 22 450 元。赵某一家四口人，包括丈夫徐某、两个子女。投保单告知身体健康，受益人为胡某，受益份额 100%，与投保人关系填写为母女。

2012 年 9 月赵某去世后，受益人胡某并未急于向 4 家寿险公司提出索赔，而是采取各个击破的策略，待合同生效 2 年后，分步骤将保险公司告上法庭。2012 年 12 月通过某人民法院与某寿险公司调解，获赔 8 万元。2014 年 8 月向某人民法院起诉某寿险公司，某人民法院根据 2 年不可抗辩条款判决保险公司支付 12 万元。其余两家保险公司的保单暂未申请理赔。

二、本案疑点

4 家保险公司经过多方走访调查了解，本案存在以下疑点：

（1）被保险人赵某实际未离婚，投保告知离婚，且指定受益人胡某与赵某无任何法律关系，投保时告知胡某与赵某为母女关系；走访发现赵某配偶徐某、两个孩子均健在，指定他人为保险受益人与常理不符。

（2）投保时告知身体健康，但经过调查了解到 2008 年 8 月赵某因"橄榄体延髓综合症"在某医院住院治疗，且在走访村民时了解到赵某瘫痪在床十几年，投保时不实告知。

（3）在短短的 2 年内赵某连续在多家保险公司投保，保险金额高达 51 万元，年缴保费 22 450 元，缴费期均较长。投保时隐瞒在其他保险公司投保经历，且投保人长期瘫痪在床，投保人配偶徐某在团山镇义城物流园打工，投保人家庭年收入不足以支撑所缴保费。且通过赵某配偶徐某了解到该笔保险费由胡某的父亲支付。

（4）赵某死亡后胡某仅仅是通过电话咨询理赔事宜而已，并未进行实质性主张，迟迟没到公司办理索赔事宜，也未提交任何资料和书面申请，故意拖延时间至逾不可抗辩期，造成公司丧失调查权力，明显钻法律空子。

本案有涉嫌骗保的许多疑点，特别是投保人赵某没有理由用自己的生命，为一个既无任何法律关系又无利害关系的人，去获得巨额保险金。这可以看出胡某具有明显的主观骗赔的重大嫌疑，而且构成骗赔的证据链。如果不给予这种骗赔行为以应有的惩处，让其打着合法的幌子，通过非法手段达到骗赔目的，不仅是对法律的亵渎，也势必给其他不法分子效仿，从而产生社会负效应。

三、法院审理与判决

法院经审理后认为：投保人（被保险人）赵某与保险人签订的人身保险关系成立，合同不违反国家法律、行政性法规的强制性规定，为有效合同。依法成立的合同对双方当事人均具有法律约束力，双方应当按照合同约定及法律规定承担义务、享有权利。根据保险法的相关规定，投保人故意或因过失在保险人就被保险人有关情况提出询问时，未履行如实告知义务，足以影响保险人决定是否同意承保或提高保费的，保险人有权解除合同；但自合同成立之日起超过 2 年的，保险人不得解除合同，并应当承担给付保险金的责任。本案保险合同成立并生效之日起至本案起诉时止已逾 2 年，在此期间，保险人并未要求解除保险合同，故不论赵某在投保时是否履行如实告知义务，保险人已丧失合同解除权，保险人应当承担给付保险金的责任。保险人在 2012 年 9 月通过胡某咨询理赔事宜得知被保险人赵某去世，即应当知道胡某作为受益人有理赔意向，应当及时做出核定，对属于保险事故的，履行给付保金的义务，对不属于保险事故的，应当向受益人发出解除保险合同或拒绝赔偿通知，故保险人丧失保险合同解除权是其怠于履行自身职责所致，而非受益人未申请理赔所致，其关于受益人未申请理赔致其丧失合同解除权的抗辩理由与查明事实不符，法院不予采纳。

法院认为，被保险人赵某在保险期间去世，属于终身寿险的承保范围，保险人应当承担保险责任，履行给付保险金12万元的义务。胡某作为赵某指定的受益人，有权向保险人主张保险金，故其要求保险人支付保险金12万元的诉讼请求符合合同约定及法律规定，法院予以支持。依照《合同法》第六十条第一款、第一百零七条、《保险法》第十二条、第十四条、第十六条第三款之规定，判决保险人于本判决生效之日起15日内支付原告胡某保险金人民币12万元。

四、点评与思考

本案是一起典型的保险诈骗案件，但法院却判决保险公司败诉，不得不引起业内人士的反思。如果我们的条款严谨、业务员认真把关、及时解除合同或下发拒赔通知书的话，就可以完全避免这起骗赔案件的发生，更不会出现这种被诈骗反而败诉的尴尬局面。在今后的工作中切实加强经营管理，把风险防控做得更加严谨细致，不给不法犯罪分子任何可乘之机，具体如下：

（1）在投保环节。业务员面见被保险人和填写业务员报告书时，对被保险人健康状况，要详细了解、询问，如实填写健康状况，保单信息要真实无误，切实从源头把好第一关，防止带病投保，埋下风险隐患。

（2）在承保和复核环节。认真审核资料，对有疑问的投保件，内勤要负责，对不良保单要及时解除合同，消除隐患。

（3）在理赔环节。对经调查在不可抗辩期内发生的事故，及时下达拒赔书面通知书，避免因未尽到调查和未履行解除合同的权利，而陷入被动，争取法律上的主动。

（4）亡羊补牢。毋庸置疑，保险人在民事诉讼中自身存在过错，最终导致败诉。但是，可以通过刑事部分追究对方涉嫌诈骗保险金的犯罪行为，拿起法律的武器维护自己的合法权益，同时给不法分子以震慑作用。

（资料来源：闫非克，《中国保险报》，2015年1月8日）

案例5-2 买车险当天发生事故 保险公司是否赔偿

一、案情简介

2013年11月29日17点24分，原告杨某委托某营销人员到人保财险资阳分公司为小型轿车购买机动车商业车损险、第三者险和车上人员责任险。保险期间自2013年11月30日0时起至2014年11月29日24时止。当日购买保险后晚上10点左右，原告报案、称其投保车辆刚刚发生交通事故，投保车辆行驶至遂资眉高速公路某处发生单方碰撞事故，造成车辆损失和路产等损失，后经确认本次事故造成车损28 190元、路产4 320元、拖车及吊车施救

2 018元，总损失金额34 528元。事后投保人向保险公司提出索赔，保险公司以杨某投保单尚未起保为由全案拒赔，杨某为此向法院提起诉讼。

原告杨某认为：一是根据保险法规定依法成立的保险单自成立时生效，保险公司违反法律规定采取次日生效确立保险期间，不但不合理而且违反了法律强制规定并明显侵犯了投保人的合法权益；二是保险合同是格式合同，如果出现争议应该做有利于投保人的解释；三是对保险期间的约定投保人在投保时，保险公司未对其作明确说明，依据保险法规定该约定无效。

保险公司抗辩认为：一是原告第一个观点属于断章取义，依据保险法，投保人或保险公司可以对合同效力约定附条件或附期限。所以，保险公司对投保人车险采取次日生效确立保险期间，符合国家法律规定；二是投保人认为本案投保人与保险公司对保险期间存在争议，仅仅是投保人自己对保单生效有异议，并不是对保险期间有争议；三是保险期间约定属于保险合同的要素之一，不属于免责条款。如果原告坚持认为保险期间约定无效，那么该保险合同属于无效合同，保险公司不用承担赔偿责任。

二、法院审理与判决

一审法院判决认为：本案争议的主要焦点在于原告投保的保险合同生效时间问题。依照《保险法》第十三条第三款规定的保险合同生效的一般原则，依法成立的保险合同自成立时生效，以投保人或保险人可以对合同的效力约定附加条件或附期限作为例外，本案原告在被告处投保时，被告采用"零时起保制"现场机打保险期间为次日零时起保，按照普通人的辨识能力，原告应当注意该条款并可以提出异议，但原告缴纳保险费，应当视为其认可约定的保险期间，该保险期间条款对合同双方具有约束力。原告投保当天发生单车事故时，尚未到双方约定的生效时间，因此原告依照保险合同请求被告承担保险责任没有法律依据。依照《保险法》第十条、第十三条、第十四条之规定，驳回原告杨某的诉讼请求。

一审宣判后原告不服，向中级人民法院提起上诉。二审法院判决认为：

（1）保险公司基于行业习惯对原告投保车辆采取次日零时起保确定保险期间，并未违反法律规定；

（2）依照《保险法》第十八条保险合同应当包括下列事项：（一）保险人的名称和住所；……（四）保险责任和责任免除；（五）保险期间和责任开始时间；……可见保险期间约定属于保险合同必备事项，而非责任免除条款的约定。

（3）保险合同的主要内容是格式条款，属于重复使用而且不变的，但每份保单关于保险期间的约定是不同的。同时，只有在依据通常理解可能出现两种以上不同解释的情况下方能使用不利解释。

为此，二审终审判决，驳回上诉，维持原判。

三、点评与思考

目前，在各类机动车案件赔偿诉讼中，保险公司基本上输多胜少。本案保险公司之所以能够胜诉，除诉前准备充分外，我们认为有以下两个方面值得注意：

1. 找准应诉切入点

本案通过保险公司查勘调查，其实投保人很有先出险后投保的重大嫌疑。一是因为该投保人上期保单2013年6月就已经到期却迟迟未续保,直到11月29日原告才匆匆从外地电话委托某营销人员到保险公司续保,而保险公司后期调查情况看原告打电话区域正是出险地周围;二是对出险时间进行深入调查后,还取得了一些原告先出险后投保的其他证据。但是在诉讼过程中我们感到,如果以道德风险抗辩,很可能法院会以证据不足而导致保险公司处于被动。所以我们在实际诉讼工作中,主要还是针对原告诉求漏洞,依据国家法律规定和保险合同的有效性进行无责抗辩。

2. 加强与各级法官的沟通

一是基于各种因素,目前很多法院的法官对保险法律并不是十分熟悉,也正是由于缺乏沟通,导致不少保险公司一些本不应该败诉的案件却屡屡败诉。所以在诉前诉中我们多次将《保险法》原文、最高人民法院相关司法解释等提供给主审法官学习。二是对于前期我们对投保人先出险后投保的重大嫌疑,虽然未在法庭上抗辩,但在开庭完后主动找法官进行了工作沟通,请法官务必公正裁判。三是向法官阐明公司的态度,保险公司将对本案存在重大道德风险的嫌疑进一步调查取证,如法院枉法判决,一旦保险公司查明真相,将本着对国家财产损失负责的态度,严肃追究相关责任人责任。通过这些交流和沟通,有效促使两级法院对本案审理都非常谨慎,最终确保了保险公司胜诉。

(资料来源:曾华明,《中国保险报》,2015年1月29日)

案例5-3 保险代理人的个人行为和保险代理行为

一、案情简介

2005年6月28日,张某通过代理人赵某投保了某款人寿养老保险产品,以趸交方式交付保险费55 460元。赵某出具了盖有某人寿保险公司印章的保险费预收收据,其中载明:"本收据为暂收收据,若本公司同意承保,将出具保险单;如不同意承保,预收保险费返还。"7月2日,赵某找到张某称收取的保险费被盗。赵某愿意为张某补交保险费,但是手头没有这么多现金,故将张某的保险费交付方式由原来的趸交改为年交,首期保险费交4 150元,余款保证4个月内交清。张某同意。赵某出具欠据:"本人因工作不慎将保险费丢失,现先以年交方式给投保人张某交付首期保险费,保险单生效后2个月内,本人一定将剩余保险费偿还张某。"张某应赵某要求退还55 460元保险费预收收据,赵某出具了4 150元收据。保险公司对此一无所知。7月8日,赵某将首期保险费交保险公司,保险公司签发了张某的保险单。8月14日,赵某因意外事故死亡。几天后,张某到保险公司叙述上述经过,并要求保险公司对因其业务员将投保人所缴保费丢失的行为给予赔偿,双方发生争议并诉讼。

二、争议及处理

双方争议的焦点:赵某的行为是否属于代理行为,保险公司该不该对丢失的保险费予以赔偿。

张某认为，赵某是以保险代理人的身份一次性收取全部的保险费，出具了保险公司的收款收据，由此造成投保人的损失，保险公司应当先承担法律责任，再追究代理人的法律责任。

保险公司认为，赵某与投保人达成分期还款协议，并部分履行了这一协议，构成了债务合同关系，已不属于保险代理行为或职务行为，属个人行为。

法院认为，赵某收到保险费并签发预收收据的行为，是以保险公司名义进行的，属于代理行为。但赵某是以自己的名义写的欠据，该行为不属于代理行为，属于其个人行为。张某与赵某之间就剩余保险费的返还问题达成的欠据协议有效，但是与保险公司无关。因此，保险公司不予承担赔偿责任。

三、点评与思考

保险代理是代理行为的一种，属于民事法律行为。从经营角度看，保险代理人是保险人委托保险代理人扩展其保险业务的一种制度。保险代理人是根据保险人的委托，向保险人收取佣金，并在保险人授权的范围内代为办理保险业务的机构或者个人。保险代理机构包括专门从事保险代理业务的保险专业代理机构和兼营保险代理业务的保险兼业代理机构。保险代理人的权利来自保险代理合同中所规定的保险人的授权。

我国《保险法》第一百二十六条规定："保险人委托保险代理人代为办理保险业务，应当与保险代理人签订委托代理协议，依法约定双方的权利和义务。"第一百二十七条规定："保险代理人根据保险人的授权代为办理保险业务的行为，由保险人承担责任。保险代理人没有代理权、超越代理权或者代理权终止后以保险人名义订立合同，使投保人有理由相信其有代理权的，该代理行为有效。保险人可以依法追究越权的保险代理人的责任。"作为民事代理行为中的一种特殊行为，保险代理人须具有代理的基本特征：（1）保险代理人必须以保险人的名义实施保险活动；（2）保险代理人必须在代理权限内进行活动；（3）保险代理人代理活动的法律后果必须由保险人直接承担。

本案中，赵某以保险公司的名义进行展业，并且在收取保险费后出具了盖有保险公司印章的保险费预收收据，该行为符合我国《保险法》第一百一十七条对保险代理人的界定，为保险公司的代理人。

但现实生活中保险代理人具有双重身份，他既是保险代理人，代理保险公司实施相关的保险产品推销、买卖、签订合同等行为；又是普通民事主体，进行和自身利益相关的各种活动。因此，实践中认定保险代理人的行为是谁的行为十分重要，关系到保险公司和保险代理人双方的利益。在确认是代理行为还是私人行为时，关键要看保险代理人以谁的名义做出相关行为。如果是以自己的名义实施某行为，则属于私人行为，法律后果由自己承担；如果是以其代理的保险公司名义实施某行为，则属于代理行为，法律后果由保险公司承担。而确认代理行为是否有效时，还要看是在授权范围内行使，还是越权行使，越权行使时还需判定是构成表见代理还是狭义无权代理。

本案中，赵某作为保险公司代理人收到保险费并出具盖有保险公司印章的保险费预收收据的行为，属于合法有效的保险代理行为，视为保险公司收到了保险费。而赵某将保险费丢失，由此产生的法律责任由保险公司向张某承担，如果张某要求退还保险费，保险公司有义务退还。保险公司退还保险费后，有权要求赵某承担相应的责任。后来，赵某与张某协商一致,将张某的保险费交付方式由原来的趸交改为年交,首期保险费交 4 150 元,余款保证 4 个月内交清后,赵某收回第一张保险费预收收据并出具第二张保险费预收收据的行为,仍然是以保险公司名义进行的,也属于代理行为。而张某同意赵某的做法,交还第一张保险费预收收据并接受第二张保险费预收收据,等于确认保险公司收到其保险费的数额为 4 150 元,而不是首次缴纳的 55 460 元。在此过程中,赵某对张某出具的欠据是以自己的名义写的,该行为属于个人行为。而张某收下欠据后没有提出异议,即为完全同意欠据内容。双方就剩余保险费的返还问题达成的协议合法有效,但该协议只对赵某、张某产生约束力,与保险公司无关。因此,保险代理人赵某因意外事故死亡后,其欠张某的剩余保费应属于私人债务,保险公司无须对因为死亡而引起的该违约行为承担赔偿责任。按照有关协议的约定和民法的规定,张某作为债权人可以从债务人赵某的遗产中得到清偿。如果赵某无遗产或遗产不足以清偿,张某只能自担损失。

实践中,投保人为充分保障自己的利益,需要对保险代理人的行为区分对待。如果符合代理条件,则视为代理行为,行为结果由被代理的保险公司承担;如果是个人行为,则行为后果只能代理人自己承担。

(资料来源:罗忠敏,《新保险法案例解析》,中国法制出版社,2009 年)

案例 5-4 业务员冒领保险金 保险公司如何应对

一、案情简介

2002 年 3 月 2 日,李某经苏州某保险公司保险业务员陆某推销,为自己的儿子周某购买了一份"国寿千禧"理财保险。根据当时的保险合同约定:此保险责任开始时间自 2002 年 3 月 3 日零时起;缴费期间 20 年;缴费方式年交;红利处理方式为累积生息;保险费 8 300 元;在合同有效期内,被保险人生存至每 3 周年的年生效对应日,领取生存保险金 5 000 元。此后李莉依约缴纳了 3 年的保险费共计 24 900 元。

2005 年 3 月 5 日,李某和周某根据当初的合同约定到保险公司申请领取生存保险金,在填写好申请书交齐材料后,网点营业员在保险合同上盖了"已进入领取期"印章。但因当天是周六,营业网点不能领取大额现金,所以营业员要李某周一至周五期间再来领取现金。可没想到,两天后原先帮李某购买保险的陆某自己替周某签名制作了一张授权委托书,向保险公司拿走了这笔保险金,却没有转交周某。当李某和周某再次向保险公司来拿这 5 000 元保险金时,遭到了保险公司的拒付,李某一气之下把保险公司告上法院,认为保险金没拿到,保险合同的目的没有达到,要求解除保险合同,退还保险金。可保险公司却认为保险金已经由他们的保险代理人代领了,他们并没有违反合同的地方。

二、法院审理与判决

双方争议的焦点:保险代理人能否代领保险金。

经过审理,法院认为,陆某冒签了周某的签名,代周某领取生存保险金并未得到他的授权，且在同一合同法律关系中，陆某既是保险人的业务代理人，又作为投保人或被保险人的委托代理人进行双方代理，显然有悖法理，据此认为陆某属于无权代理。保险公司发放保险金时，有义务审查委托书与申请书上的当事人签名是否一致，而柜台营业员在两者签名存在明显差异的情况下，没有提出异议，属审查不严，向陆某发放生存保险金具有过错。由于保险公司不适当履行保险合同，致使原告应得利益受损，在本案中原告并无过错，所以原告的诉讼请求法院给予支持，据此判决解除原告李某与保险公司签订的"国寿千禧"理财两全保险合同；保险公司返还李某保险费 24 900 元。

三、点评与思考

保险代理是保险人委托保险代理人为其拓展业务的一种制度。该制度的推行，对促进保险业务的发展、增加保险公司的经营收益、完善保险市场有着重要作用。在我国，根据《保险法》及有关规定，保险代理人被分为专业代理人（即保险代理机构）、兼业代理人和个人代理人3类。保险代理人可根据保险人的委托，向投保人收取手续费，并在保险人授权范围内代为办理保险业务。业务员作为保险公司的代理人，在展业过程中，必然会涉及保险费的代收业务。《保险代理人管理规定》第五十一条规定："个人代理人的业务范围：（1）代理推销保险产品；（2）代理收取保险费。"因此，业务员向客户收取保费的行为一般被明确视为保险公司授权业务员所做的代理行为，法律后果由保险公司直接承担。与之对应，现实中，保险公司有时为省事，也会通过保险合同的业务员向被保险人或受益人交付保险金，并且认为业务代理人签订合同时是代表公司去销售保险产品的，领款时则是受被保险人的委托来保险公司领取保险金，公司将保险金交给了业务员就是交给了被保险人。

实际上，保险公司的这种认识和做法没有明确的法律依据，实在欠妥。在由保险公司、业务员和被保险人三方构成的这一法律关系中，业务员的身份具有双重性，既是保险公司的代理人，又是被保险人的代理人。而这种在同一交易关系中，由一个人代理交易双方主体的双方代理行为往往不可能两全其美，因为利益原因有可能会引发道德风险造成某一方被代理人利益的损失，违背了善良管理人的义务，属滥用代理权。但是，我国法律对此并没有明确禁止，双方代理行为是否无效，要根据具体情况具体分析。通常，如果该行为经过双方被代理人本人的特殊授权并明确表示同意则是可以生效的。因此，现实生活中业务员能否代替被保险人领取保险金的判断关键是被保险人是否明确表示同意，保险公司不能按照惯例直接把保险金交由保险业务员代为转交。

本案例中，保险公司在发放保险金时，没有履行审查委托书与申请书上的当事人签名是否一致的义务，柜台营业员在两者签名存在明显差异的情况下，没有提出异议，导致代理人陆某利用伪造制作的授权委托书冒领保险金的行为没有被发现，从而损害了被保险人周某的利益，因此，保险公司在业务中明显存在审核不严的过错，应该承担赔偿责任。至于保险公司主张的代理人在领款时是受被保险人委托而领取的主张，在法律上不成立，在没有被保险人的特别授权时，保险代理人仅仅只是保险公司的代理人，和被保险人是不能直接发生代理关系的。

保险代理人通常只是保险公司的代理人，代替保险公司销售保险产品，但和被代理人之间不存在任何代理关系，除非明确受到被保险人的授权。因此，保险代理人是无权代替被保险人领取保险金的,保险公司在经营中应注意核查相应的代理授权手续。

(资料来源:中保网资料整理改编)

案例5-5 保险公司违反内部规定对保单效力的影响

一、案情简介

2010年11月2日,孙某夫妇每人投保了100万元人寿保险并缴纳了保险费,11月3日,保险公司同意承保并签发了正式保单,保单上约定承担保险责任的时间为11月3日零时。11月4日,孙某夫妇在外出途中发生车祸,当场死亡,保单受益人孙某夫妇的父母向保险公司索赔。保险公司认为,根据该公司投保规定,人身保险合同金额巨大的,应当报总公司批准并且必须经过体检后方可承保,孙某夫妇违反了保险公司关于投保方面的规定,因此,该保单并没有发生法律效力。保险公司据此做出了拒赔决定。孙某夫妇的父母不服,向法院起诉,要求保险公司承担给付保险金的责任。

二、争议及处理

双方争议的焦点:该人身保险合同是不是属于有效合同。

在处理过程中,存在两种不同的意见:第一种意见认为,企业内部的规定,只要不与法律、法规相抵触,就应当是有效的,可以作为判案的依据。该案中的保险合同违反了保险公司的投保规定,因此,保险合同无效,保险公司不承担给付保险金的责任。第二种意见认为,保险公司的内部规定投保人并不知晓,因此对投保人不具有约束力,该保险合同应为有效合同,保险公司应承担给付保险金的责任。

三、点评与思考

分析本案的关键在于确定保险公司的内部规定对投保人是否具有约束力。为了规范公司的发展,提高经营效率,各保险公司在业务经营中往往会对承保、核保、审批、理赔等行为制定一些细节操作规定,而这些细节规定一般由保险公司内部人员掌握,对外不公开,通常被称为内部规定,其主要任务是用于指导业务发展、规范内部管理。

由于内部规定主要是对保险公司的内部人员发生约束力,没有对外直接公开,这就使投保人、被保险人在没有被明确告知的情况下是无法知晓相关规定内容的,而告知方式一般包括在保险合同中明确体现或者在签订合同前明确告知投保人。这样,就会产生两种情形:一种是保险人已通过保险合同的条款规定明确予以体现,另一种则是在订立保险合同时业务员已明确告知投保人。这两种方式都可以使投保人完全知晓这些内部规定,那么,此时是对投保人依法具有约束力的。相反,如果这些规定没有被投保人知晓,这些规定则对投保人不具有约束力。

《保险法》第十七条规定:"订立保险合同,采用保险人提供的格式条款的,保险人向投保人提供的投保单应当附格式条款,保险人应当向投保人说明合同的内容。对保险合同中免除保险人责任的条款，保险人在订立合同时应当在投保单、保险单或者其他保险凭证上做出足以引起投保人注意的提示，并对该条款的内容以书面或者口头形式向投保人做出明确说明；未作提示或者明确说明的，该条款不产生效力。"

本案中关于巨额保险合同须经上级公司批准后才能发生效力以及必须体检后才能承保等规定，保险公司并未在合同中注明，业务员也没有在销售保险时明确告知孙某夫妇，对孙某夫妇而言这项规定内容是完全不知情的，而以投保人完全不知道的内部规定来约束其是不公平的。因此，该项规定对孙某夫妇不能产生约束力。

在实践中，保险公司本来就是保险合同格式条款的订立人，具有明显的信息优势和专业优势，如果再允许其内部规定对外产生效力，则更会增加保险公司的优势地位，造成其运用内部规定来违规操作，当投保人发生了保险事故后，援引内部规定以达到拒赔的目的；相反，如果保险期满时投保人没有发生保险事故或有损于自己利益时，则不援引内部规定主张合同无效。无论如何，保险公司始终处于利益最大化地位，这是明显不公平的。

由此可见，本案中保险公司的内部规定对孙某夫妇是不具有约束力的，针对该项争论不能作为判定保险合同无效的依据，保险公司应当承担保险责任。

保险公司的内部规定是不能对投保人、被保险人或受益人产生约束力的。如果想要产生法律效力，必须在保险合同中写明或者明确告知当事人方可。否则，对保险合同双方当事人利益的保护明显有失公平。

（资料来源：上海金融学院网站整理改编）

案例 5-6　保险公司理赔程序的合理性及其后果

一、案情简介

2006 年 5 月 24 日，五路公司大兴门市部为其所有的京 G2××××车辆向某财产保险公司投保了车辆损失险、第三者责任险、车上人员责任险、不计免赔率特约条款，被保险人五路公司大兴门市部，保险期限自 2006 年 5 月 25 日至 2007 年 5 月 24 日。《第三者责任险》第四条约定：被保险人或其允许的合法驾驶人在使用被保险机动车过程中发生意外事故，致使第三人遭受人身伤亡或财产直接毁损，依法应当由被保险人承担的损害赔偿责任，保险人依照本保险合同的约定，对于超过机动车交通事故责任强制保险各分项赔偿限额以上的部分负责赔偿。第二十二条约定，被保险人索赔时，应当向保险人提供与确认保险事故的性质、原因、损失程度等有关的证明和资料；被保险人应当提供保险单、损失清单、有关费用单据、被保险机动车行驶证和发生事故时驾驶人的驾驶证；属于道路交通事故的，被保险人应当提供公安机关交通管理部门或法院等机构出具的事故证明、有关的法律文书及其他证明。第二十三条约定，因保险事故损坏的第三者财产，应当尽量修复。修理前被保险人应当会同保险人检验、协商确定修理项目、方式和费用。否则，保险人有权重新核定或拒绝赔偿。

2007 年 4 月 2 日，五路公司雇佣王某驾驶保险车辆执行公司任务，在朝阳区北五环路主路内环顾家庄桥,与车某驾驶的车辆相撞,发生交通事故,当地交通管理部门认定王某负事故的全部责任。事故发生后,王某在保险合同约定的期限内向财产保险公司报告出险,财产保险公司告知其带证明,由办理人本人及第三者责任险办理人在出险后48小时内带齐手续及第三者责任险到某理赔分中心定损,并给报案号,五路公司未带第三者责任险办理人到财产保险公司定损。

车某此后将自己的车辆送至某汽车维修有限公司进行维修,支付修理费14 910元,后以道路交通事故损害赔偿纠纷为案由将五路公司、王某诉至法院,要求赔偿车辆维修费14 910元。

二、法院审理与判决

双方争议的焦点是:车某未经保险公司检验便自行修理车辆花费的费用,保险公司该不该赔偿。

法院认为,保险条款约定"修理前被保险人应当会同保险人检验、协商确定修理项目、方式和费用,否则,保险人有权重新核定或拒绝赔偿。"条款不能证明保险公司的赔偿责任因未经其亲自定损而被当然免除,判决保险公司向五路公司赔偿保险金。

三、点评与思考

保险理赔,是指保险合同所规定的事故发生后,保险人接到被保险人或者受益人在规定时间内提交的申请赔款报告时,依照约定对保险标的遭受损失或者损害的情况进行调查核实,并予以经济补偿或者给付的行为。保险理赔是保险经营的最后一道环节,既是保险人守诺言、履行保险合同义务的关键环节和具体表现,又是被保险人、受益人的保险利益得以实现的关键点。做好保险理赔工作,对于提高保险公司的信誉和经济效益具有重要意义。为了加强保险经营与管理,提高理赔工作质量,保险理赔通常须遵循以下原则:重合同、守信用原则,实事求是原则,主动、迅速、准确、合理原则。

为了保证理赔工作的迅速、准确、合理,《保险法》第二十三条也规定:"保险人收到被保险人或者受益人的赔偿或者给付保险金的请求后,应当及时作出核定;情形复杂的,应当在30日内作出核定,但合同另有约定的除外。保险人应当将核定结果通知被保险人或者受益人;对属于保险责任的,在与被保险人或者受益人达成赔偿或者给付保险金的协议后10日内,履行赔偿或者给付保险金义务。保险合同对赔偿或者给付保险金的期限有约定的,保险人应当按照约定履行赔偿或者给付保险金义务。保险人未及时履行前款规定义务的,除支付保险金外,应当赔偿被保险人或者受益人因此受到的损失。任何单位和个人不得非法干预保险人履行赔偿或者给付保险金的义务,也不得限制被保险人或者受益人取得保险金的权利。"

在现实中,保险人为高效、高质地完成理赔工作,制定了一系列流程规定,包括:

(1) 立案查验。要求保险人在接到出险通知后,内勤人员应及时查对保险单,报告案情,编号立案,外勤理赔人员应立即去现场查勘,查明出险地点、时间,了解出险原因、经过,并帮助施救整理受损财产,妥善处理损余物资。

(2) 索取并审核证明和资料。根据保险条款的规定,被保险人发生灾害事故后申请索赔时,应提供有关出险证明、资料,保险人则需对这些材料进行审核,以确定保险合同是否有效，保险期限是否届满，受损财产是否是保险标的物，索赔人是否有权主张赔付，事故发生的地点是否在承保范围内等。

（3）核定保险责任。保险人在对出险事实查验和对被保险人提供的证明、资料审核后，就该进行保险责任的认定，及时作出自己应否承担保险责任以及承担多大责任的核定，并将核定结果通知被保险人或者受益人。

（4）履行赔付义务。保险人在核定责任的基础上，对属于保险责任的，应依照保险合同的约定，履行赔偿或者给付保险金义务。

上述程序在任何类型的保险业务中均能适用，但需要指出的是，由于责任保险中被保险人的赔偿责任已通过保险合同关系的建立转移到了保险人身上，这就使被保险人与第三者之间就其责任的承认、和解、否定以及赔偿金额的多寡等问题达成的协议，均直接关系到保险人责任承担的多少，与其利益密切相关。因此，大多数国家的法律通常都规定，保险人拥有处理责任事故的参与权。

我国《保险法》第六十五条也对此有相应规定："保险人对责任保险的被保险人给第三者造成的损害，可以依照法律的规定或者合同的约定，直接向该第三者赔偿保险金。

责任保险的被保险人给第三者造成损害，被保险人对第三者应负的赔偿责任确定的，根据被保险人的请求，保险人应当直接向该第三者赔偿保险金。被保险人怠于请求的，第三者有权就其应获赔偿部分直接向保险人请求赔偿保险金。

责任保险的被保险人给第三者造成损害，被保险人未向该第三者赔偿的，保险人不得向被保险人赔偿保险金。

该条款明确规定了责任保险中保险人向第三者赔偿的条件，即被保险人须作为加害人给第三者（受害人）造成损害，并且该损害带来的赔偿责任是合法、合约的。在这一法律关系中，保险人与第三者并没有直接联系。只有在损害事故发生后，被保险人受到第三者的赔偿请求，且保险人得到了被保险人的通知和请求，保险人才与第三者产生了联系，依法承担应当由被保险人承担的经济赔偿责任。

本案例属于在第三者责任险的理赔中产生的争议纠纷。案例中，五路公司雇佣的王某驾驶的保险车辆与车某的车辆相撞后，未带第三者责任险办理人到财产保险公司定损，并直接将车辆送至某汽车维修有限公司进行维修，这些做法侵害了责任保险中保险人拥有的处理责任事故参与权，致使保险公司无法履行《保险法》第二十三条规定的定损义务，同时，因第一现场已被破坏，也不能确定该事故是否属于保险事故。此外，双方在保险合同中约定的关于事故核定的条款符合《保险法》规定，是双方协商一致后的结果，应属合法有效。

因此，根据保险条款第二十三条的约定，"修理前被保险人应当会同保险人检验、协商确定修理项目、方式和费用，否则，保险人有权重新核定或拒绝赔偿"。即使该条款作为格式条款，因过于维护保险公司的利益，并不能充分证明其赔偿责任因未亲自定损而被当然免除外，根据保险理赔中的重合同、守信用原则，实事求是原则以及公平等原则，五路公司和车某也应该对其各自的过错承担责任，否则，对保险公司承担第三者责任险有失公允。由上述分析可知，本案例中法院的判决有失偏颇。

现实生活中，车损理赔十分容易引发争议，究其原因，除了被保险人与保险公司在保险业务中不可避免的利益冲突外，还在于法律与保险条款的冲突。双方从各自利益最大化角度出发，保险公司倾向于引用保险条款修复为主的规定，避免被保险人的逆向选择，充分防范风险，而被保险人则认为赔偿应以实际损失为准。因此，如何运用现行法律对保险合同的争议纠纷予以解决，就显得格外重要。

（资料来源：罗忠敏，《新保险法案例精析》，中国法制出版社，2009 年）

案例 5-7　超 48 小时时限报案的后果

一、案情简介

2003 年 8 月 19 日 23 时 25 分，郭某的投保车辆在广州市黄埔大道员村文化宫路段发生交通事故，广州市公安局交通警察支队天河大队出具了《道路交通事故快速处理书》，认定被上诉人驾车不小心撞到隔离墩，车主郭某负事故全责。车辆发生交通事故后，郭某通知维修中心将车辆拖至该维修中心修理。维修中心工作人员梁某证实：郭某的车辆发生交通事故后，于 2003 年 8 月 19 日晚被拖进维修中心；8 月 20 日，他拨打保险公司电话报案，但因报案资料不全未被受理；8 月 22 日，他从被上诉人处取得车辆投保资料后即拨打保险公司的电话报案。车辆在维修中心进行了修理，修理费 63 814 元。2003 年 10 月 21 日，保险公司收取了郭某提交的车辆修理费和拖车费发票。2004 年 9 月 20 日，保险公司向郭某发出《机动车辆保险拒赔通知书》，称由于郭某的报案时间（2003 年 8 月 22 日）超过出险时间（2003 年 8 月 19 日）48 小时，根据《家庭自用汽车损失保险条款》第十九条"发生保险事故时……并在保险事故发生后 48 小时内通知保险人，否则造成损失无法确定或扩大的部分，保险人不承担赔偿责任"的规定，不属于保险责任赔偿范围，对此保险公司不能给予赔付。

二、法院审理与判决

双方争议的焦点：保险事故发生后没有在 48 小时内进行有效报案，保险公司是否可以拒赔。法院认为，从郭某提供的证据来看，郭某在保险事故发生后没有在 48 小时内进行有效报案的事实是可以确定的，但是该点并不足以作为保险公司拒付的理由。理由是：《家庭自用汽车损失保险条款》规定被保险人在保险事故发生后 48 小时内通知保险人，否则造成损失无法确定或扩大的部分，保险人不承担赔偿责任。该条款说明保险人不承担赔偿责任的条件是出现被保险人逾期报案而造成保险人无法定损的情形，因此，保险公司若以此条款作为拒赔理由的，应当提供证据证明查勘出险车辆的过程，以证实出险车辆无法定损的事实，或提供证据证明被上诉人维修车辆的修理费及拖车费不真实，但是保险公司并没有提供该方面的证据。因此，保险公司应当按照保险合同约定对可以确定的损失进行理赔。

三、点评与思考

为了避免投保人、被保险人在保险事故发生后为了获得保险赔偿而实施不法行为，损害保险公司的利益，《保险法》第二十一条规定："投保人、被保险人或者受益人知道保险事故发生后，应当及时通知保险人。故意或者因重大过失未及时通知，致使保险事故的性质、原因、损失程度等难以确定的，保险人对无法确定的部分，不承担赔偿或者给付保险金的责任，但保险人通过其他途径已经及时知道或者应当及时知道保险事故发生的除外。"

法律规定此项通知义务的目的主要是：一方面可以使保险人在出险时能立即展开对损失的调查，在第一时间掌握现场第一手资料，不致因调查的迟延而丧失证据，影响责任的确定；另一方面可以使保险人在出险时得以采取适当的方法，与被保险人密切合作，控制灾害、积极抢救，妥善处理损余物资，共同研究整理和保护受损财产的措施、防止损失的扩大。而投保人、被保险人或者受益人作为法定的通知义务人，必须严格履行出险通知义务。

根据法律的规定，履行出险通知义务时应当注意以下几点：一是通知的事项应当是双方在保险合同中约定的由保险人承担保险责任范围内的保险事故，包括出险时间、地点、原因、经过、受损标的的种类、范围及损失程度等；二是通知应当及时，由于保险事故的发生原因多种多样，损失程度参差不齐，为避免被保险人擅自伪造保险案情，扩大保险损失，损害保险公司的利益，保险人应及时查勘现场、核定损失和确定责任，而这一系列行为的前提是要及时通知。现实中，由于实际情况复杂，而投保人、被保险人或者受益人因保险专业知识有限，对受损事故是否属于合同约定的保险事故范围可能判断不清，因此，通知事项不应要求准确无误；通知时间也因险种不同、事故类型不同而不尽一致，在法律未作统一要求的情况下，可以由双方当事人在合同中自行约定通知的具体时间。未按约定时间通知或迟延通知的，通知义务人应承受一定的法律后果。即："故意或者因重大过失未及时通知，致使保险事故的性质、原因、损失程度等难以确定的，保险人对无法确定的部分，不承担赔偿或者给付保险金的责任。"

本案例中，《家庭自用汽车损失保险条款》第十九条规定"发生保险事故时……并在保险事故发生后48小时内通知保险人，否则造成损失无法确定或扩大的部分，保险人不承担赔偿责任"，由于该合同由双方自愿签订，内容合法有效，双方应当遵守。但根据条款字面意义，条款除外责任仅限于"造成损失无法确定或扩大的部分，保险人不承担赔偿责任"。案例中，郭某车辆于8月19日晚发生交通事故后，8月20日电话报案，但因资料不全未被受理，之后，又于8月11日才电话报案，确实没有在48小时内通知保险人，但郭某的不及时通知并没有造成保险标的损失无法确定或扩大，并有维修中心工作人员梁某的证言。如果保险公司想以除外责任为由拒绝承担赔偿责任，就必须举出充分的证据证明出险车辆无法定损的事实，或维修车辆的修理费及拖车费不真实的事实，在保险公司无法提供相关证据时，可以推认保险公司无法适用合同中约定的除外条款来推卸责任，应当按照约定事项予以理赔。

在保险事故发生后，投保人、被保险人或受益人一定要按照法律或保险合同规定及时通知保险人，否则，保险公司可以以出险通知不及时或违反保险合同约定期限为由而拒绝理赔。而保险公司若想适用除外责任推卸赔偿责任，则需要提供充分的证据证明自己适用除外责任，否则，需要按照保险合同约定完成理赔事项。

（资料来源：中保网资料整理改编）

案例 5-8　保险公司是否可以用诉讼方式追缴保险费

一、案情简介

1997年8月8日,三德水泥建材工业有限责任公司(以下简称"三德公司")将近8亿元的资产向某财产保险公司(以下简称"保险公司")投保财产险,投保人、被保险人均为三德公司。保险公司同意承保,并根据三德公司填写的投保单,签发了保险单。双方在保险合同中约定,保险期间为1年,自1997年8月9日零时起至1998年8月8日24时止;保险费为1 011 068元,于1997年9月、10月、11月份分三期支付。保险期间内没有发生保险事故。保险期间届满时,三德公司已支付保险费70万元,尚欠311 068元。经保险公司多次电话、书面催讨,三德公司又于1998年10月支付10万元,尚拖欠211 068元。此后,三德公司以无保险事故、无索赔等为由不履行交费义务。

经多次催讨不成,保险公司于2000年3月,向人民法院提起诉讼,要求三德公司支付剩余保险费。三德公司认为,法律没有赋予保险公司以诉讼方式请求投保人支付保险费的权利,请求法院驳回保险公司的诉讼请求。同时,三德公司反诉保险公司,认为保险公司在保险期间没有承担保险责任,向其收取的保险费属不当得利,要求保险公司返还多收取的保险费。

二、争议及处理

保险公司可否以诉讼方式追讨保险费?三德公司反诉保险公司要求保险公司返还多收取的保险费是否合理?作为本案例的保险合同的保险人,保险公司有权通过诉讼方式请求三德公司交付保险费。三德公司反诉保险公司要求保险公司返还多收取的保险费是不合理的。

三、点评与思考

在实务中,保险人通过诉讼方式要求投保人交付保险费的情况确实少见。其原因主要在于:第一,保险公司担心影响自身的声誉和社会形象;第二,保险合同中通常都约定,投保人不交付保险费,保险人有权拒绝赔偿或者解除合同。但是,不能因此否定保险人通过诉讼方式要求投保人交付保险费的权利。

从我国保险立法来看,我国《保险法》第三十八条规定:"保险人对人寿保险的保险费,不得用诉讼方式要求投保人支付。"这主要是考虑人寿保险个人缴费的情况较多,特别是一些长期寿险,交付保险费数额较大,时间也比较长,有的长达二三十年甚至更长,有些人在投保时考虑不够成熟,过一段时间后不想继续投保;有些人可能由于收入的降低无力交付保险费;有些人在投保时与被保险人的关系很好,但是后来发生了变化继而导致不愿意继续缴费。如果可以通过诉讼方式要求投保人交付保险费,可能会使投保人觉得投保后就套上了一个枷锁,特别是在投保人无力支付的情况下,可能会影响投保人、被保险人生活的安定,与投保的初衷相悖。而财产保险不具备以上特点,保险人通过诉讼方式要求投保人缴纳财产保险的保险费，这在《保险法》上是有依据的，我国《保险法》第五十四条规定，财产保险责任开始后，投保人要求解除合同的，保险人应当将已收取的保险费，按照合同约定扣除自保险责任开始之日起至合同解除之日止应收取的部分后，退还投保人。保险人收取该部分保险费的权益，当然有诉讼程序的保障。对于人身保险合同，《保险法》没有类似的规定。从《保险法》对财产保险和人身保险关于收取保险费问题的不同规定，也可以看出，《保险法》是允许保险公司以诉讼方式追讨保险费用的。

从本案例的情况来看，三德公司提出投保要求，保险公司同意承保，并出具了保险单。这些表明双方的意思表示已经达成一致，保险合同已经成立。《保险法》第十四条规定："保险合同成立后，投保人按照约定交付保险费，保险人按照约定的时间开始承担保险责任。"因此，三德公司应按照合同的约定分三期交付保险费。三德公司没有按照约定交付保险费，属于违约行为。根据《合同法》第一百零七条规定，保险公司有权要求其交付剩余保险费，并赔偿因此给保险公司造成的损失。

从本案的情况来看，三德公司没有发生保险事故，保险公司没有承担赔偿保险金的义务，但是保险公司实际上已经履行了承担风险的义务。因此，三德公司认为保险公司收取保险费为不当得利是错误的。《保险法》第十四条规定："保险合同成立后，投保人按照约定交付保险费；保险人按照约定的时间开始承担保险责任。"此规定是符合风险承担与金钱给付说的。根据此规定，三德公司无权要求返还已交付的保险费，并且应当交付剩余的保险费。

就本案而言，保险期间内，虽然没有发生保险事故，保险人没有承担赔偿保险金的义务，但是保险合同具有射幸性，并不讲求个案的等价有偿，三德公司无权要求保险公司返还保险费，相反它应根据我国《保险法》第十四条的规定和合同的约定履行交付保险费的义务，向保险公司交付剩余的保险费。

从《保险法》对财产保险和人身保险关于收取保险费问题的不同规定，也可以看出，《保险法》是允许保险公司以诉讼方式追讨保险费用的。

（资料来源：邹辉，《保险纠纷案例》，经济日报出版社，2001年）

案例 5-9　保险公司是否负有通知缴费的义务

一、案情简介

1997年5月2日，王先生投保了2份终身寿险，缴费期限为20年。1998年、1999年保险公司都给王先生寄送了缴费通知书，王先生也都按期缴纳了保费。2000年，王先生乔迁新居，未能收到缴费通知书。2000年12月，王先生忽然想起自己还未缴保费呢。他拿着保单和钱来到保险公司缴纳保费，才知道保单已经失效，应该按规定办理复效手续，并要求王先生重新体检。王先生不同意，认为保单失效，主要是因为保险公司没有尽到通知义务，保险公司存在过错，因此应当无条件为其办理复效手续。

二、点评与思考

本案例可以从以下几个方面考虑：

（1）《保险法》规定：合同约定分期支付保险费，投保人支付首期保险费后，除合同另有约定外，投保人超过规定的期限 60 日未支付当期保险费的，合同效力中止，或者由保险人按照合同约定的条款减少保险金额。《保险法》还规定：依照前条规定合同效力中止的，经保险人与投保人协商并达成协议，待投保人补交保险费后，合同效力恢复。

可见，按时缴纳保费是投保人的义务，而保险人对于缴费期间未交保费并不负有向投保人发出缴费通知催告的义务。大多数保险公司发出缴费通知，属于一种附加服务。

（2）保险公司是按照投保人提供的地址递送缴费通知的，王先生搬家，变更了住址和通讯地址，应该告知保险公司，以便保险公司按新地址递送通知。1999 年及其以后出台的保险条款中，都有"住址或地址变更"一条。此条款规定："投保人的住址或通讯地址变更时，应当及时以书面形式通知本公司。投保人未以书面形式通知的，本公司按所知最后的通讯地址发送有关通知。"可见，这已是投保人的义务了。以前的保险条款中虽然没有明确写上这一条，但也应将其视为常识或默示条款。本案中，王先生迁新居并没有书面通知保险公司，直接导致了没有及时收到缴费通知，造成保单失效。所以，王先生没尽自己的义务引起的损失，应该由他本人承担。王先生应按照规定办理复效手续，正常通过体检，补缴保费及利息，保险合同就可以恢复效力了。

在保险业竞争不断加剧的今天，各保险公司都在客户服务方面下功夫，所以附加服务越来越多，客户受益匪浅。做好续期保费的缴费工作是很重要的，既然大多数保险公司都有此项附加服务，就应该坚持下去，而且越做越好。投保人寿保险是客户家庭理财的重要手段，自己也应记得按时缴费，住所或通讯地址变更、工作单位和联系方式变更，都要及时通知保险人，履行自己的义务，这样才能保持保单的效力，保护自身的权益。

（资料来源：董雪梅，《投资与保险案例选编》，黑龙江教育出版社，2004 年）

案例 5-10　保险合同期限届满对保单效力的影响

一、案情简介

2003 年 11 月 25 日，余某在中国人寿保险股份有限公司贵州省安顺分公司（以下简称中国人寿安顺分公司）投保了 1 份保险金额为 1 万元、缴费期限 20 年的康宁终身保险，并附加投保 1 份附加住院医疗保险，保险金额为 3 000 元。2003 年至 2007 年，双方正常履行了合同。2008 年 4 月 3 日，原告到被告处缴纳保费，被告公司已停办原附加住院医疗保险种，可选择新的附加住院医疗险种，因余某发生过颈椎病的医疗赔付，故公司客服人员提出颈椎病为除外责任的特别约定，双方为此发生争议。余某于 2008 年 7 月 18 日将中国人寿安顺分公司诉至法院，要求判令公司以原产品条款和条件续保。开庭前，原告余某向法院申请撤诉并获准许，被告中国人寿安顺分公司向原告办理了附加险的续保，收取原告附加险保费 195 元。2010 年 11 月，原告余某到被告中国人寿安顺分公司处缴纳 2011 年保费时，公司拒绝对附加险进行续保，余某再次将公司诉至法院，要求判令被告继续履行附加险合同，并赔偿原告交通费、诉讼费、误工损失共计 300 元。

二、法院审理与判决

保险公司认为，原、被告双方签订的附加住院医疗保险属于没有保证续保条款的短期险，双方附加险合同已与 2008 年 11 月 25 日终止，目前被告公司已停办该险种，客观上该保险产品已不存在，双方不能再重新签订原附加险保险合同。

双方的争议焦点在于，在双方签订的附加住院医疗保险到期后，原告是否有权单方终止该项业务的续保。

一审法院审理后认为，原、被告双方要终止附加险合同，应当依照《中国人寿保险股份有限公司附加住院医疗保险条款》第十二条中关于合同效力终止情形的约定及《保险法》第二十条第一款、第二款关于变更保险合同的相关规定办理。对被告提出的该产品已停办，无法办理续保手续，其未能提供附加险停办的证据，且该附加险停办只能针对新的投保人，该理由亦不属于被告提供的格式条款中附加险终止的几种情形，更不属于法律上或事实上不能履行的规定。遂依据《合同法》第八条、《保险法》第二十条第一款、第二款、《民事诉讼法》第六十四条的规定判决如下：（1）由被告中国人寿安顺分公司在本判决生效后 10 日内为原告办理附加住院医疗保险的续保手续；（2）由被告中国人寿安顺分公司支付 300 元违约金给原告余某；（3）驳回原告余某其他诉讼请求。

一审法院判决后，被告中国人寿安顺分公司不服，以双方附加险合同已于 2008 年终止，双方签订的附加险保险期限为一年，如有间断即为终止等为由提出上诉。

二审法院审理后认为，双方当事人签订的附加险合同虽然是 1 年期，但中国人寿安顺分公司未依照合同约定在合同届满 10 日前以书面形式通知投保人余某不予续保。因双方签订的合同所约定的解除条件并未包括停办情形，且险种停办亦不属于法定解除情形，故上诉人主张的险种停办致不能续保的理由不成立。中国人寿安顺分公司在余某逾期缴费后又收取投保人保费，因保险合同是实践性合同，只要保险人收取投保人缴纳的保险费，意味着双方达成保险意思表示，故认定附加险合同继续成立并生效，上诉人上诉理由不成立，驳回上诉，维持原判。

二审判决生效后，原告余某申请法院强制执行，法院多次督促被告中国人寿安顺分公司依法履行法院生效判决，但因其总公司已关闭该险种承保端口，无法录入业务系统，致其未能执行判决书确定的为原告余某办理附加住院医疗保险的续保。经中国人寿安顺分公司及其上级公司多次与法院执行法官沟通协调，在取得执行法官理解的基础上，通过执行法官对余某进行说服解释，最后双方达成一致协议，由中国人寿安顺分公司退还余某所缴纳的保费及相应的利息，案件遂和解执行。

三、点评与思考

综观一、二审法院对本案法律关系的分析认定及判决，均值得商榷，一些问题需厘清。

（1）本案所涉及的附加险续保是合同的继续履行还是新合同的签订，是本案核心关键所在。从双方签订的附加住院医疗保险条款第七条第一款"本附加合同保险期间为 1 年"

的明确约定来看，本案双方签订的附加住院医疗保险合同属于附终止期限的合同。依照《合同法》第四十六条"附终止期限的合同，自期限届满时失效"的规定，在1年保险期限届满后，双方签订的附加住院医疗保险合同效力终止。因此，双方根据保险合同约定的续保，应是对该附加住院医疗保险合同的重新签订，而非上一个附加住院医疗保险合同的继续履行。换句话说，中国人寿安顺分公司不予续保的行为应系不再续签附加住院医疗保险的合同，而非单方解除保险合同。

（2）如何理解中国人寿保险股份有限公司附加住院医疗保险条款第十二条中关于合同效力终止情形的约定。对该部分内容应将之放到整个合同的框架中进行考量和理解，从合同约定和法律规定来看，1年的保险期限届满后保险合同自然终止，这是无可争议的，是合同的一般终止情形，而条款第十二条中关于合同效力终止的约定，是针对在履行保险合同期间出现特别情形下的一种提前终止合同的特殊约定，因此一审、二审法院以中国人寿安顺分公司因产品停办不予续保不属于附加险条款中约定的终止合同的情形为由，认定中国人寿安顺分公司不予续保的行为系单方解除保险合同，违反双方签订的附加险合同显然是站不住脚的。

（3）中国人寿安顺分公司在未明确是否续保的情况下先行收取余某附加险保费，二审法院据此认定双方已达成保险合同意思表示，认定附加险合同继续成立并生效是否恰当。笔者认为，法院的认定值得商榷，原因在于其认定的法律依据为《合同法》第三十七条"采用合同书形式订立合同，在签字或者盖章之前，当事人一方已经履行主要义务，对方接受的，该合同成立"的规定。因《保险法》第十三条第一款对保险合同的成立进行了明确的规定，即"投保人提出保险要求，经保险人同意承保，保险合同成立。保险人应当及时向投保人签发保险单或者其他保险凭证"，作为专门规范保险合同的《保险法》相对于《合同法》而言，属于特别法，故判断本案中附加险保险合同是否成立应适用《保险法》第十三条第一款。

本案中，以下几点值得保险公司思考：

（1）保险总公司在产品的设计环节应充分对相关条款内容的法律风险进行充分识别，并采取措施予以有效防范。本案中，产品设计上的瑕疵，导致一审、二审法院以产品停办不属于附加险条款中约定的终止合同的情形为由，认定保险公司违约。

（2）保险公司在产品停办前应对相关法律风险进行评估，并采取措施予以防范和化解，停办前应督促各级分支机构做好客户的通知解释服务，依法依合同履行相应的义务，在维护好客户权益的同时降低自身法律风险。

（3）本案暴露出各级管理人员乃至具体经办人员依法合规经营意识比较淡薄，从二审法院认定看，其紧紧抓住了保险公司未依照合同提前书面履行告知义务的硬伤，这也是导致公司本案二审败诉的一个关键因素。为此，加强保险公司相关人员法律基础知识的学习培训，提高相关人员依法合规经营意识十分必要。

（4）本案未能在审判环节妥善处理纠纷，有效化解矛盾，导致最后无法执行法院判决，也暴露出涉案公司相关法务工作薄弱。加强保险公司法律事务建设，打造一支经验丰富、素质较好的法务队伍，充分发挥法务人员在保险合同纠纷处理、乃至在诉讼中的沟通协调作用，具有十分现实的积极意义。

（资料来源：《中国保险报》，2012年5月7日）

案例 5-11　未尽说明义务保险公司被判赔偿

一、案情简介

周先生在某财险公司为其所有的客车投保了机动车交通事故责任强制保险（有责医疗费用赔偿限额为 1 万元）、第三者责任保险（责任限额为 20 万元）及不计免赔特约条款，保险期间均自 2010 年 3 月 10 日零时起至 2011 年 3 月 9 日 24 时止。2010 年 7 月 30 日，周先生驾驶被保险车辆与行人田某发生交通事故，致田某受伤。公安局交通队认定，周先生负全责。周先生为田某垫付医疗费用 4 万余元。后周先生依据保险合同到财险公司理赔，财险公司将田某的医疗费用核减自费金额近 7 000 元。周先生诉至法院，要求某财险公司支付保险金 4 万余元。

二、法院审理与判决

庭审中，财险公司坚持按国家基本医疗保险标准赔偿医疗费用，但未能提供投保时向周先生作出明确说明的证据。法院对该起纠纷做出裁决，判决保险公司赔偿周先生保险金 4 万余元。

三、点评与思考

本案中，周先生与财险公司签订的保险合同，未违反国家法律法规的强制性规定，属有效合同。有效成立的合同对缔约双方均具有法律约束力，双方应当按照保险合同约定履行合同义务。在保险期内，被保险人或其允许的合法驾驶人，在使用被保险机动车过程中发生交通事故给第三者造成损害时，财险公司应当先在交强险责任限额内予以赔偿，超出部分再由财险公司依据第三者责任保险条款的约定在责任限额内予以赔偿。本案中，周先生为田某垫付的医疗费，应由财险公司在保险限额内予以赔偿。周先生要求财险公司支付保险金的诉讼请求合法正当，应予支持。虽然第三者责任保险条款约定保险人按照国家基本医疗保险的标准核定医疗费用的赔偿金额，但财险公司未能举证证明其在与周先生订立保险合同时，已就本条款尽到说明义务，按照保险法的规定，该条款不发生效力，法院做出上述判决是有法理依据的。

（资料来源：中国质量新闻网，2011 年 8 月 31 日）

案例 5-12　国内首例保险知情权案 消费者起诉光大永明

一、案情简介

2007年5月，光大永明人寿保险有限公司北京分公司的保险营销员向刘先生推销了一款名为"丰盛无忧退休保障计划"的保险，其中包括主险"光大永明丰盛两全保险（万能型，A款）"和附加险"光大永明附加丰盛投资连结保险（A款）"等。投保后，他按照合同约定，每月缴纳2 200元的保险费。2012年10月，刘先生查询账户时竟意外发现，自己前前后后缴的13.2万余元，只剩下9.1万余元。5年多的时间，投保这款产品不但没让他挣钱，反而赔了4万多元。而根据该公司的多份年报显示，在其投资全部盈利或有赚有赔的情况下，刘先生的账户却始终亏损，且原因刘先生都无从得知。刘先生找到保险公司，保险公司则表示"很正常"，并称这款保险本来就有亏损风险。刘先生原以为这款保险是"稳健的储蓄项目"，因此没有定期关注。而且他是在投资的最后两年才收到保险公司寄来的《保险单年度报告》。刘先生找到保险公司要求退保，保险公司却拿出合同告诉刘先生，退保要缴纳高额的手续费，不如再等1年。"因为按照约定，投保满6年就可免除手续费，而且说不定再过1年，保险会有不少收益。"刘先生只好选择继续投保。但1年后，当他再次查看账户时发现，尽管自己又老老实实地多交了1年的钱，但账户里的钱却和1年前几乎没变化！刘先生认为，光大永明北京分公司对其独立账户资金进行暗箱操作，既不提供结算利率计算依据，也不告知资金投向和运营状况，严重损害了自己作为投保人的合法权益，侵害了其对自己账户资金状况的知情权。

2013年年初，他将保险公司起诉到东城法院，要求光大永明公司公布2007年10月至2012年10月其个人账户年化结算利率的计算依据、每周保险单中个人投资账户单位价格的变化情况和该期间每半年投资连结账户的投资回报率及计算公式等。刘先生将光大永明公司起诉到法院，要求公布个人账户收益情况、投资回报率和计算公式，这是我国首例消费者主张保险知情权的案件。

二、法院审理与判决

一审期间，被告称诉求"侵犯商业秘密"。光大永明寿险公司认为，刘先生的诉讼请求无事实和法律依据，超出保险合同约定的光大永明寿险公司应尽的义务范围。公司代理人甚至称，刘先生的诉讼请求，侵害了光大永明公司的商业秘密。东城法院审理后认为，刘先生在投保书、人身保险投保提示书、客户声明等文件上签名，表明光大永明公司已经履行了相应的提示、解释、说明义务。刘先生已知晓该保险合同条款内容，同意按照保险条款行使权利、履行义务，并了解投资连结保险的投资回报的不确定性和风险性。合同没有约定光大永明公司有公布结算利率计算依据的义务。对于刘先生的其他诉讼请求，保险合同也都没有相关约定。东城法院以此为由，判决驳回了刘先生的诉讼请求。

刘先生不服，上诉至北京市第二中级法院。他认为，法院未正确认定双方签订合同的理财性质及投资目的，仅以合同条款未做约定为由驳回诉讼请求，法律适用错误。在他看来，投资连结保险作为保险的保障作用极度弱化，自己投保是为了获得投资理财服务。因此，考虑到涉案保险的投资理财性质，根据诚信原则，保险公司有义务忠实告知涉及投资账户的一切重要事项，除合同约定内容外，还应包括且不限于国家监管部门明令要求告知的内容。刘先生认为，自己与保险公司之间是委托理财关系，根据合同法，受托人应当按照委托人的要求报告委托事务。他还表示，自己向保险公司购买投资理财和风险保障服务，身份是消费者。而中国保监会也已将"投保者"视为"保险消费者"。根据消费者权益保护法的规定，消费者享有知悉其接受服务的真实情况的权利。但二中院审理后认为，寿险公司无义务公布刘先生个人账户年化结算利率的计算依据；保险合同及相关法律法规并未规定寿险公司须公布投资回报率的计算公式。最终，法院终审维持原判。

三、点评与思考

从法理上讲，保险消费者泛指投保人、被保险人、保单所有人和受益人。前述案件中，原被告之间既是保险法意义上的投保人与保险人关系，又是消费者权益保护法意义上的消费者与经营者关系。

由于新消法实施之前，法律中尚无金融消费者知情权的规定，因此在金融保险产品的实际销售中，频频发生消费者与保险公司之间的冲突。虽然保监会公布的《人身保险新型产品信息披露管理办法》规定，保险公司负有信息披露义务，但在前述案件中，法院认为该办法属于部门规章，不能作为法律依据。

新消法首次把金融消费纳入了消费者权益保护体系，将一向难以维权的金融消费"关进笼子"。新修订的消法第二十八条规定，提供保险等金融服务的经营者，应当向消费者提供商品或服务的数量和质量、价款或费用、履行期限和方式、安全注意事项和风险警示、售后服务、民事责任等信息。新修订的消法，必将在金融业引起反响，可能会颠覆传统金融机构的盈利模式。如今金融服务产品层出不穷，大部分金融消费者缺乏相应的专业知识，与经营者拥有的知识和信息明显不对称。根据新消法，金融消费者享有知情权，金融服务经营者有相应的告知义务，尤其是应该明确告知金融消费者所购买的业务的风险点。新消法实施前，虽然金融消费者也一直利用消费者权益保护法维权，但法院反应冷淡。新消法实施后，没有解决完的纠纷均可根据新法裁定。

以往，一些保险从业人员为了谋取利益，经常会夸大收益、隐瞒风险，或编造虚假信息误导消费者。根据新修订的消法第五十五条规定，相关公司应当按照消费者的要求增加赔偿其受到的损失，赔偿的金额为消费者接受服务费用的3倍。这些都无疑给保险行业的经营提出了新的严峻考验，值得保险行业警醒。

（资料来源：法制晚报，2014年3月20日）

案例 5-13 告知义务未履行 保险格式条款有无效力

一、案情简介

原告之子罗某于 2010 年 7 月 29 日在市公安局交警支队车辆管理所验审摩托车时，花费 100 元购买了被告保险公司一份人寿保险。被告交付的保险凭证《阳光随行关爱 B 卡》上载明：保险期 1 年，保险费 100 元，意外伤害保险金额 10 万元，被保险人登录网站注册激活后次日生效等内容。此后第 5 天，罗某发生交通意外当场死亡，其父母即本案原告因申请索赔遭拒绝后提起诉讼。

二、法院审理与判决

法院审理认为，被告保险公司因未履行法定告知义务，其保险卡上所载该份保险须上网注册激活后方生效的格式条款对投保人不产生效力，依法判决保险公司按保险卡上载明的保险责任支付原告因其子意外身故的保险金 10 万元。

三、点评与思考

本案例中，该案死者罗某已向被告保险公司支付了保险费，而被告也向罗勇出具了一份《阳光随行关爱 B 卡》，其上明确载明了保险费金额、一般意外伤害保险金额等事项，根据《保险法》的规定双方已经成立保险合同。保险卡上所载"被保险人登录网站注册激活后的次日零时生效"的条款显然属于格式条款，该条款实质上形成了对保险人一定保险责任的免除，加重了投保人的责任，并且被告方没有依法在双方成立保险合同时作出明确、必要的说明和解释。根据该案死者已经履行其保险合同中缴纳保险费义务的事实，以及前述相关法律规定，应当认定该条款对原告方不发生法律效力，被告应当恪守诚实信用原则及交易习惯，向死者父母支付保险金。因此，前述判决是正确的。

（资料来源：中国金融网，2011 年 6 月 1 日）

案例 5-14 车过户引发保险纠纷 车主起诉获赔 6 万元

一、案情简介

张先生诉称，2008 年 10 月，他花钱为孙先生的一辆别克车投保，合同约定被保险人是他。同年 11 月，他将该车买下，并变更了汽车号牌、办理了汽车转移登记。2009 年 4 月 7 日，张先生驾车撞上路边护栏将车撞坏，但保险公司对此拒绝赔付，理由是他未依约履行通知义务和办理变更手续。张先生随后诉至法院，要求保险公司赔付汽车修理费 60 306 元。

二、法院审理与判决

开庭时,保险公司称,他们与张先生签订的保险单中有重要提示,被保险机动车被转卖、转让、赠送他人的,应书面通知保险人并办理变更手续。保险公司对被保险车辆的转让情况作出评估并认可前,被保险车辆发生事故,保险人不负有赔偿责任。

丰台法院审理后认为,保险合同的被保险人始终是张先生,车辆的使用人也始终是张先生,这些保险公司是明知的。保险车辆的所有权人发生变化后,张先生是否申请批改,对保险合同的效力及风险均不产生任何影响。保险公司应如数赔付张先生保险金。法院一审判决保险公司需赔付张先生汽车修理款6万余元。

三、点评与思考

根据保险业务的通常做法,被保险机动车被转卖、转让、赠送他人的,应书面通知保险人并办理变更手续。保险公司对被保险车辆的转让情况作出评估并认可前,被保险车辆发生事故,保险人不负有赔偿责任。因此,本案法院的判决值得商榷。但根据张先生的说法,其花钱为孙先生的别克车投保,合同约定被保险人是他,而后,他将该车买下,并变更了汽车号牌、办理了汽车转移登记。这一切保险公司在承保时缺少调查核实,也是值得保险公司总结经验教训的。

(资料来源:大河报,2010年1月14日)

案例 5-15 如何确定保险合同的保险期限起算时点

一、案情简介

贾某生前系滁州市某建筑安装有限公司第二项目部的员工。2008年6月27日,滁州市皖江建筑安装有限公司第二项目部为其所属61名职工向中国平安人寿保险股份有限公司滁州市中心支公司投保团体人身意外伤害保险,并于同日缴纳了相应的保险费5 490元。中国平安人寿保险股份有限公司滁州市中心支公司于2008年7月4日对该投保内容进行初步审核,中国平安人寿保险股份有限公司安徽分公司于2008年7月8日签发保险单,并开具5 490元的保险费发票。同年7月20日,中国平安人寿保险股份有限公司滁州市中心支公司向投保人滁州市某建筑安装有限公司第二项目部送达保险单和相应保险费发票。保险单载明:投保人为滁州市某建筑安装有限公司第二项目部,被保险人为贾某等61人,保险期限自2008年6月28日零时起至2009年6月27日24时止,受益人为法定。2009年6月29日,贾某遭电击死亡。其家人向保险公司要求给付保险金。保险公司认为,贾某在2009年6月29日意外身故,并不在保险期限内,保险人无给付保险金的义务。家人随后将保险公司诉至法院。

二、法院审理与判决

安徽省滁州市琅琊区人民法院根据上述事实和证据认为:保险合同应自投保人要约并经

保险人承诺时成立，如未附生效条件或期限，保险合同成立时即生效。本案中，虽然保险单载明的保险期限为 2008 年 6 月 28 日零时起至 2009 年 6 月 27 日 24 时止，但中国平安人寿保险股份有限公司安徽分公司于 2008 年 7 月 8 日才签发保险单、开具保险费发票，此时应视为对投保人要约的承诺，因此本案保险合同的成立时间是 2008 年 7 月 8 日，而非保险单载明的 2008 年 6 月 28 日。涉案团体意外伤害保险合同合法有效。《平安团体意外伤害保险条款》约定的"本合同保险期限为一年，自本公司同意承保、收取保险费并签发保险单的次日零时开始至约定的终止日 24 时止"，应为对保险合同生效所附的条件和期限，涉案保险合同的保险期限应为 2008 年 7 月 9 日零时至 2009 年 7 月 8 日 24 时。贲某于 2009 年 6 月 29 日被电击而死亡，保险事故发生在保险期限内，其法定继承人有权依据保险合同的约定主张意外身故保险金。中国平安人寿保险股份有限公司安徽分公司和中国平安人寿保险股份有限公司滁州市中心支公司共同承保，应共同承担保险赔偿责任。判决：中国平安人寿保险股份有限公司滁州市中心支公司和中国平安人寿保险股份有限公司安徽分公司于判决生效后 10 日内共计支付贲某家人保险金 30 000 元。

中国平安人寿保险股份有限公司安徽分公司上诉认为：保险单已明确载明保险期限自 2008 年 6 月 28 日零时起至 2009 年 6 月 27 日 24 时止，该保险合同是附生效期限的合同，所附的生效期限可能先于签发保险单的时间，也可能后于签发保险单的时间，保险期限应以保险单记载为准。贲某在 2009 年 6 月 29 日意外身故，并不在保险期限内，保险人无给付保险金的义务。

安徽省滁州市中级人民法院认为：根据《平安团体意外伤害保险条款》第四条"本合同的保险期间为一年。自本公司同意承保、收取保险费并签发保险单的次日零时开始至约定的终止日 24 时止"约定的内容，涉案保险合同的保险期间应为保险公司签发保单的次日零时后的一年时间。本案中，中国平安人寿保险股份有限公司安徽分公司在其于 2008 年 7 月 8 日签发的《团体人身保险保险单》中，将保险期间起始时间提前至 2008 年 6 月 28 日零时，违反上述保险条款的约定。根据《合同法》的有关规定，滁州市某建筑安装有限公司第二项目部于 2008 年 6 月 27 日提出投保申请、缴纳保险费，系要约行为；中国平安人寿保险股份有限公司安徽分公司签发保险单，系承诺行为；双方之间的保险合同应自承诺生效时成立。合同成立是合同生效的前提条件，合同未成立就不存在合同生效的问题，即便是附生效时间的合同，所附的生效时间也应当在合同成立之后。涉案保险单记载保险期限起始日期为 2008 年 6 月 28 日，早于保险合同成立的时间 2008 年 7 月 8 日，逻辑上存在矛盾，事实上减轻了保险人的义务。涉案保险合同的保险期限应为自合同成立之日向后顺延一年，即 2008 年 7 月 9 日起至 2009 年 7 月 8 日止。判决：驳回上诉，维持原判。

三、点评与思考

根据《保险法》的规定，保险是指投保人根据合同约定，向保险人支付保险费，保险人对于合同约定的可能发生的事故因其发生所造成的财产损失承担赔偿保险金责任，或者当被保险人死亡、伤残、疾病或者达到合同约定的年龄、期限等条件时承担给付保险金责任的商业保险行为。保险业务由依照该法设立的保险公司以及法律、行政法规规定的其他保险组织经营，其他单位和个人不得经营保险业务。为了拓展保险业务、方便投保人投保，作为保险人的各保险公司均在全国各地设立了不同级别的分支机构。同时，为了加强风险管理，作为法人企业的保险公司对不同级别的分支机构所赋予的核保、承保、理赔等权限也各不相同。实践中，投保人多是向保险公司的业务员或保险代理人提出投保申请，业务员或保险代理人接收申请后，往往需要经过不同级别的分支机构的审核，最后才由有权签发保险单的机构签发保险单，从投保人提出保险申请、交纳费用到有权机构签发保险单之间总要存在一段时间间隔。从投保人的角度出发，只要保险公司接受了其投保申请并收取了保险费，保险公司即应依约承担保险责任；而从保险公司角度出发，只有在保险公司同意承保的情况下，保险合同方才成立，保险公司只对保险合同成立后发生的保险事故承担保险责任。这就涉及保险期限的起算点问题。保险期限作为保险合同中一项十分重要的内容，应当由投保人和保险人共同约定。但各保险公司的有权机构在签发保险单时，多将保险期限的起算时点填写为投保人提出投保申请的次日零时，造成在保险单记载的保险期限起算时点，保险合同尚未成立，而当保险公司签发保险单、保险合同成立时，保险单记载的保险期限已经经过一段时间，事实地减少了保险公司应当承担保险责任的期间。如何确定保险期限的起算时点，对保险合同相关当事人的利益影响很大，这也成为保险合同纠纷案件中相关当事人争议的主要问题。

本案中，投保人于2008年6月27日提出投保申请，并缴纳保险费，应为《合同法》规定的要约行为，中国平安人寿保险股份有限公司滁州市中心支公司于2008年7月4日对该投保申请进行初步审核后，报其上级（中国平安人寿保险股份有限公司安徽分公司）进行审核，中国平安人寿保险股份有限公司安徽分公司于2008年7月8日签发保险单，应为代表其企业法人对投保人的要约作出承诺，双方之间的保险合同应于2008年7月8日成立。因保险合同是一种射幸合同，只能针对未来可能发生也可能不发生的事项进行约定，其约定的保险事故只能发生在保险合同成立之后，对保险合同成立前已经发生的事实，不能作为保险事故进行约定，所以，保险期限作为保险公司承担保险责任的期间，只能是保险合同成立后的一段时间，其起算点只能在保险合同成立之后，不能在保险合同成立之前。涉案保险单记载的保险期限的起算点为2008年6月28日零时，早于保险合同的成立时间，明显违背了上述保险原理，也违反了《平安团体意外伤害保险条款》第四条"本合同的保险期间为一年。自本公司同意承保、收取保险费并签发保险单的次日零时开始至约定的终止日24时止"的约定。如果按照该保险单记载的保险期限计算，则必将造成保险公司收取了自2008年6月28日至2008年7月8日之间的保险费，却不用承担任何风险的结果，这对投保人而言，明显不公平，也不符合保险的最大诚信原则。上诉人中国平安人寿保险股份有限公司安徽分公司以保险合同当事人可以自主约定保险期限、涉案保险事故不是发生在保险单记载的保险期限内为由，主张不承担保险责任的上诉理由明显不成立。一、二审法院根据《合同法》关于合同订立的相关规定，以及《平安团体意外伤害保险条款》的相关约定，以保险公司签发保险单作为起算点，认定涉案保险合同保险期限为自该起算点开始往后计算一年，无疑是正确的。这既符合保险法的一般原理，也综合平衡了保险合同当事人的权益，实现了公平正义。

（资料来源：中国法院网，2011年4月11日）

案例 5-16 保险公司未按规定赔偿 法院审结理赔两次

一、案情简介

2012年10月12日,赵某的雇员孙某驾驶赵某的半挂车与鲁某的车辆追尾,造成鲁某车辆损坏、车上货物损失的交通事故。事后经交警部门认定,孙某负此事故的全部责任。赵某的车辆在某保险公司宁波江东支公司投保了机动车交通事故责任强制保险和第三者商业责任险,宁波某物流公司是该车的被保险人。2013年1月,赵某与宁波某物流公司对某保险公司宁波江东支公司作出承诺,承诺保险公司支付理赔款后,因本次事故对第三者造成的损失由其自行处理,与保险公司无关。于是,某保险公司宁波江东支公司将理赔款95 000元全部支付给宁波某物流公司。然而,宁波某物流公司收到理赔款后,一直未支付给鲁某,鲁某在无奈之下向德清法院起诉,要求赵某、宁波某物流公司和某保险公司宁波江东支公司赔偿其损失。

二、法院审理与判决

保险公司在庭审中辩称,已向物流公司理赔,不应再承担责任。但法院审理后认为,依据《保险法》第六十五条第三款规定:"责任保险的被保险人给第三者造成损害,被保险人未向该第三者赔偿的,保险人不得向被保险人赔偿保险金。"该款规定增设了保险人对被保险人是否已向受害人实际赔偿的审查义务,保证受害人获得赔偿。为此,在受害人没有实际获得被保险人赔偿的情况下保险公司不能以其已经向被保险人理赔完毕为由,对抗受害人的赔偿请求权。最后,德清法院依法判决某保险公司宁波江东支公司在保险范围内支付鲁某理赔款56 000余元,保险之外损失由赵某赔偿。对于保险公司已经支付的部分,某保险公司宁波江东支公司可向被保险人宁波某物流公司另行主张。

三、点评与思考

一般认为,保险公司赔偿后责任即告免除,事实却并非如此。责任保险事故发生后,如果保险公司按保险合同约定向被保险人支付保险赔偿金,但被保险人并未将该笔赔偿金赔偿给受害人,受害人的损失没有得到及时赔偿,保险公司对受害人的赔偿义务不能免除。因此,被保险人向第三者赔偿前保险公司不得向被保险人赔偿。

(资料来源:找法网资料整理改编)

案例 5-17 保险宣传单是否具有法律效力

一、案情简介

2008年12月，某保险代理人到张某所在单位宣传保险，张某留了一张宣传单，上面注明的某险种的保险责任是："被保险人因意外事故或于保单生效一年后因疾病导致死亡或高度残疾，保险公司给付死亡或伤残保险金。"张某为丈夫李某投保了该险种，保险公司签发了保险单。保险条款规定："被保险人因意外事故或于保单生效一年后因疾病导致死亡或高度残疾，保险公司按附表所列伤残等级给付伤残保险金或死亡保险金"。张某对此内容没有提出异议。2010年2月，李某意外摔伤，造成右腿骨折。李某提出了索赔申请。保险公司以被保险人的伤情未达到保险合同约定的残疾等级为由拒付。李某不服，认为：保险公司公开散发的传单上并没有注明必须符合规定的伤残等级才能赔付，正是因为保险公司宣传时以虚假信息误导，客户才投保，否则，客户不会投保。故要求保险公司按宣传单上的说法承担保险责任。

二、点评与思考

李某的说法是不对的。

本案涉及保险宣传单的法律效力问题。保险合同的订立要经过要约和承诺两个步骤。保险代理人在展业过程中向客户发放宣传材料，不属于要约，而属于要约邀请。要约的形式一般是客户填写投保单，并在投保单上签字。保险人接到投保单，根据不同险种的投保规则，经过核保后决定是否承保，或者附条件承保或者拒保。非拒保的，客户缴纳保费，保险公司要及时出具保险单，表示承诺，这样保险合同订立就完成了，以后保险合同双方都应按照保险合同承担义务并享有相应权利。

保险宣传单并不是保险合同，不具有法律约束力。保险公司在宣传单上与保险条款上所写明的保险责任范围是一致的，只不过宣传单上的内容更简洁、通俗，保险条款上的更详细、更专业。所以保险公司并不存在欺诈投保人的行为。张某和李某接到保险单后，也并没有对保险责任的范围提出异议，表明客户对保险单的内容予以默认。如果有异议，并及时提出，与保险公司沟通，应该可以就条款内容达成共识。实在不能达成共识的，客户在接到保单10日内退保，保险公司可以全额退还保费。所以，依据保险条款规定，李某不符合赔付范围，保险公司就不应承担赔付责任。

当然，保险公司也应从中吸取教训。保险业务员在展业中，应该尽量将保险条款讲得详细些，尤其是对容易引起歧义的部分。对责任免除或不利于客户的部分，更应明确说明，否则，该条款不产生效力。如果客户要求看保险条款，业务员应提供保险条款。保单发下来，业务员应提醒客户认真阅读保险条款，发现问题及时沟通，不能就条款达成共识的，一定争取在"10天冷静期"内解决，避免给客户造成损失。

（资料来源：董雪梅，《投资与保险案例选编》，黑龙江教育出版社，2004年）

参 考 文 献

1. 孙阿凡：《保险学案例分析》，中国社会科学出版社，2013 年。
2. 蒲成毅：《保险案例评析与思考》，机械工业出版社，2003 年。
3. 张虹，陈迪红：《保险学》，中国金融出版社，2005 年。
4. 陈伊维：《财产保险》，南开大学出版社，2006 年。
5. 应世昌：《中外精选保险案例评析》，上海财经大学出版社，2005 年。
6. 曾鸣：《人身保险及案例分析》，清华大学出版社，2009 年。
7. 董雪梅：《投资与保险案例选编》，黑龙江教育出版社，2004 年。
8. 罗忠敏：《新保险法案例解析》，中国法制出版社，2009 年。
9. 张洪涛：《人身保险案例分析》，中国人民大学出版社，2012 年。
10. 欧阳天娜：《人寿保险理赔概论》，中国金融出版社，2005 年。
11. 邹辉：《保险纠纷案例》，经济日报出版社，2001 年。
12. 刘永刚：《保险学》，人民邮电出版社，2013 年。
13. 李国义：《保险概论》，高等教育出版社，2014 年。
14. 中国保险报。
15. 证券时报。
16. 法制晚报。
17. 大河报。
18. 中国金融网。
19. 找法网。
20. 中国质量新闻网。
21. 中保网。
22. 中国风险管理网。
23. 中国法院网。
24. 沃保网。
25. 保网。
26. 法律教育网。
27. 110 网。
28. 金融界网站。
29. 北京合同律师网。
30. 北方网。
31. 法律快车网。

32. 豆丁网。
33. 道客巴巴网。
34. 凤凰网。
35. 河南省南乐县人民法院相关资料。
36. 太平洋安泰人寿相关资料。
37. 中华文本库。
38. 上海金融学院相关资料。